工业和信息化精品系列教材

新能源汽车技术

新能源汽车维护与故障诊断

微课版

夏铭 谭欣 张中华 | 主编

成正勇 林江滔 陆润宗 | 副主编

NEW
ENERGY AUTOMOBILE

人民邮电出版社

北京

图书在版编目（CIP）数据

新能源汽车维护与故障诊断：微课版 / 夏铭，谭欣，张中华主编. -- 北京：人民邮电出版社，2025.
（工业和信息化精品系列教材）. -- ISBN 978-7-115
-64855-6

Ⅰ. U469.707

中国国家版本馆 CIP 数据核字第 20244PN145 号

内 容 提 要

本书以比亚迪新能源汽车、长安新能源汽车为主要研究对象，系统地介绍新能源汽车维护与故障诊断的基础知识。全书共 5 个项目，包括新能源汽车作业前准备工作、新能源汽车维护、新能源汽车故障诊断技术、纯电动汽车故障诊断与排除、混合动力汽车故障诊断与排除。本书以岗位的工作过程为导向，将知识和技能融入项目任务之中，以满足工学结合、项目引导、教学一体化的教学需求。

本书适合职业院校新能源汽车技术专业及汽车相关专业的学生使用，同时还可供汽车销售顾问、汽车售后服务顾问、汽车维修技师等阅读参考。

◆ 主　　编　夏　铭　谭　欣　张中华
　　副 主 编　成正勇　林江滔　陆润宗
　　责任编辑　王丽美
　　责任印制　焦志炜

◆ 人民邮电出版社出版发行　　北京市丰台区成寿寺路 11 号
　　邮编　100164　电子邮件　315@ptpress.com.cn
　　网址　https://www.ptpress.com.cn
　　三河市君旺印务有限公司印刷

◆ 开本：787×1092　1/16
　　印张：16.5　　　　　　　　　2025 年 5 月第 1 版
　　字数：407 千字　　　　　　　2025 年 5 月河北第 1 次印刷

定价：59.80 元

读者服务热线：(010)81055256　印装质量热线：(010)81055316
反盗版热线：(010)81055315

前言

编写背景

随着新能源汽车产业的快速发展，新能源汽车后市场对新能源汽车销售、维护、维修等相关专业人才需求旺盛，对专业技术人才职业能力要求越来越高。编者根据职业院校的教学特点，为满足新能源汽车相关专业高素质技术技能人才培养的迫切需求，在进行广泛的行业、企业调研的基础上完成了本书的编写。

本书内容和特色

本书秉承"以产业带教育、以教育促产业"的教学理念，以项目为引领，以任务为驱动，按照企业相关岗位的真实工作过程，创设学习情境，以培养学生岗位职业能力为目标，切实培育适应企业发展需要的专业技术技能人才。

1. 落实立德树人根本任务

本书贯彻党的二十大报告提出的"实施科教兴国战略，强化现代化建设人才支撑"精神，落实"加强教材建设和管理"新要求，坚持以党的二十大精神引领职业教育汽车类专业教材建设，提升教材的思想性、科学性、时代性，将职业素养培养融入教材建设之中，发挥教材培根铸魂的作用。

2. 坚持"以学生为中心，以就业为导向"

本书坚持"以学生为中心，以就业为导向"的理念，突出职业教育产教融合、校企合作办学特色，坚持理论与实践、知识学习与技能训练一体化，强调实践与理论的有机统一，技能上力求满足企业岗位需求，理论上力求做到适度、够用。

3. 采用项目引领、任务驱动方式设计教材体系

本书采用项目引领、任务驱动方式设计教材体系，以比亚迪新能源汽车和长安新能源汽车车型为主，分别介绍了新能源汽车作业前准备工作、新能源汽车维护、新能源汽车故障诊断技术、纯电动汽车故障诊断与排除、混合动力汽车故障诊断与排除5个项目，每个项目包括若干个基于工作任务的学习情境，每个学习情境中的任务按照任务导入、知识储备、任务实施、任务考核进行介绍，部分学习情境内容还包含基本诊断思路。

教学建议

本书编写力求做到深入浅出、层次分明、详略得当、通俗易懂，降低理论教学深度，加大实践教学力度，强调动手操作。建议完成本书全部内容的教学学时安排为：理论教学24学时，实践教学40学时，具体见下表。

项目	学习情境/任务	具体内容	理论学时	实践学时
项目1　新能源汽车作业前准备工作	任务1.1.1	认识纯电动汽车高压系统	0.5	0.5
	任务1.1.2	高压电危害的认知	0.5	0.5
	任务1.2.1	心肺复苏术	0.5	0.5
	任务1.2.2	新能源汽车灭火技术	0.5	0.5
	任务1.3.1	高压安全防护用具与维修工具的认识和使用	0.5	0.5
	任务1.3.2	新能源汽车高压断电标准操作	0.5	0.5
项目2　新能源汽车维护	任务2.1.1	常规系统日常维护	0.5	1
	任务2.1.2	高压系统日常维护	0.5	1
	任务2.2.1	一级维护（纯电动汽车定期维护）	1	1
	任务2.2.2	二级维护（纯电动汽车定期维护）	1	2
	学习情境2.3	混合动力汽车日常维护	1	2
	任务2.4.1	一级维护（混合动力汽车定期维护）	1	1
	任务2.4.2	二级维护（混合动力汽车定期维护）	1	2
项目3　新能源汽车故障诊断技术	学习情境3.1	新能源汽车警告灯识别与故障原因分析	1	1
	任务3.2.1	新能源汽车故障诊断基本流程	1	1
	任务3.2.2	新能源汽车诊断与修理后检验	1	1
项目4　纯电动汽车故障诊断与排除	任务4.1.1	VCU与其他高压控制系统无法通信故障诊断与排除	1	2
	任务4.1.2	高压互锁故障诊断与排除	1	2
	任务4.2.1	仪表显示剩余电量异常故障诊断与排除	1	2
	任务4.2.2	车辆充电异常故障诊断与排除	1	2
	任务4.2.3	动力电池异常断开故障诊断与排除	1	2
	学习情境4.3	纯电动汽车驱动电机控制器无法通信故障诊断与排除	1	2
	任务4.4.1	空调不制冷故障诊断与排除	1	2
	任务4.4.2	空调不制热故障诊断与排除	1	2
	任务4.5.1	电动真空泵故障诊断与排除	1	2
	任务4.5.2	制动开关信号丢失引发高压不上电故障诊断与排除	1	2
项目5　混合动力汽车故障诊断与排除	学习情境5.1	混合动力汽车发动机系统故障诊断与排除	1	2
	学习情境5.2	混合动力汽车高压动力系统故障诊断与排除	1	2
合计			24	40

本书配有教学课件、视频资源、教学大纲、教案、习题及答案。本书图文并茂，形式生动，通俗易懂，能更好激发学生的学习兴趣。

本书由重庆安全技术职业学院夏铭、谭欣、张中华任主编，重庆安全技术职业学院成正勇、林江滔，广西交通技师学院陆润宗任副主编，珠海世纪鼎利科技股份有限公司吴轲俊、陈鹏、于永生、程学卿和重庆安全技术职业学院刘川参与编写，具体编写分工如下：项目1、项目2由夏铭编写，项目3、项目4由谭欣、张中华编写，项目5由夏铭、成正勇、林江滔、陆润宗、吴轲俊、陈鹏、于永生、程学卿、刘川共同编写。

编者在编写本书的过程中得到了重庆长安新能源汽车有限公司相关人员的大力支持，在此深表感谢！编写本书时，编者查阅和参考了众多资料，在此向这些资料的作者致以诚挚的谢意。

由于编者水平有限，书中难免存在一些疏漏之处，敬请使用本书的读者提出宝贵意见，以利于本书的改进。

编者

2024年12月

目录

新能源汽车作业前准备工作

●●● 【项目描述】 ●●●

新能源汽车相较传统燃油汽车，具有环保、节能等优点。然而，由于纯电动汽车高压系统的存在，其保养和维修比传统燃油汽车更加复杂和困难，因此，为保障相关从业人员的人身安全，必须做好新能源汽车作业前准备工作。本项目主要介绍新能源汽车作业前准备工作，具体包含以下 3 个学习情境。

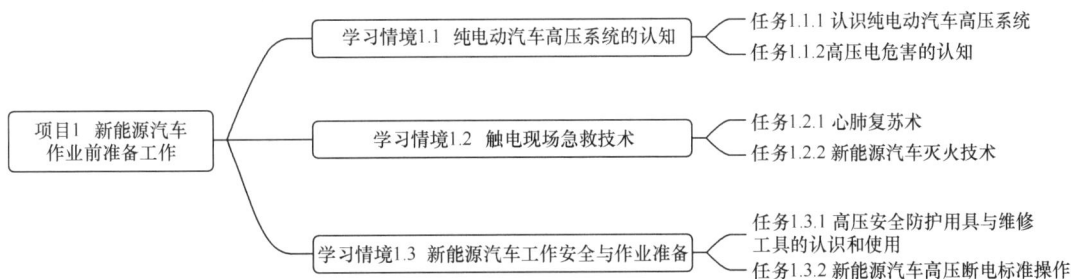

学习情境 1.1：纯电动汽车高压系统的认知。

学习情境 1.2：触电现场急救技术。

学习情境 1.3：新能源汽车工作安全与作业准备。

通过对以上 3 个学习情境的学习，读者将熟悉纯电动汽车高压系统、高压电的危害，掌握触电急救的心肺复苏术、新能源汽车灭火技术，学会正确使用高压安全防护用具和维修工具，掌握新能源汽车高压断电标准操作。

●●● 【知识导图】 ●●●

```
                              ┌─ 学习情境1.1 纯电动汽车高压系统的认知 ─┬─ 任务1.1.1 认识纯电动汽车高压系统
                              │                                      └─ 任务1.1.2 高压电危害的认知
项目1 新能源汽车 ─┤
作业前准备工作     ├─ 学习情境1.2 触电现场急救技术 ─┬─ 任务1.2.1 心肺复苏术
                              │                              └─ 任务1.2.2 新能源汽车灭火技术
                              │
                              └─ 学习情境1.3 新能源汽车工作安全与作业准备 ─┬─ 任务1.3.1 高压安全防护用具与维修
                                                                          │  工具的认识和使用
                                                                          └─ 任务1.3.2 新能源汽车高压断电标准操作
```

●●● 学习情境 1.1　纯电动汽车高压系统的认知 ●●●

【知识目标】

（1）掌握纯电动汽车高压系统组成部件。

（2）理解人体触电的本质及不同大小的电流对人体造成的危害。

（3）了解纯电动汽车高压系统与安全要求。

（4）了解国内外高压电标准与法规。

（5）了解纯电动汽车电压等级。

（6）了解纯电动汽车高压电的特点。

（7）了解常见触电方式。

【技能目标】

（1）能够认识纯电动汽车中高低压系统的主要部件。

（2）能够指出纯电动汽车中高低压系统的主要部件所在位置。

（3）通过进行模拟人体触电试验，能够描述电流对人体造成的危害，提升语言组织能力及表达能力。

【职业素养要求】

（1）养成严谨、仔细的工作态度。

（2）培养团结协作精神。

（3）严格执行8S现场管理。

（4）通过小组合作，培养团队合作意识。

（5）通过认识触电事故的危害，树立安全第一的工作意识。

长安 EV460 纯电动汽车高压系统的认知

比亚迪秦 PLUS EV 纯电动汽车高压系统的认知

任务1.1.1 认识纯电动汽车高压系统

一、任务导入

小明初到某 4S 店实习，看到店里的销售人员甲正在与客户乙交谈，客户乙对新能源汽车很好奇，有很多的疑问，他问道："听说纯电动汽车具有高压电，你能给我讲述一些这方面的情况吗？"小明努力回忆，这个在学校的时候好像是学过的，但是感觉要一一讲述出来，怎么都觉得很模糊。假如你是销售人员甲，你应该怎样介绍？

二、知识储备

1. 纯电动汽车高压系统与安全要求

通常新能源汽车分为三大类型：电动汽车、气体燃料汽车、代用液体燃料汽车。电动汽车包括纯电动汽车、混合动力汽车、燃料电池汽车和其他电动类汽车（如太阳能汽车、超级电容汽车等）。电动汽车都涉及高压系统，这些汽车上大部分高压系统都类似。本项目以纯电动汽车为例来介绍高压系统，一般纯电动汽车高压系统主要由动力电池、高压控制盒（高压配电盒）、电机控制器、充电机、PTC（正温度系数）加热器、空调压缩机、DC/DC 变换器等组成，如图 1-1-1 所示。其主要分为两大部分：一部分是纯电动汽车自身的高压系统，主要为纯电动汽车提供驱动动力、为车载空调供电等；另一部分是纯电动汽车充电时的高压系统，主要功能是从电网中获取电能，将其储存在动力电池里。

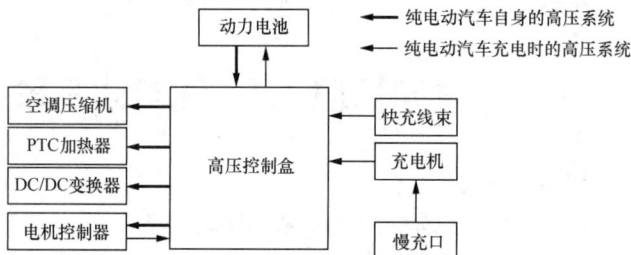

图1-1-1 纯电动汽车高压系统结构示意图

纯电动汽车上一般有电压高达上百伏的电气系统，比如汽车在充电过程中就有高电压，如图 1-1-2 所示。在纯电动汽车中，其能量由动力电池提供，动力电池通过电机控制器将电能传递到电机，电机将电能转化为机械能传递给驱动轴，由驱动轴带动车轮转动。纯电动汽车能量传递路线如图 1-1-3 所示。高压系统的功能是保证整车系统动力电能稳定传输，并随时检测整个高压系统的绝缘故障、断路故障、接地故障和高压故障等，以保证高压设备和人员的安全。

图1-1-2　纯电动汽车的充电　　　　　　图1-1-3　纯电动汽车能量传递路线

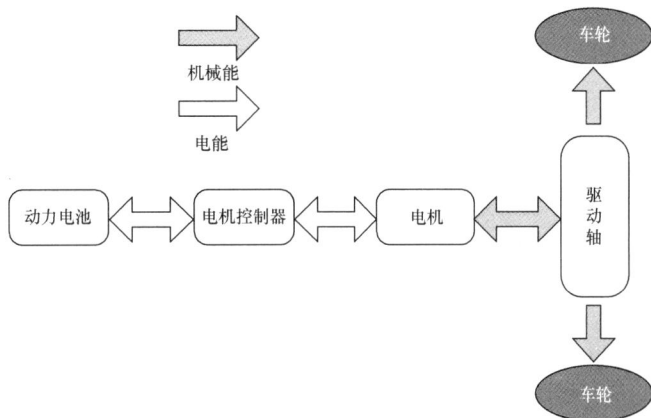

　　自 1970 年以来，美国、欧洲、日本等都先后成立了开展电动车辆标准研究与制定工作的标准化组织和机构，相继发布了电动车辆的若干技术标准。我国的国家标准化管理委员会于 2001 年起发布有关电动汽车的国家标准，对电动汽车高压部件和高压系统做出较为详细的规定，具体如下。

　　GB/T 24347—2021《电动汽车 DC/DC 变换器》。

　　GB 18384—2020《电动汽车安全要求》。

　　GB/T 31498—2021《电动汽车碰撞后安全要求》。

　　GB/T 18487《电动汽车传导充电系统》。

　　GB/T 20234《电动汽车传导充电用连接装置》。

　　GB/T 18488—2024《电动汽车用驱动电机系统》。

　　高压电安全相关法规标准 ECE R100、ISO 6469-1/2/3、EVS-GTR，对高压部件和高压系统提出了结构、性能和策略等方面的要求。

　　人们对电动车辆的高压电安全及控制制定了较为严格的标准和要求，并规定了高压系统必须具备高压电自动切断装置。其中与纯电动汽车安全有关的电气特性有：绝缘性能、漏电流、高压设备的过电流特性、爬电距离及电气间隙等。纯电动汽车高压电安全保护的执行要点是确保高压电源等的运行安全和高压电的接通具备既定的先决条件，以及基于外部故障诊断的自动断开和被动断开。

　　在纯电动汽车上，只有几个高压部件通过高压线束进行连接，但是所有高压部件均涉及绝缘问题，且纯电动汽车工作在振动、环境温度变化剧烈和湿度差异大的情况下，这些都会引起绝缘材料的损伤，导致绝缘性能下降。高电压电路与车身之间发生多点绝缘性能失效，会导致漏电回路的热积累效应，造成车辆的电气火灾事故。高压电安全技术就是防止高压接触对人体造成触电伤害的技术，高压电安全技术的合理设计可以使电动汽车产品符合相关安全要求，可以保证驾乘人员在电动汽车使用过程中的安全，同时可以保证相关从业人员的安全。

2. 纯电动汽车电压等级

高压与低压指的是电压的高低。在电力工业或电气工程中，通常交流 1200 V 或直流 1500 V 以下都称为低压，交流 1200 V 或直流 1500 V 以上则称为高压。在安全用电方面，通常将对人体没有伤害的最高安全电压以下的电压称为低压，而将最高安全电压以上的电压称为高压。国家标准 GB 18384—2020 对人员触电防护做出要求，对纯电动汽车的电压等级有明确规定，根据最大工作电压 U，将电气元件或电路按电压分为 A 和 B 两个等级，如表 1-1-1 所示。

表 1-1-1　纯电动汽车的电压等级划分

电压等级	最大工作电压 U	
	直流	交流
A	$0<U\leqslant60\text{ V}$	$0<U\leqslant30\text{ V}$
B	$60\text{ V}<U\leqslant1500\text{ V}$	$30\text{ V}<U\leqslant1000\text{ V}$

说明：• A 级是较为安全的电压等级，在直流电压中小于或等于 60 V，在交流电压下小于或等于 30 V，即在 A 级电压下操作的维护人员不需要采取特殊的防电保护措施。

• B 级对人体会产生伤害，在 B 级电压下操作必须使用必要的防护设备对维护人员进行保护。

3. 纯电动汽车高压电的特点

① 纯电动汽车上的高压电一般设计在 300 V 以上。

② 纯电动汽车上既有高压直流电，也有高压交流电，例如动力电池直流电、电池充电时的 220 V 或 380 V 电网交流电、电机工作时的三相交流电。

③ 高压对绝缘性能的要求更高。一般传统燃油汽车上设计的绝缘材料，当电压超过 200 V 时可能变成导体，因此在纯电动汽车上就要求使用具有更高绝缘性能的绝缘材料。

④ 高压要求正、负极间距大。12 V 电压情况下，电源正、负极之间的距离需要很近才会有击穿空气的可能；但是若电压高达 200 V 以上，正、负极之间距离较远时就会击穿空气而导电。

4. 纯电动汽车的高压部件

根据高电压存在的时间进行分类，纯电动汽车高压系统的高电压主要有 3 种存在形式，即持续存在、运行期间存在和充电期间存在，如图 1-1-4 所示。

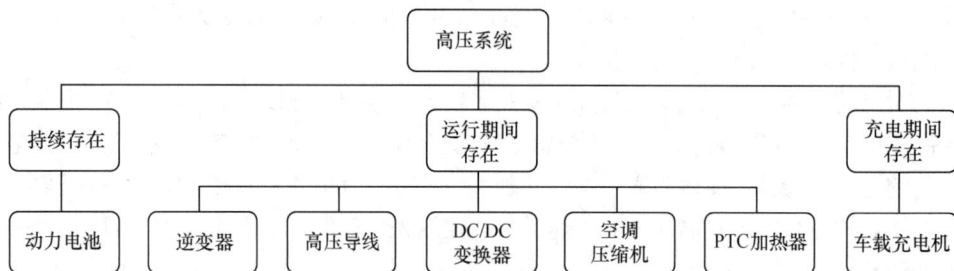

图1-1-4　纯电动汽车上存在的3种高电压

通常，高压部件都具有明显的橙色标识或者高压警示标识。高压部件一般主要集中在车辆的前部。除了少数的混合动力汽车高压部件安装在车辆后部位置外，大多数车辆的驱动电机、电机控制器、电源补给系统等都布置在车辆前部，而且高压导线也是沿着底盘外布置的。

例如，长安 EV460 纯电动汽车的高压部件主要集中在驱动系统、空调与加热系统、电源补给系统等，如图 1-1-5 所示。

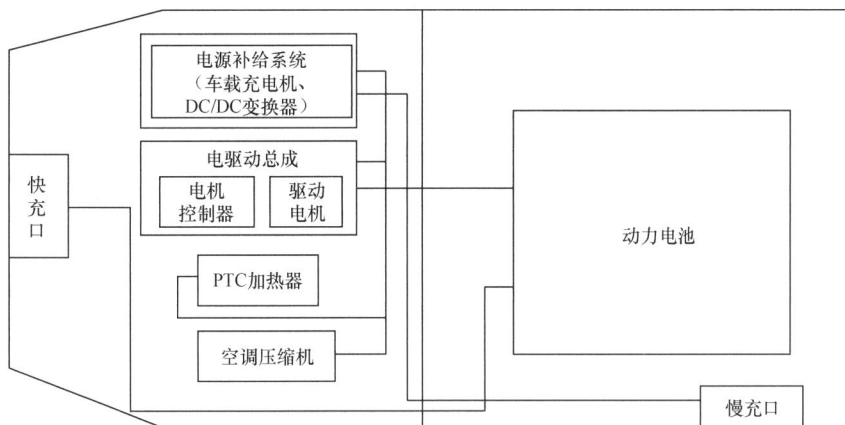

图1-1-5　长安EV460纯电动汽车上的高压部件

① 驱动系统：如图 1-1-5 所示的电驱动总成，主要包括驱动电机和电机控制器。

② 空调与加热系统：主要包括空调压缩机和 PTC 加热器。

③ 电源补给系统：主要包括车载充电机及 DC/DC 变换器。

④ 用于连接高压部件的导线：也属于高压部件，这些连接导线可以分为 5 段。

a．动力电池高压电缆：动力电池到电源补给系统（PDU）之间的连接电缆。

b．电机控制器电缆：电源补给系统到电机控制器之间的连接电缆。

c．快充线束：快充口到动力电池之间的连接线束。

d．慢充线束：慢充口到车载充电机之间的连接线束。

e．高压附件线束（高压线束总成）：电源补给系统到空调压缩机、PTC 加热器之间的连接线束。图 1-1-6 所示为某电动汽车的高压附件线束。

（a）　　　　　　　　　　　　　　（b）

图1-1-6　高压附件线束

三、任务实施

1．实施要求

本操作任务为完成对纯电动汽车高压系统基本结构的认知，包括以下内容：

（1）在实车上辨识高压系统的部件；

（2）指出高压系统主要组成部分的位置。

2．实施准备

（1）长安逸动 EV460（后文简称长安 EV460）整车（见图 1-1-7）。

（2）举升架（见图 1-1-8）。

图1-1-7 长安EV460整车

图1-1-8 举升架

（3）专用工具、设备：故障诊断仪、万用表及其他适用设备。

3. 实施步骤

在教师指导下，按照图 1-1-5 所示长安 EV460 纯电动汽车上的高压部件，在实车上找到高压系统主要部件，同时将这些部件在实车中的布置位置填写到表 1-1-2 中。

表 1-1-2 主要部件在实车中的布置位置

部件名称	布置位置描述
动力电池	
电源补给系统	
驱动电机	
慢充口，快充口	
电机控制器	
PTC 加热器	
空调压缩机	

四、任务考核

任务工单 1-1-1 纯电动汽车高压系统的认知

理论考核试题	成绩：

1. 填空题

（1）纯电动汽车高压系统主要组成部分包括_____、_____、_____、_____、_____。

（2）高压电安全相关法规标准_____、_____、_____对高压部件和高压系统提出了结构、性能和策略等方面的要求。

（3）高压电安全技术就是防止高压接触对人体造成_____伤害的技术，高压电安全技术的合理设计可以使纯电动汽车产品符合相关安全要求，可以保证驾乘人员在纯电动汽车使用过程中的安全，同时可以保证相关从业人员的安全。

（4）国家标准 GB 18384—2020 将电气元件或电路按电压分为_____和_____两个等级。_____级是较为安全的电压等级。

（5）纯电动汽车上的高压电一般设计在_____V 以上。

2. 选择题

（1）根据高电压存在的时间进行分类，纯电动汽车高压系统的高电压存在形式有（   ）。

A. 持续存在　　　B. 故障期间存在　　　C. 运行期间存在　　　D. 充电期间存在

续表

理论考核试题	成绩：

（2）一般高压部件标识的颜色为（　　　）。

A. 红色　　　　　　B. 蓝色　　　　　　C. 橙色　　　　　　D. 黄色

（3）纯电动汽车的高压部件主要集中在（　　　）。

A. 驱动系统　　　　B. 空调与加热系统　　C. 充电系统　　　　D. 电源补给系统

3. 简答题

（1）用于连接高压部件的导线有哪些？

（2）纯电动汽车的高压电特点有哪些？

任务1.1.2　高压电危害的认知

一、任务导入

某年 12 月 18 日，在某制造类工厂，发生了一起维修作业人员触电死亡的事故，该事故的起因是维修作业人员未按照标准作业要求开展维修作业造成人员触电，最终导致人员死亡，这起事故在人们的心头掀起巨大的波澜，也给我们敲响了警钟，从业人员应该引以为戒，加强反思。那么，高压电的危害到底有哪些呢？

二、知识储备

1. 人体触电及其危害

由欧姆定律可知，在同一电路中，导体中的电流与导体两端的电压成正比，与导体的电阻成反比。欧姆定律标准公式为 $I=U/R$，其推导式为 $R=U/I$ 或 $U=IR$。其中：I、U、R 是同一部分电路中同一时刻的电流、电压和电阻。导体的电阻是它本身的一种属性，电阻大小取决于导体的长度、横截面积、材料、温度、湿度。

那么人体电阻是多少呢？首先，应该注意的是人体电阻不是一个固定的数值，而人体电阻的大小是影响触电后人体受到伤害程度的重要物理因素。一般情况下，可根据试验测试人体不同部位的电阻，如表 1-1-3 所示。

表 1-1-3　人体不同部位的测试电阻大小

测试部位	测试环境		人体电阻/Ω
	相对湿度	温度/℃	
一只手腕到另一只手腕	82%	28	6300
	66%	23	14600
手腕到脚踝	82%	28.5	7400
	66%	23	24500
手腕到大地	湿度较大	—	6000
	比较干燥	—	300000

对人体造成伤害的本质是电流，人体接触到高电压，高电压通过人体这个电阻，就会在人

体中形成电流，从而对人体造成伤害。在电网中，人体的安全电压被认为不高于 36 V，持续接触安全电压为不高于 24 V，安全电流为不高于 10 mA。然而实际上在纯电动汽车中，36 V 电压值并不是绝对安全的。研究表明，很多因素对人体电阻会产生较大影响，比如人的皮肤干燥度、环境潮湿度、人的年龄、身体状况、情绪、通电时长等。目前通常认为，当人体接触到 30 V 以上交流电或 60 V 以上直流电的时候，就有可能发生触电事故。当人体内通过的交流电超过 3 mA，人体开始感受到疼痛，此时电流导走变得困难，电流滞留在人体的时间就变长。在人体长时间滞留 30 ～ 75 mA 的交流电会导致人呼吸停顿，滞留 75 ～ 100 mA 的交流电会导致心脏纤维性颤动。这里的电流长时间滞留是指电流有数秒或数分钟的时间滞留在人体内。电流对人体作用带域划分如图 1-1-9 所示。

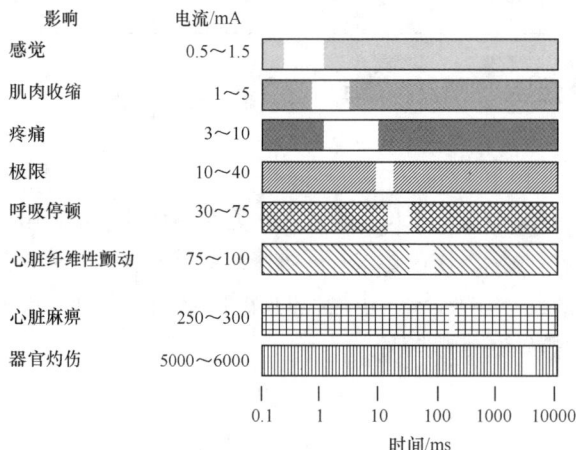

图1-1-9　电流对人体作用带域划分

人体是导体，人体触电的前提是人体与所触电源之间形成了回路，有电流流经人体后才导致触电，如图 1-1-10 所示。不同等级的电流对人体的伤害不一样，人体导电主要是血液中含有电解成分，电解成分具有导电性，特别是在人体胸腔和躯干处的主动脉位置电阻很低，电流通过时刺激心脏产生异常颤动导致伤亡，这也是人体触电造成死亡的主要原因。

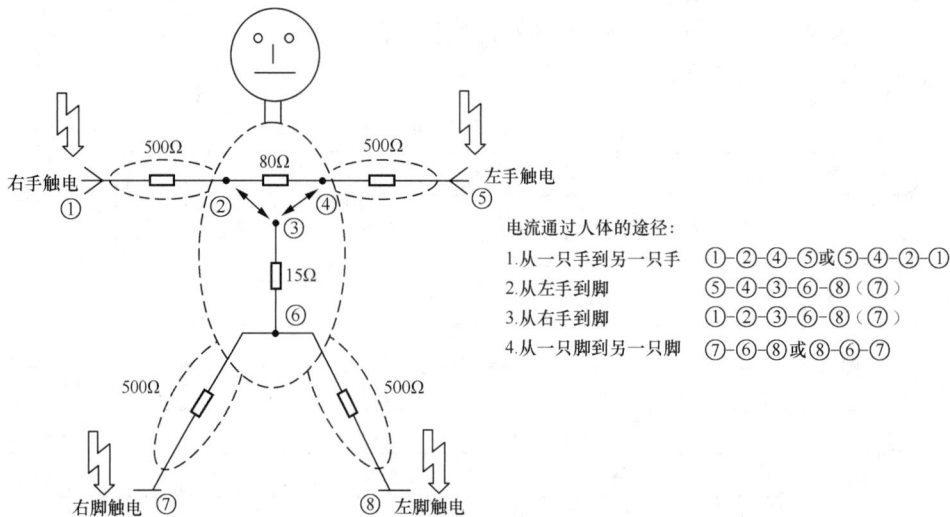

图1-1-10　电流流经人体

2. 常见的触电方式

常见的触电方式有单相触电、两相触电、跨步电压触电。

（1）单相触电

单相触电是指人体的某一部位触及电气装置的任一相的触电形式，如图 1-1-11 所示。对于高电压，人体虽然没有触及，但因超过了安全距离，高电压对人体产生电弧放电，也属于单相触电。

单相触电时电流通过人体流入大地（流回中性线），如图 1-1-12 所示。此时人体承受的最大电压为相电压。单相触电的危险程度与电网运行的方式有关。在电源中性点直接接地系统中，由于人体电阻远大于中性点接地电阻，因此电压几乎全加在人体上；在中性点不直接接地系统中，正常情况下电源设备对地绝缘电阻较大，通过人体的电流较小。所以，一般情况下，中性点直接接地电网的单相触电比中性点不直接接地电网的危险性大。

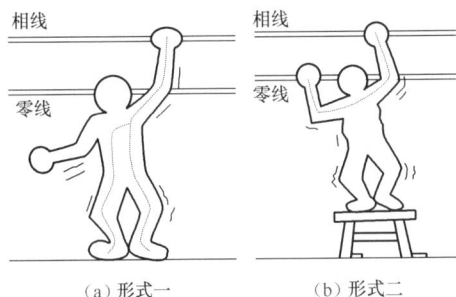

(a) 形式一　(b) 形式二
图1-1-11　单相触电形式

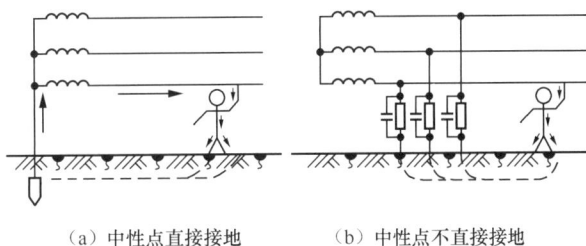

(a) 中性点直接接地　(b) 中性点不直接接地
图1-1-12　单相触电电流流向

（2）两相触电

两相触电是指人体两个部位同时触及电源的任意两相，电流从一根相线经人体流到另一根相线引起触电，如图 1-1-13 所示。两相触电加在人体上的电压为线电压，其危险性最大。

（3）跨步电压触电

当人体两脚跨入高压线触地点附近时，在前后两脚之间便存在电位差，由此形成的触电称为跨步电压触电，如图 1-1-14 所示。当电网或电气设备发生接地故障时，流入地中的电流在土壤中形成电位，地表面也形成以接地点为圆心的径向电位差。当人在距离高压导线落地点 10 m 内行走时，电流沿着人的下身，从一只脚到腿、胯部又到另一只脚，与大地形成通路，前、后两脚间（一般按 0.8 m 计算）电位差达到危险电压而造成触电。

图1-1-13　两相触电形式

图1-1-14　跨步电压触电形式

三、任务实施

1. 实施要求

本操作任务为模拟人体触电，以加强对高压电危害的认知，包括以下内容。

（1）人体阻抗测试。

（2）模拟人体单相触电、两相触电。

（3）模拟人体跨步电压触电。

2. 实施准备

（1）安全用电实训台2个。

（2）专用工具、设备：模拟人体阻抗单元、模拟跨步电压单元（含人体跨步模块）、模拟触电指示灯和供电系统单元、万用表、调压器等。

（3）辅助材料：螺钉旋具、连接导线若干等。

3. 实施步骤

首先，在安全用电实训台上进行模拟人体阻抗试验，测量从一只手到各点之间的电阻分布，并分析各点的电阻构成与手到脚的电阻关系，如图1-1-15所示。

其次，在模拟人体阻抗单元中分别设计构成单相触电、两相触电，并观察模拟触电指示灯来查看触电现象。

然后，先将模拟跨步电压单元通电并打开开关，用万用表测量各模拟跨步之间的电压，了解跨步电压的形成原因。再将模拟人体阻抗单元、人体跨步模块，通过调压器输入不同电压（模拟跨步电压大小），并监测输出电压及输出电流的大小，观测心脏模拟触电指示灯的变化情况。模拟人体跨步电压触电试验如图1-1-16所示。

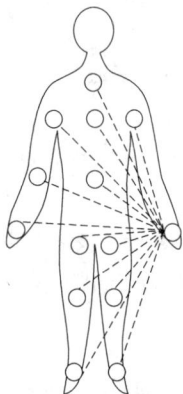

图1-1-15 模拟人体阻抗试验
测量手到各点的电阻分布

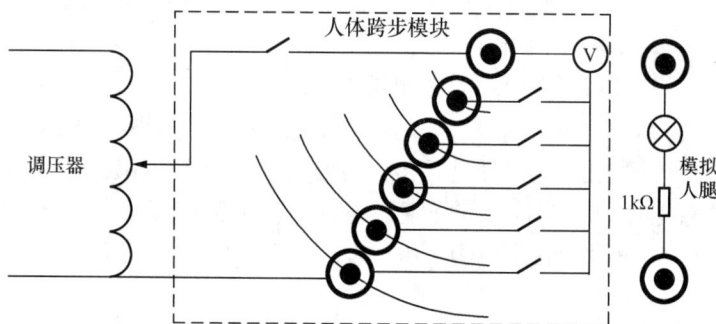

图1-1-16 模拟人体跨步电压触电试验

四、任务考核

任务工单1-1-2 高压电危害的认知

理论考核试题	成绩：

1. 填空题

（1）导体的电阻是它本身的一种_____，电阻大小取决于导体的_____、_____、_____

理论考核试题	成绩：

_____和_____、_____。

（2）人体的电阻_____一个固定的数值，而人体_____的大小是影响触电后人体受到伤害程度的重要物理因素。

（3）对人体造成伤害的本质是_____，人体接触到高电压，高电压通过人体这个电阻，就会在人体中形成电流，从而对人体造成伤害。在电网中，人体的安全电压被认为不高于36 V，持续接触安全电压为不高于_____V，安全电流为不高于_____mA。

（4）目前通常认为，当人体接触到_____V 以上交流电或_____V 以上直流电的时候，就有可能发生触电事故。

（5）当人体内通过交流电超过_____mA，人体开始感受到疼痛，此时电流导走变得困难，电流滞留在人体的时间就变长。当在人体长时间滞留 30～75 mA 的交流电时会导致人呼吸停顿，滞留_____mA 交流电会导致心脏纤维性颤动。

2. 选择题

（1）常见的触电方式有（   ）。

A. 单相触电   B. 两相触电   C. 三相触电   D. 跨步电压触电

（2）单相触电时电流通过人体流入（   ）。

A. 相线   B. 零线   C. 大地   D. 中性线

3. 简答题

（1）造成人触电死亡的主要原因是什么？

（2）什么是两相触电？

••• 学习情境 1.2　触电现场急救技术 •••

学习目标

【知识目标】

（1）了解触电急救的基本原则和基本方法。

（2）掌握心肺复苏的具体操作流程及注意事项。

（3）掌握消防灭火方法。

【技能目标】

（1）能够完成口对口人工呼吸操作。

（2）能够完成胸外心脏按压操作。

（3）能够正确选用灭火器进行消防灭火。

【职业素养要求】

（1）树立较强的安全意识。

（2）培养团队合作意识。

（3）培养严谨细致的职业素养。

任务1.2.1　心肺复苏术

一、任务导入

小明在 4S 店实习过程中，听到维修车间师傅甲正在培训学员如何开展心肺复苏急救，此时，师傅甲叫住小明，问道："小明，你会心肺复苏急救操作吗？"小明努力地回想在学校学习过的心肺复苏术的相关知识，但是怎么也回答不上来。如果你是小明，你能够正确地做出回答吗？

二、知识储备

心肺复苏术是对各种原因引起的呼吸停止、心脏骤停，及时有效地采取胸外心脏按压和口对口人工呼吸等措施对患者进行抢救，使患者心跳和呼吸恢复的急救技术。患者一旦发生呼吸、心脏骤停的情况，18 s 后脑缺氧；30 s 后昏迷；60 s 后脑细胞开始死亡；6 min 后脑细胞全部死亡。抢救呼吸、心脏骤停患者的黄金时间为 4 min，此时"时间就是生命"。

当触电伤者心跳或呼吸停止时，应立即采取心肺复苏术进行急救。心肺复苏术的 3 项基本措施为胸外心脏按压（人工循环）、通畅气道、口对口（或口对鼻）人工呼吸。

1. 心脏骤停的辨别与呼救

当发现有触电伤者倒地或昏迷不醒时，应立即上前询问或查看伤者情况，确定伤者的意识状态。首先拍打伤者双肩，并在其双耳大声呼喊，若伤者无应答，则伤者可能处于无意识状态。然后观察伤者是否有呼吸和心跳，看伤者胸廓是否有起伏，摸伤者颈动脉是否有搏动，判断时间为 5~10s，此时若伤者无心跳、呼吸，则判断为心脏骤停，需立即拨打急救电话 120，呼叫救护车，同时就地准备实施心肺复苏术。

2. 胸外心脏按压操作要领

若触电伤者伤得相当严重，心跳和呼吸都已停止，人完全失去知觉，则需立即使用胸外心脏按压方法对其抢救。胸外心脏按压的具体操作步骤如下。

（1）松开触电伤者的衣领口、裤带，使其胸部能自由扩张。

（2）使触电伤者仰卧于硬板床上或者硬地面上。

（3）救护人员位于触电伤者的旁边，将一手的掌根放在胸骨的下 1/3 处（映射到体表位置为两乳头连线中点处），如图 1-2-1 所示，或者一手掌根紧贴剑突部位向上两横指处，如图 1-2-2 所示，另一只手叠加于上，两手呈交叠状（若伤者是儿童可用一只手），叠于下方的手的手指翘起，如图 1-2-3 所示。

（4）救护人员找到触电伤者的正确按压点后，两臂伸直，肘关节固定不可弯曲，用上身力量自上而下垂直均衡地用力按压，按压姿态如图 1-2-4 所示。

（5）按压后，掌根迅速放松（但手掌不要离开胸部），使触电伤者胸部完全回弹，心脏扩张，血液又回到心脏，尽量避免按压中断，以保持心脏的血液供应。

3. 通畅气道操作要领

触电伤者呼吸停止时，重要的是始终确保其气道通畅。如发现伤者口内有异物，可将其头部侧翻，迅速用一根手指或两根手指交叉从口角处插入，取出异物，操作中要注意防止将异物推入咽喉内部造成气道堵塞。

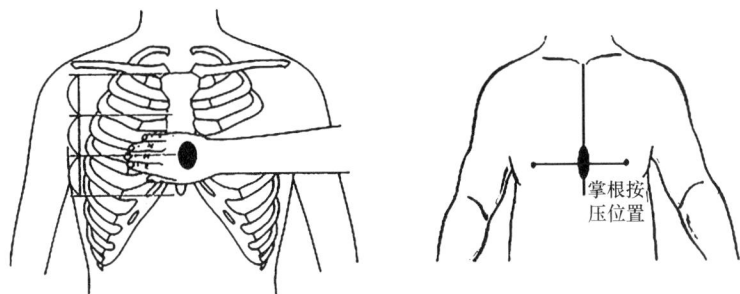

（a）掌根放在胸骨的下1/3处示意图　　　（b）掌根按压部位平面图

图1-2-1　掌根按压部位示意图1

（a）　　　　　　　（b）

图1-2-2　掌根按压部位示意图2

图1-2-3　两手交叠状示意图

保持气道畅通，可采用仰头抬颌法，如图1-2-5所示。用一只手放在触电伤者前额，另一只手的手指将其下颌向上抬起，两手协同向后推使头部后仰约90°，气道即可畅通。需要注意的是，如果有颈椎骨折情形，不能使用此方法。

图1-2-4　按压姿态示意图

4. 口对口（或口对鼻）人工呼吸操作要领

人的生命维持，主要是靠心脏跳动产生血液循环，通过呼吸形成氧气与废气的交换。在伤者保持气道通畅条件下，救护人员用放在伤者头上的那只手的手指捏住伤者鼻翼，使其不漏气，另一只手将其下巴拉向前下方，使其嘴巴张开，嘴巴可盖上一层纱布，准备接受吹气。救护人员正常吸气，与伤者口对口紧合，在不漏气的情况下，先吹气1次，迅速松开伤者口鼻，让伤者胸廓完全放松，然后再次捏住伤者鼻翼吹气1次（共吹气两次），每次吹气持续1s。正常口对口人工呼吸的吹气量不需要过大，以免引起肺部损伤。吹气和放松时要注意观察触电伤者胸部是否有起伏的呼吸动作，吹气时间与松开口鼻时间一致。具体做法如图1-2-6所示。

5. 抢救过程中的再判定

胸外心脏按压30次，口对口人工呼吸2次为一个循环，5个循环后，应再用看、听、试的方法在5～10 s时间内完成对触电伤者呼吸及心跳是否恢复的判定。具体如下。

看：观察伤者的胸部有无呼吸起伏；伤者面部、甲床、嘴唇等部位颜色是否恢复红润。

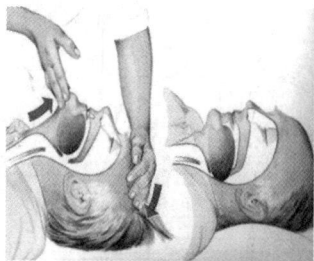

图1-2-5　仰头抬颌法

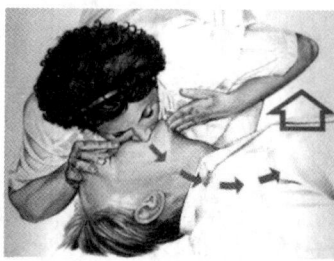

图1-2-6　口对口人工呼吸法

听：用耳贴近伤员的口鼻处，听有无呼吸气流。

试：用两手指轻试一侧（左或右）喉结旁凹陷处的颈动脉有无搏动。

6. 心肺复苏的注意事项

（1）按压位置必须准确。

（2）按压频率：100～120次/min。保持按压和解除按压的时间应相等。

（3）按压深度：5～6 cm。快速有力按压，避免按压中断，每次按压后允许胸壁回弹至正常位置。

（4）口对口人工呼吸时捏紧鼻翼，贴紧嘴巴，避免漏气，吹气时间与松开时间应相等。

交替进行胸外心脏按压和口对口人工呼吸，其比例为30∶2。胸外心脏按压30次、口对口人工呼吸2次为一个周期，我们需要如此反复做5个周期（约2 min）为一个循环，一个循环完成后暂停5～10 s检查触电伤者的呼吸和心跳是否恢复。

7. 心肺复苏急救的有效指征

（1）观察颈动脉搏动，心肺复苏有效时每次按压后就可感受到一次搏动。若停止按压后搏动停止，表明应继续进行按压。如停止按压后搏动继续，说明伤者自主心跳已恢复，可以停止胸外心脏按压。

（2）心肺复苏有效时，可见伤者有眼球活动，面色、嘴唇由苍白或青紫转为红润，脉搏、呼吸恢复，瞳孔对光反射恢复，强光照射时瞳孔由大变小等。

8. 心肺复苏急救终止操作

经过抢救检查，若伤者恢复自主心跳和呼吸，可以终止操作。中途若有医务人员接替抢救，可与医务人员进行交接后终止操作。若心肺复苏持续30 min以上，伤者仍无自主心跳及呼吸，现场又无进一步救治和送治条件，可考虑终止操作。

三、任务实施

1. 实施要求

本操作任务为模拟完成触电急救过程，包括以下内容。

（1）触电急救的基本步骤。

（2）心肺复苏的基本操作。

2. 实施准备

（1）心肺复苏术人体模型套装1套（见图1-2-7）。

（2）绝缘手套、绝缘鞋帽、绝缘木棍等。

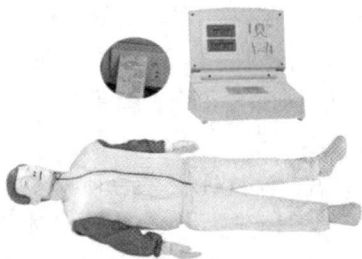

图1-2-7　心肺复苏术人体模型套装

3. 实施步骤

在教师指导下，一名学生模拟纯电动汽车维修过程中的意外高压触电，另一名学生立即组织触电急救。触电急救操作流程如表 1-2-1 所示。

表 1-2-1　触电急救操作流程

序号	操作要点		完成情况
1	观察触电情况，确定触电类型		
2	根据不同触电类型，选择不同的脱离电源的措施（如拉闸、切断电源、分离触电者与带电体、短路、接地法等）		
3	寻求有效的帮助（如大声呼救、拨打急救电话等）		
4	观察伤者位置情况，在脊柱无扭伤的情况下将伤者移至安全通风处		
5	判断伤者伤势情况	检查意识（轻拍、呼叫等）	
		若伤者意识丧失，检查呼吸（看、听、试、探）	
		检查心跳（摸颈动脉）	
6	胸外心脏按压	救护人员位于触电伤者的旁边，将一手的掌根放在胸骨的下 1/3 处（映射到体表位置为两乳头连线中点处），或者一手掌根紧贴剑突部位向上两横指处，另一只手叠加于上，两手呈交叠状，位于下方的手的手指翘起	
		救护人员找到触电伤者的正确按压点后，两臂伸直，肘关节固定不可弯曲，用上身力量自上而下垂直均衡地用力按压，按压次数为 30 次，按压的频率是 100～120 次/min，按压的深度是 5～6cm	
		按压后，掌根迅速放松（但手掌不要离开胸部），使触电伤者胸部完全回弹，心脏扩张，血液又回到心脏，尽量避免按压中断，以保持心脏的血液供应	
	通畅气道	触电伤者呼吸停止时，重要的是始终确保其气道通畅。如发现伤者口内有异物，可将其头部侧翻，迅速用一根手指或两根手指交叉从口角处插入，取出异物，操作中要注意防止将异物推入咽喉内部造成气道堵塞	
		保持气道畅通，可采用仰头抬颌法。用一只手放在触电伤者前额，另一只手的手指将其下颌向上抬起，两手协同将头部推向后仰约 90°，气道即可畅通。需要注意的是，如果有颈椎骨折情形，不能使用此方法	
	口对口人工呼吸	在伤者保持气道通畅条件下，救护人员用放在伤者额头上的那只手的手指捏住伤者鼻翼，使其不漏气，另一只手将其下巴拉向前下方，使其嘴巴张开，嘴巴可盖上一层纱布，准备接受吹气	
		救护人员正常吸气，与伤者口对口紧合，在不漏气的情况下，先吹气 1 次，迅速松开伤者口鼻，让伤者胸廓完全放松，然后再次捏住伤者鼻翼吹气 1 次（共吹气两次），每次吹气持续 1s	
		正常口对口人工呼吸的吹气量不需要过大，以免引起肺部损伤。吹气和放松时要注意观察触电伤者胸部是否有起伏的呼吸动作，吹气时间与松开口鼻时间一致	
7	心肺复苏急救的有效指征观察及报告		

四、任务考核

任务工单 1-2-1　心肺复苏术

理论考核试题	成绩：

1. 填空题

（1）心肺复苏术支持生命的 3 项基本措施为：_____、_____和_____。

（2）一旦发生呼吸、心脏骤停，_____s 后脑缺氧；_____s 后昏迷；_____s 后脑细胞开始死亡；_____min 后脑细胞全部死亡。挽救呼吸、心脏骤停病人的黄金时间为_____min。

（3）当触电伤者心跳或呼吸停止时，应立即采取_____进行急救。

（4）触电伤者呼吸停止时，重要的是始终确保其_____通畅。

（5）保持气道畅通，可采用_____法。

（6）人的生命维持，主要是靠_____跳动产生血液循环，通过呼吸形成_____与_____的交换。

（7）在伤者保持气道通畅条件下，救护人员用放在伤者额头上的那只手的手指捏住伤者鼻翼，使其不漏气，另一只手将其下巴拉向前下方，使其嘴巴张开，嘴巴可盖上一层纱布，准备接受吹气。救护人员正常吸气，与伤者口对口紧合，在不漏气的情况下，先吹气 1 次，迅速松开伤者口鼻，让伤者胸廓完全放松，然后再次捏住伤者鼻翼吹气 1 次（共吹气两次），每次吹气持续_____。

2. 选择题

（1）胸外心脏按压的注意事项有（　　）。

A. 按压位置必须准确　　　　　　　　　B. 按压频率 100～120 次/min

C. 按压深度 5～6 cm　　　　　　　　　D. 按压的力度不要太重

（2）交替进行胸外心脏按压和口对口人工呼吸，其比例为（　　）。

A. 15：2　　　　　B. 1：5　　　　　C. 2：30　　　　　D. 30：2

（3）口对口人工呼吸操作口诀是（　　）。

A. 张口捏鼻手抬颌　　　B. 深吸缓吹口对紧　　　C. 张口困难吹鼻孔　　　D. 5 s 两次坚持吹

（4）胸外心脏按压法口诀是（　　）。

A. 掌根下压不冲击　　　　　　　　　　B. 突然放松手不离

C. 手腕略弯压一寸　　　　　　　　　　D. 一秒两次较适宜

3. 简答题

（1）口对口（或口对鼻）人工呼吸操作的要领是什么？

（2）胸外心脏按压的具体操作是什么？

（3）心肺复苏急救的有效指征是什么？

任务1.2.2　新能源汽车灭火技术

一、任务导入

某试验表明，新能源汽车的火灾发展速率远大于燃油汽车，其中从起火到完全燃烧的时间仅有 90 s 左右。此外，当新能源汽车在车流量大的路口、街道、高速公路、地下停车场等场所发生火灾时，可能引燃周边其他车辆而造成连锁反应，导致火灾规模扩大。你所知道的关于新能源汽车的火灾事故有哪些？请列举说明。

新能源汽车灭火技术

二、知识储备

1. 火灾基础知识简介

火灾是指在时间和空间上失去控制的燃烧所造成的灾害，而燃烧是可燃物与氧化剂之间发生的一种化学反应。从本质上讲，火灾中的燃烧是一种强烈的氧化还原反应过程，并伴有大量的热生成，通常还会产生一定的光。

（1）火灾的发生条件

火灾是失去控制的燃烧现象，而燃烧的发生和发展，必须具备 3 个必要条件即燃烧的三要素：可燃物、助燃物和点火源。

① 可燃物：凡是能与空气中的氧或其他氧化剂起化学反应的物质，均称为可燃物，如木材、氢气、汽油、煤炭、纸张、硫等。可燃物按其化学组成可分为无机可燃物和有机可燃物两大类；按其所处的状态又可分为固体可燃物、液体可燃物和气体可燃物三大类。

② 助燃物：与可燃物结合能导致和支持燃烧的物质称为助燃物。燃烧过程中的助燃物主要是空气中游离的氧，其中各种不同的可燃物要发生燃烧均有本身固定的最低氧含量要求。当氧含量过低时，即使其他必要条件已经具备，燃烧也不会发生。

③ 点火源：凡是能引起物质燃烧的点燃能源，统称为点火源。在一定条件下，不同可燃物只有达到一定能量才能发生燃烧，在此能量激发下，可燃物和助燃物发生剧烈的氧化还原反应。

燃烧三要素中，无论缺少哪个条件，燃烧都不能发生。即使具备以上三要素并相互结合、相互作用，燃烧也未必发生。要使燃烧发生，以上三要素必须达到一定的量，如点火源有足够的热量和一定的温度，助燃物和可燃物有一定的浓度和数量。燃烧发生时三要素之间形成了封闭的三角形，即着火三角形，如图 1-2-8 所示。

（2）火灾的分类

可以根据损失的严重程度、火灾场景和燃烧对象性质进行火灾分类，根据燃烧对象性质的不同，火灾可以划分为以下 6 类，其标识符号如图 1-2-9 所示。

① A 类火灾：木材、布类、纸类等固体物质火灾。

② B 类火灾：可燃性液体或可熔化固体物质火灾。

③ C 类火灾：煤气、天然气、甲烷等气体火灾。

④ D 类火灾：可燃性金属或其他活性金属火灾。

⑤ E 类火灾：带电火灾。

⑥ F 类火灾：烹饪器具内的烹饪物火灾。

（3）火灾的防治

火灾防治分为"防"和"治"两种基本途径。灭火的基本原则是破坏燃烧的条件，使燃烧

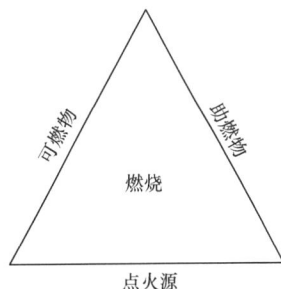

图1-2-8 着火三角形

图1-2-9 6类火灾标识符号

得到控制、抑制直至熄灭。根据着火三角形的观点，通过消除可燃物或将可燃物浓度充分降低，隔绝氧气或将氧气含量降低，或将可燃物冷却至燃点以下，均可达到灭火的目的。目前，常用的灭火方法包括隔离法、窒息法、冷却法和化学抑制法。各类火灾的灭火方法如表 1-2-2 所示。

表 1-2-2　各类火灾的灭火方法

A 类火灾	一般采用冷却法和窒息法进行灭火，常用的灭火剂有水灭火剂、泡沫灭火剂和 ABC 类干粉灭火剂
B 类火灾	一般采用窒息法和化学抑制法进行灭火，常用的灭火剂有泡沫灭火剂、惰性气体灭火剂、ABC 和 BC 类干粉灭火剂等
C 类火灾	一般采用化学抑制法和窒息法进行灭火。气体扩散燃烧导致火焰蔓延速度快且极易产生爆炸，因此着火后应立即关闭气体阀门，阻止气体的扩散
D 类火灾	一般采用化学抑制法和窒息法进行灭火，通常采用氮气等惰性气体稀释燃烧区域中的氧气浓度或者使用膨胀石墨、铜粉、滑石粉等覆盖在可燃物上，通过隔绝氧气来灭火
E 类火灾	一般采用窒息法进行灭火。在扑救 E 类火灾时，要先切断相关设备的电源，然后采用水喷雾、二氧化碳、氮气和 IG541 等气体灭火剂降低体系中氧浓度，抑制燃烧的进行
F 类火灾	一般采用窒息法进行灭火，常用的方式是采用锅盖、湿棉被、防火毯以及其他不燃物质覆盖在燃烧物上以隔绝氧气达到窒息灭火的作用，也可以采用二氧化碳、氮气等气体灭火剂或干粉灭火剂进行灭火

2. 新能源汽车火灾特点

（1）事故突发性强、火势发展迅猛。新能源汽车在充电、驾驶以及静置停车过程中均存在起火风险，事故突发性强并难以提前预防。新能源汽车内的电池组一旦发生热失控，火势发展迅猛，而且汽车内饰大多是可燃物、易燃物，火灾蔓延迅速，火势难以控制。

（2）潜在危险性大、易导致中毒和爆炸。相比传统燃料汽车，新能源汽车的动力电池受到外部刺激短路后，并不会立刻起火，而是当内部的热量积累到一定的程度时才会引起火灾，这就造成潜在的危险性。

新能源汽车的燃烧温度远高于一般的燃料汽车，其中动力电池发生热失控后其中心区域温度可达 800～1200 ℃。锂电池燃烧时，含钴的正极材料会受热分解产生有毒有害的含钴氧化物，负极材料会受热产生一氧化碳等有毒物质，电解质等材料在高温下会产生大量的烯烃、烷烃、醚等化合物，这些物质都具有一定的毒性，严重威胁人员的健康安全。

（3）火灾扑救困难、灭火技术要求高。动力电池部分成分在高温下会产生氧化物，即使在缺氧环境下也能继续支持燃烧，无法有效发挥灭火剂的窒息灭火作用。动力电池的电芯外部由外壳材料包裹，灭火剂难以作用于电芯内部，使得常规的干粉、气凝胶等灭火剂难以有效扑救动力电池火灾，进而对灭火技术提出了较高的要求。

动力电池燃烧过程中电解液挥发、分解产生的可燃性气液混合物易冲开安全泄压装置发生喷溅，危害救援人员的人身安全，其中最远喷溅距离可达 5 m。纯电动汽车的高压线路一旦处置不当，还会对救援人员造成电击伤害。

（4）易复燃、火灾持续时间长。锂电池明火扑灭后内部仍然处于热失控的状态，存在着复燃的潜在风险。对于新能源汽车而言，为防止动力电池复燃现象的发生，在明火熄灭后仍需要维持一定时间的灭火剂喷射，以保证电池的冷却降温。同时，灭火过程中应当特别注意对动力电池部分的持续冷却和监控。

3. 新能源汽车灭火剂

冷却降温是阻止锂电池火灾蔓延的关键因素，干粉、二氧化碳灭火剂无法有效扑救锂电池火灾，水灭火剂经济实用、方便易得，适合用于扑救锂电池火灾，但存在消耗量大、扑救时间长的问题，通常需要添加助剂制备水基型灭火剂以减少灭火时间和降低耗水量。

锂电池火灾扑救过程中，若火焰未蔓延到高压电池部分，可用二氧化碳或 ABC 干粉灭火剂进行火灾扑救工作，但 ABC 干粉灭火剂无法扑灭电池火焰。而当锂电池在火灾中变形时，要用足够的水进行持续冷却；在电池系统、电池箱体受破坏的情况下，如果发生着火现象，应尽量选用砂土、气溶胶或不含氯化钠的 D 类干粉灭火剂喷射火苗或电池组。

4. 灭火器的正确使用

（1）灭火器使用前安全检查

灭火器使用前应进行安全检查，根据相关规定，灭火器应在瓶体加贴维修铭牌。维修铭牌上有灭火器使用单位、生产单位、维修单位、规格型号、生产日期、维修日期、检验员、下次维修日期等信息。通过维修铭牌可查看灭火器是否在有效期内。

通过外观观察判断灭火器是否可用的方法：首先，观察瓶体是否有破裂或损伤、组成配件是否完整；其次，检查灭火器是否处于有效期内；再检查保险销上有无铅封或塑带封，铅封或塑带封是一次性使用的，若保险销上铅封或塑带封有脱落、断裂现象，说明该灭火器已被使用过，灭火器可见部位防腐层应完好、无锈蚀，灭火器可见零部件应完整，无松动、变形、锈蚀和损坏，喷嘴及喷射软管应完整、无堵塞；最后检查灭火器压力表指针所处的位置。灭火器压力表指针位置分别表示如下。

① 处于红色区域：表示已经失效、压力很低，不能喷出，需要更换或者再充装。

② 处于绿色区域：压力正常，可以正常使用。

③ 处于黄色区域：表示压力过大，可以喷出干粉，但有爆破、爆炸的危险（黄色区域并不表示使用时无效）。

（2）灭火器使用的总体原则

灭火器使用的总体原则："一摇、二拔、三压"。具体细则：提起灭火器、上下颠倒摇动数次，站在火源上风侧，在距燃烧处 2 m 左右，拉开保险销，展开并紧握胶管，对准火焰根部，压下压柄，左右移动扫射。

（3）灭火器使用的注意事项

① 手提式泡沫灭火器：适合扑灭油类及一般物质的初起火灾；需要注意的是，不要将灭火器的盖与底对着人体，防止盖、底弹出伤人；不要与水同时喷射在一起，以免影响灭火效果；扑灭电器火灾时，尽量先切断电源，防止人员触电。

② 手提式二氧化碳灭火器：适合扑灭精密仪器、电子设备以及 600 V 以下的电器初起火灾。手提式二氧化碳灭火器有手轮式和鸭嘴式两种。

手轮式：一手握住喷筒把手，另一手撕掉铅封，将手轮按逆时针方向旋转，打开开关，二氧化碳气体即会喷出。

鸭嘴式：一手握住喷筒把手，另一手拔去保险销，将扶把上的鸭嘴压下，即可灭火。需要注意的是：灭火时，人员应站在上风处；持喷筒的手应握在胶质喷管处，防止冻伤；室内使用后，应加强通风。

③ 手提式干粉灭火器：适合扑灭油类、可燃气体、电气设备等初起火灾。需要注意的是，

扑救液体火灾时，对准火焰根部喷射，并由近而远，左右扫射，快速推进，直至把火焰全部扑灭。扑救固体火灾时，应使灭火器喷嘴对准燃烧最猛烈处，左右扫射，并尽量使干粉灭火剂均匀地喷洒在燃烧物的外表，直至把火全部扑灭。

三、任务实施

1. 实施要求

本操作任务为模拟使用灭火器完成灭火过程，包括以下内容。

（1）灭火器使用前安全检查。

（2）灭火器正确使用操作。

2. 实施准备

（1）灭火器若干。

（2）模拟火源。

3. 实施步骤

在教师指导下，学生进行灭火器灭火操作。模拟使用灭火器完成灭火操作过程如表1-2-3所示。

表1-2-3　模拟使用灭火器完成灭火操作过程

序号	操作要点		完成情况
1	灭火器使用前安全检查	观察瓶体是否有破裂或损伤、组成配件是否完整	
		检查灭火器是否处于有效期内	
		检查保险销铅封或塑带封是否有脱落、断裂	
		检查灭火器压力表指针所处的位置	
2	提起灭火器下把手		
3	上下颠倒摇动数次		
4	站在火源上风侧，在距燃烧处2 m左右		
5	拉开保险销		
6	展开并紧握胶管		
7	对准火焰根部		
8	压下压柄		
9	左右移动扫射		
10	熄灭后依现场情况用水冷却余灰		
11	保持监控确保熄灭		

四、任务考核

任务工单1-2-2　新能源汽车灭火技术

理论考核试题	成绩：

1. 填空题

（1）燃烧三要素：_____、_____、_____。

（2）根据燃烧对象性质的不同，火灾可以划分为_____、_____、_____、_____、_____、_____六大类。

（3）手提式灭火器（二氧化碳灭火器除外）总质量不应大于_____kg。

续表

理论考核试题	成绩：

（4）3 kg 干粉灭火器充装量允许误差为＿＿＿＿＿＿＿＿。

（5）灭火器喷射滞后时间不应大于＿＿＿＿＿＿＿＿s。

（6）灭火器保险装置解脱力应大于 20 N，小于＿＿＿＿＿＿＿＿N。

（7）灭火器的压力表上有＿＿＿＿＿＿＿、＿＿＿＿＿＿＿、＿＿＿＿＿＿＿3 种颜色区域。当指针在＿＿＿＿＿＿＿区域内，表示压力正常；当指针在＿＿＿＿＿＿＿区域内，表示压力过低，灭火器无法正常使用；当指针在＿＿＿＿＿＿＿区域内，表示压力过高，灭火器有爆裂危险。

2. 选择题

（1）可以扑灭新能源汽车火灾的是（　　　）。

A. 干粉灭火器　　　　　B. 泡沫灭火器　　　　　C. 水　　　　　D. 沙土

（2）当新能源汽车电池起火时，以下做法正确的是（　　　）。

A. 在起火初期用普通灭火器灭火　　　　　B. 在起火初期使用专用灭火器灭火

C. 使用大量清水灭火　　　　　D. 火势较大无法控制时使用专用灭火器灭火

（3）关于扑救纯电动汽车火灾，以下说法正确的有（　　　）。

A. 在火势初起阶段，现场满足断电条件的车辆，立即实施断电操作

B. 如火势已蔓延至油箱区域，救援人员远离现场，等待专业消防人员到场处置

C. 当发现起火车辆电池部位温度急剧上升释放大量烟气时，应立即组织人员撤离至安全区域

D. 明火熄灭后应继续对纯电动汽车电池组进行持续冷却，直至电池温度降至 160 ℃以下，且经评估无燃烧、爆炸等风险

（4）新能源汽车灭火救援时，明火熄灭后，应继续用水对电池组持续冷却，直至电池温度降至（　　　）以下，且经评估无燃烧、爆炸风险，如温度急剧上升、释放大量烟气时，要立撤离至安全区域。

A. 160℃　　　　　B. 260℃　　　　　C. 360℃　　　　　D. 460℃

（5）燃烧时物质带电的火灾属于（　　　）。

A. B 类火灾　　　　　B. C 类火灾　　　　　C. D 类火灾　　　　　D. E 类火灾

（6）灭火器充装量大于 3 kg 时，应配有喷射软管，其长度不应小于（　　　）mm。

A. 500　　　　　B. 400　　　　　C. 300　　　　　D. 200

3. 简答题

（1）火灾发生的条件是什么？

（2）新能源汽车火灾特点有哪些？

（3）灭火器使用前安全检查包括哪些内容？

●●● 学习情境 1.3　新能源汽车工作安全与作业准备 ●●●

【知识目标】

（1）了解维修车间作业前的准备流程。

（2）理解个人高压安全防护用具的用途。

（3）掌握高压安全防护用具的检查方法。

（4）掌握常用仪表及工具设备的使用方法。

（5）掌握个人安全防护用具的使用方法。

（6）了解电气操作资质及其相关要求。

（7）掌握新能源汽车高压断电的操作步骤和注意事项。

【技能目标】

（1）能够正确准备并检查高压安全防护用具，布置完善。

（2）能够正确检查和穿戴个人安全防护用具，并检验其耐压等级是否大于所作业车辆的最高电压等级。

（3）能够在检查安全防护用具过程中规范动作。

（4）能够做好高压安全防护，规范地完成新能源汽车的高压断电。

【职业素养要求】

（1）通过在防护用具中设置故障点，培养严谨细致的职业素养。

（2）通过小组合作，培养团队合作意识。

（3）严格执行 8S 现场管理。

（4）通过高压断电操作树立"安全第一"意识。

任务1.3.1　高压安全防护用具与维修工具的认识和使用

一、任务导入

小明刚到某 4S 店实习，就被安排到维修车间，看到维修师傅甲正准备开展维修作业，小明赶紧上去帮助维修师傅甲准备维修工作所需的工辅具，此时，维修师傅甲叫住了小明，告诉他："纯电动汽车的检修作业要特别注意高压电，防止高压触电事故，因此，进行纯电动汽车维修作业前，要首先做好个人防护用具穿戴并准备好维修工具，养成良好的职业习惯，这样才能确保检修过程中人员和设备的安全。"假如你是小明，你知道在维修作业前，应该如何正确准备安全防护用具和维修工具吗？

二、知识储备

1. 安全防护用具

在纯电动汽车上，本身就进行了高压安全系统设计，一是采用物理的方法将整车及动力电池系统相关部件绝缘，称为主动安全设计；二是在车辆出现故障时能自行切断电源，称为被动安全设计。它们都对防止触电事故发生起到重要作用。但是维修人员在对电动汽车进行检修作业时，仍然需要保持高度的警惕，严格遵守高压系统安全操作注意事项，采取必要的防护措施。因此，维修人员在维修带有高压电的车辆时，必须做好防止被高压电伤害的安全防护措施。

防止触电的个人防护装备主要包括绝缘手套、护目镜、绝缘鞋、绝缘帽、绝缘垫和绝缘工作服等。另外，在维修作业过程中，常见的安全防护绝缘工具包括警示牌、隔离栅、绝缘工具套装、绝缘仪表以及灭火器等。

高压作业前准备工作

2. 防护用具作用与安全检查

（1）绝缘手套

绝缘手套（见图 1-3-1）指在高压电气设备上进行带电作业时，起电气绝缘作用的一种手套。

图1-3-1 绝缘手套

作用：可使人的两手与带电物绝缘，是防止工作人员同时触及不同极性带电体而导致触电的安全用具。

检查要求如下。

① 外观检查。观察绝缘手套有无油垢、灰尘、划痕、开裂。

② 耐压等级检查。根据相关规定，绝缘手套上必须有明显且持久的标记，内容包括标记符号、使用电压等级、规格型号、最大使用电压、制造单位或商标、检验合格印章，并贴有经试验单位定期试验的合格证等信息。其中，使用电压等级按照国家标准 GB/T 17622—2008《带电作业用绝缘手套》规定共分为 5 级，如表 1-3-1 所示。

表 1-3-1 使用电压等级分类

等级	0	1	2	3	4
适应电压/V	380	3000	10000	20000	35000

③ 气密性检查。将手套从筒口部向上卷，稍用力将空气压至手掌及指头部分检查上述部位有无漏气。如果有漏气，则不能使用。

注意：

使用绝缘手套时，注意防止被尖锐物体刺破，应将上衣袖口套入手套筒口内。

（2）护目镜

作用：发生高压电事故时，防止电弧灼伤眼睛；在对新能源汽车动力电池维修过程中，防止电池电解液溅入眼睛。护目镜如图 1-3-2 所示。特别注意的是，在新能源汽车维修作业中，眼睛经常会受到各种伤害，如飞来的物体、腐蚀性的化学物质、有毒的气体或烟雾等造成的伤害，这些伤害几乎都可以通过护目镜进行防护。但如果有害物质溅入眼中，应根据情况立即就医或自行处理。

图1-3-2 护目镜

检查要求：观察护目镜面有无破损、刮花，护目镜的宽窄和大小要适合使用者的脸形。

（3）绝缘鞋

作用：使人体与地面绝缘，防止电流通过人体与大地之间构成通路，对人体造成电击伤害，把触电时的危险降到最低程度。绝缘鞋如图 1-3-3 所示，它还能防止试验电压范围内的跨步电压对人体造成危害。

图1-3-3 绝缘鞋

检查要求：检查绝缘鞋（靴）的表面是否清洁、无油垢、无灰尘，鞋（靴）底有无扎伤，底部花纹是否清晰明显、无磨平现象，鞋（靴）是否有受潮现象，是否超过绝缘周期。

使用注意事项：产品严禁与尖锐、高温、酸类、碱类或其他腐蚀性物品接触。凡有腐蚀、破损之处的鞋（靴），均不能作为绝缘鞋使用。

（4）绝缘帽

作用：绝缘帽（见图1-3-4）指具备电绝缘性的安全帽，在帽子内壁上会有"D"字母标记，"D"表示安全帽符合电绝缘性能。绝缘帽作为一种个人头部防护用品，主要作用是防止作业人员头部触电，同时能有效地防止和减轻作业人员在生产作业中遭受坠落物体撞击时或自己坠落时头部受到的伤害。

检查要求：检查有无裂痕、是否磨损严重、是否受过重击变形。对于新领用的绝缘帽，应检查是否有劳动部门允许生产的证明及产品合格证。使用时，选择正确电压等级的绝缘帽。

（5）绝缘垫（见图1-3-5）

作用：辅助安全用具，隔离电动汽车和地面，防止作业人员触电。

检查要求：检查外观，应无油污、潮湿、孔洞、割裂、破损、金属粉末附着、厚度减薄等。

（6）绝缘工作服（见图1-3-6）

作用：一般为非化纤材质的工作服，绝缘工作服在给作业人员提供安全保障的同时，还能反映其精神风貌。

图1-3-4　绝缘帽

图1-3-5　绝缘垫

图1-3-6　绝缘工作服

检查要求如下。

① 面料选择。应当选择防静电、耐摩擦的面料。

② 样式要求。绝缘工作服样式要求是收口，下摆、袖口、裤腿都可以扣起来，能有效降低衣服卡入车辆缝隙中的概率，提高作业安全性。

③ 颜色选择。绝缘工作服颜色以较深为宜。

（7）警示牌

作用：在地面或车辆附近明显位置放置，以起到高压警示作用。警示牌如图1-3-7所示。

检查要求：具备电气绝缘性能。

（8）隔离栅

作用：设置安全作业区域，隔离危险区域，防止作业人员越过安全作业区域、误入危险区域。隔离栅如图1-3-8所示。

检查要求：检查外观，应无开焊、无断裂，隔离杆机械锁止装置完好。

（9）灭火器

作用：当遇到起火情况时，立即使其喷出灭火剂以扑救火灾。

3. 维修工具作用与安全检查

（1）绝缘工具套装

作用：拆除及安装高压部件时使用，防止人员触电或电路短路。绝缘工具套装如图1-3-9所示。

图1-3-7 警示牌　　　　图1-3-8 隔离栅　　　　图1-3-9 绝缘工具套装

检查要求：外观检查应无油污、潮湿、松动、裂纹、露金、断裂、损伤。绝缘工具必须独立存放，不准与其他物品混放，避免与金属锐利物接触，以防破坏绝缘。

（2）绝缘仪表——万用表

作用：测量电压、电流、电阻等参数，对于检测车辆电子电气零部件的状态与性能十分重要，如图 1-3-10 所示。

数字式万用表的优点是耐用、精度较高而且操作者更容易读取数据，适用于测量电压、电流和电阻。测量参数和量程用一个旋转开关来设定。在许多测量仪表中能够自动切换。仪表中常常带有分段形式的模拟显示。

使用注意事项：表笔破损时必须更换为同样型号或相同电气规格的表笔。在使用表笔时手指必须

（a）指针式万用表　　（b）数字式万用表

图1-3-10 指针式万用表和数字式万用表

放在表笔手指保护环之后；当仪表在直流电压或交流电压下工作时应小心，此时会有电击的危险；应将仪表置于正确的挡位进行测量，严禁在测量进行中转换挡位以防损坏仪表；不允许使用电流测试端子或在电流挡测试电压。

（3）绝缘仪表——绝缘电阻表（兆欧表）

① 作用：绝缘电阻表是电力、通信、机电安装和维修以及利用电力作为工业动力或能源的工业企业部门常用的仪表，如图 1-3-11 所示。它适用于测量各种绝缘材料的电阻值及变压器、电机、电缆及电气设备等的绝缘电阻。

② 测量方法。测量绝缘电阻必须在测量端施加一高压，此高压值在绝缘电阻表国标中规定为 50 V、100 V、250 V、500 V、1000 V、2500 V、5000 V 等。

图1-3-11 绝缘电阻表

直流高压的产生一般有以下 3 种方法。

方法一：使用手摇发电机式。目前我国生产的绝缘电阻表约有 80%采用这种方法。

方法二：通过市电变压器升压、整流得到直流高压，一般市电式绝缘电阻表采用这种方法。

方法三：利用晶体管振荡式或专用脉宽调制电路来产生直流高压，一般电池式和市电式的绝缘电阻表采用这种方法。

③ 使用要求说明。

第一步：测量准备工作。当被测对象接有电源时，在测量之前应将其退出运行状态，切断电

源，绝对不准对被测对象带电进行测试，不然的话，非但测不准绝缘电阻，还将损坏绝缘电阻表并造成人体触电事故及其他事故。只有在被测对象自身不带电又不可能受到其他电源感应而带电的情况下，才能进行绝缘电阻的测量。为确保测试结果的准确性，对被测对象的测量部分必须进行清洁处理，应清除一切积尘、油污和锈迹，减小接触电阻，保证电接触的可靠性和准确性。

第二步：接线规则。绝缘电阻表上的 3 个端钮"L"（线路）、"E"（地线）和"G"（屏蔽）与被测对象之间应当正确地进行连接，不可随意颠倒，否则将给测量带来很大的误差，甚至造成无法测量。通常，"L"端连接被测对象的高电位（导电工作部分），"E"端连接被测对象的外壳或低电位，"G"端连接被测对象的保护遮蔽部分或其他不参加测量的部分。

第三步：测量与读数。把绝缘电阻表置于水平且稳固的地方，对于手摇式绝缘电阻表，由慢渐快转动摇柄，达到并保持 120 r/min 的速度，允许有 ±20% 的变化范围，但切忌忽快忽慢，否则指针会摇摆不定。对于普通电器的测量，在测量 1 min 后待指针指示稳定或显示的数字基本不再跳变时，即可从刻度尺或显示屏上读出被测对象的绝缘电阻值。对于大电容量的被测对象，应使摇柄的转速尽可能地保持稳定，使指针尽量减小摆幅，无论何种绝缘电阻表，正确的结果应该在测量 1~3 min 之后，以指针指示或显示的数字稳定不变时的读数为准。由于测试过程受被测对象的结构、绝缘材料的成分、泄漏电流各组分的比例关系、测试环境等诸多复杂因素的影响，为确保绝缘电阻测试结果的可靠，最好能重复测量两次以上。

在实际测试中，绝缘电阻的测试常采用数字绝缘测试仪（也叫绝缘电阻测试仪）。数字绝缘测试仪（见图 1-3-12）采用全新设计以及大规模集成电路和数字电路相组合，用于完成对绝缘电阻、直流电压、交流电压等参数的测量；功能更全，准确度更高，性能稳定，操作方便可靠。它适用于测量变压器、电机、电缆、开关、电

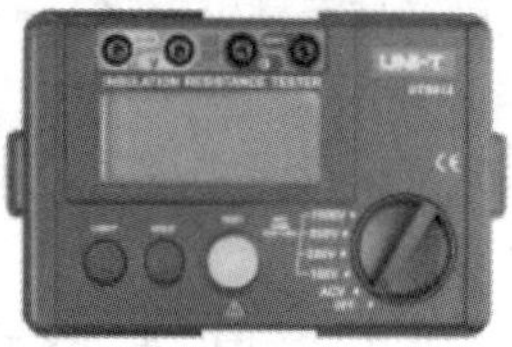

图1-3-12　数字绝缘测试仪

器等各种电气设备及绝缘材料的绝缘电阻，对各种电气设备进行维修保养、试验及检定。

4. 高压电常见警示标识

各种标识的作用及可执行的操作如表 1-3-2 所示。

表 1-3-2　各种标识的作用及可执行的操作

标识	需要标明的车辆状态	可执行的操作
 止步高压危险	高压系统已经接通，且高压触点暴露在外	只能由车辆技术电气专业人员（高压电专业技师）操作
 注意安全	高压系统已经断路	仅由受过培训的普通维修人员在车辆上进行操作，未经指定人员验证，不得重新接通电源
 禁止断开	高压系统已经接通，没有高压触点暴露在外	仅由受过培训的人员在车辆上进行操作，特别留意点火开关的位置，如果闭合开关，高压部件可能意外启动
 DANGER 7P0010697D 电压危险！	接触可能造成电击或烧伤	操作前关闭高压系统
	零件带有高压电	操作前断开高压系统，并阅读维修资料

5. 作业前场地准备

维修场地应为单独的房间、实验室或者分割并标识的独立区域，如图 1-3-13 所示，仅允许具备足够资质和知识的人员对车辆高压系统进行操作。请按表 1-3-3 的流程做好维修作业前场地准备。

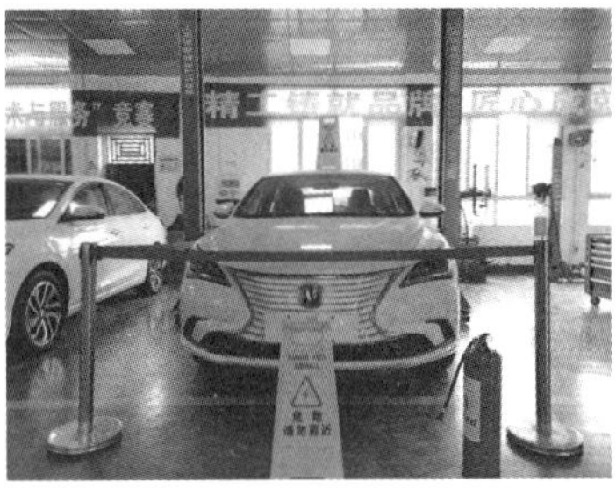

图1-3-13 维修作业前场地准备

表 1-3-3 维修作业前的作业流程

序号	作业项目	操作要点
1	车辆停放检查及安全防护	车辆停放可靠，安装三件套①
2	维修作业安全警戒	布置区域警戒线、安全标识
3	安全防护用具、绝缘工具及设备检查	检查安全防护用具、维修工具
4	车辆作业区域高压安全检测	测量绝缘垫的绝缘性能
5	车身漆面防护	铺设翼子板垫

注：① 三件套包括转向盘套、座椅套、脚垫。

三、任务实施

1. 实施要求

本操作任务为完成新能源汽车维修作业前的高压安全防护用具和绝缘工具的正确准备与使用，包括以下内容。

（1）选择正确的安全防护用具。

（2）正确使用安全防护用具和绝缘工具，模拟完成维修作业前准备工作。

2. 实施准备

（1）长安 EV460 整车（见图 1-1-7）、举升机。

（2）绝缘手套、护目镜、绝缘鞋、绝缘帽、绝缘垫、绝缘工作服、警示牌、隔离栅、绝缘工具套装、绝缘仪表以及灭火器等工辅具若干。

3. 实施步骤

在教师指导下，合理使用安全防护用具和绝缘工具，严格按照教师示范动作操作，然后学生分小组进行纯电动汽车维修作业前的高压安全防护用具的选用，并按维修作业前的作业流程完成准备工作（见表 1-3-4）。小组内成员共同完成任务，小组之间相互监督。

表 1-3-4 作业前准备工作

序号	操作项目	操作结果	要点及注意事项
1	检查车辆停放可靠	□完成 □未完成	观察车辆停靠检查动作
2	放置隔离栅、布置区域警戒线	□完成 □未完成	放置合理
3	摆放安全警示牌	□完成 □未完成	放置合理
4	安全防护用具准备及使用前安全检查	□完成 □未完成	检查安全防护用具是否符合要求
5	选用符合要求的安全防护用具	□完成 □未完成	选出即将使用的安全防护用具

序号	操作项目	操作结果	要点及注意事项
6	维修工具仪表准备及安全检查	□完成 □未完成	检查工具仪表相应认证及等级。对仪表功能进行基本测量检查
7	绝缘垫绝缘性能检查	□完成 □未完成	检查绝缘垫的绝缘性能
8	铺设绝缘垫	□完成 □未完成	放置合理
9	安装三件套	□完成 □未完成	放置合理
10	铺设翼子板垫	□完成 □未完成	放置合理

四、任务考核

任务工单1-3-1　高压安全防护用具和维修工具的认识和使用

理论考核试题	成绩：

1. 名称解释

（1）主动安全设计。

（2）被动安全设计。

2. 填空题

（1）常见的安全防护用具主要包括_____、_____、_____、_____、_____、_____等。

（2）常见的安全防护绝缘工具包括_____、_____、_____、_____、_____等。

（3）绝缘电阻表上的3个端钮_____、_____、_____与被测对象之间应当正确地进行连接，不可随意颠倒，否则将给测量带来很大的误差，甚至造成无法测量。通常，_____端连接被测对象的高电位（导电工作部分），_____端连接被测对象的外壳或低电位，_____端连接被测对象的保护遮蔽部分或其他不参加测量的部分。

3. 简答题

（1）请简述车辆维修作业前的准备有哪些。

（2）请简述灭火器的使用方法。

任务1.3.2　新能源汽车高压断电标准操作

一、任务导入

某天，维修师傅甲给学员做安全培训时讲道："新能源汽车涉及高压电操作时，随时都可能存在高压安全隐患，所以，在进行高压电操作的时候，必须规范操作，保证安全，尤其是在拆卸纯电动汽车动力电池时，前期必须进行严格的高压断电工作。"小明疑惑地问维修师傅甲："新能源汽车高压断电标准操作是何意？"那么，你知道新能源汽车高压断电标准操作的相关知识吗？

新能源汽车高压断电标准操作

二、知识储备

1. 手动维修开关

为了保证新能源汽车在维修时的安全性，动力电池系统中一般装配手动维修开关（Manual Service Disconnect，MSD）。MSD 结构如图 1-3-14 所示。

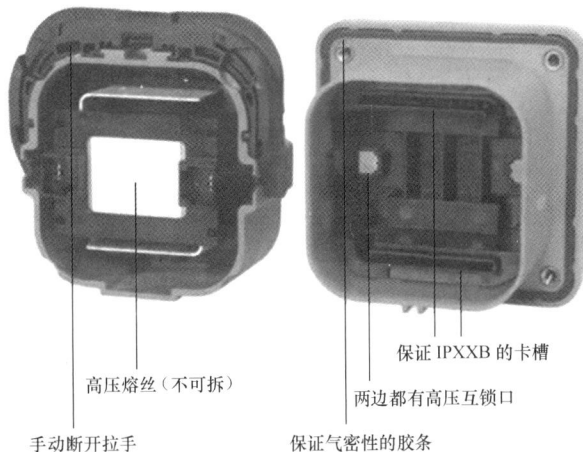

保证 IPXXB 的卡槽
两边都有高压互锁口
高压熔丝（不可拆）
手动断开拉手
保证气密性的胶条

图1-3-14　MSD结构

（1）MSD 的主要功能

MSD 用于保证在高压环境下维修新能源汽车的技术人员的安全或帮助应对突发的事件，可以快速分离高压电路的连接，使维修等工作处于一种较为安全的状态。

① 在进行高压系统维修时，断开维修开关可以直接断开高压回路，从而保证维修人员的安全。

② 高压系统出现短路时，维修开关内置熔断器的熔丝会熔断，保护高压系统安全。

（2）MSD 的基本原理

MSD 设计在动力电池系统主回路中，内置高压熔丝，还有高压互锁功能。在外部短路时，熔丝熔断切断高压回路；需要手动断开高压时，先断开高压互锁，然后断开高压回路。

（3）MSD 的基本要求

因涉及高压安全，故手动维修开关的规范操作是非常重要的，不规范的操作不仅可能造成车辆故障，还有可能引起高压拉弧等危险。手动维修开关规范操作如下。

① 手动维修开关是在特殊情况下才使用的，如车辆维修、漏电报警等情况，在非特殊情况下不允许对维修开关进行操作。

② 手动维修开关的操作应由专业人员进行，至少操作人员应该进行过相关培训。

③ 操作时，操作人员必须佩戴必要的防护用具，如绝缘手套、绝缘鞋等，其电压等级必须高于蓄电池组的最高电压的等级。

④ 拔下手动维修开关手柄后，必须妥善保管，直至检修完毕，避免误操作。

⑤ 拆下手动维修开关之后，必须等待至少 5 min 后才能进行维修操作，以确保高压电路的余电已释放。如果条件允许，建议等待时间为 30 min。

> **注意：**
> 关于手动维修开关，暂无法规规定其配置要求，目前为各厂家自行配备的功能件，故部分新能源汽车是无此开关的。

2. 高压断电流程

（1）设监护人持证上岗

高压电气部件的维护和检修作业必须设立专职监护人。进行作业前，由监护人监督工具设备的检查，检查防护用具等是否符合要求，在作业过程中，监护人需要监督作业的全过程，并对作业结果进行检查，待作业完成后进行指挥供电。

实操人员原则上要求持有由应急管理部颁发的"中华人民共和国特种作业操作证"（简称特种作业操作证）。若实操人员暂无证书，则不能上岗，确保人身安全。

（2）检查现场环境，设置隔离栅、警示牌

检查现场操作环境，周边不得有易燃物品及与工作无关的金属物品，并在维修车辆周围设置隔离栅，无关人员不得进入现场。与工作无关的工具不得带入工作场地，对于必须使用的金属工具，其手持部分要做绝缘处理。在地面或车辆附近明显位置放"高压危险"警示牌。

（3）检查绝缘辅助用具

选择、检查正确耐压等级的绝缘鞋、绝缘帽、绝缘手套以及护目镜，放置并检查绝缘垫，确保其绝缘性能。

（4）检查仪器仪表

检查仪器仪表，确认万用表、绝缘电阻测试仪外观无破损、功能正常。

（5）关闭车辆电源，钥匙放在安全处

关闭车辆电源，确保点火开关背景灯处于熄灭状态，并将钥匙移出智能钥匙系统探测范围，可将钥匙锁入维修柜或由实操人员保管，保证他人无法接触。

（6）断开辅助蓄电池负极连接

断开辅助蓄电池负极电缆，负极电缆接头用绝缘胶布包好。蓄电池负极桩头用盖子盖好或用绝缘胶布包好。

（7）断开手动维修开关并妥善保存

一般来说，新能源汽车设置有手动维修开关，断开手动维修开关才可对新能源汽车进行维修。断开手动维修开关后用盖子或用绝缘胶布将手动维修开关接口封好。放置车辆 5 min（不同厂家有不同要求），对新能源汽车的高压电容器进行放电。将手动维修开关锁入维修柜安全存放，并在拆除后的相应位置放"有电危险"警示牌。

（8）断开动力电池高、低压插件

穿戴好绝缘防护用具，先断开动力电池低压插件，再断开动力电池高压插件。

（9）验电、放电

断开动力电池高压插件后，需要对动力电池的母线进行验电，动力电池母线正、负极电压应小于 1 V；如果母线有残余电荷，需用放电设备进行放电，确保动力电池母线无电。

安全重于泰山，在维修新能源汽车之前一定要采取正确的安全防护措施。一般来说，完成了以上的几个步骤，才可以对新能源汽车高压系统进行维修。当高压系统在维护或检修完成后，需由监护人检查确定能否上电。监护人要仔细检查电路是否符合要求，并且检查现场人员是否在安全区内。

3. 电气操作资质

（1）操作人员执业资格

新能源汽车维修操作人员必须持证上岗，并经过培训，才能进行操作。

① 必须持有应急管理部颁发的特种作业操作证才能上岗。

② 必须经过汽车企业专业技术培训，并通过考核。

③ 掌握新能源汽车构造原理和维修诊断知识与技能。

④ 掌握新能源汽车售后服务知识与技能。

⑤ 具有安全、文明生产和环境保护的相关知识和技能。

（2）操作人员编制

维修新能源汽车高压器件时，维修现场至少配备 2 名人员：维修操作人员 1 名，专职监护人员 1 名。

（3）特种作业操作证报名条件

① 年满 18 周岁，且不超过国家法定退休年龄。

② 经社区或县级以上医疗机构体检健康合格，并无妨碍从事相应特种作业的器质性心脏病、癫痫病、美尼尔氏症、眩晕症、癔症、震颤麻痹症、精神病、痴呆症以及其他疾病和生理缺陷。

③ 具有初中及以上文化程度。

④ 具备必要的安全技术知识与技能。

⑤ 相应特种作业规定的其他条件。

如果是危险化学品特种作业人员报名，除符合上述①、②、④、⑤规定的条件外，还应当具备高中或者相当于高中及以上文化程度。

> **注意：**
>
> 特种作业操作证每 3 年需要完成 1 次复审。特种作业人员在特种作业操作证有效期内，连续从事本工种 10 年以上，严格遵守有关安全生产法律法规的，经原考核发证机关或者从业所在地考核发证机关同意，特种作业操作证的复审可以延长至每 6 年 1 次。特种作业操作证有效期为 6 年，在全国范围内有效。特种作业操作证由应急管理部统一式样、标准及编号。

三、任务实施

1. 实施要求

本操作任务为完成纯电动汽车维修作业前的高压断电。

2. 实施准备

（1）长安 EV460 整车。

（2）举升机。

（3）绝缘手套、护目镜、绝缘鞋、绝缘帽、绝缘垫、绝缘工作服、警示牌、隔离栅、绝缘工具套装、绝缘仪表以及灭火器等工辅具若干。

3. 实施步骤

在教师指导下，合理使用安全防护用具和绝缘工具，严格按照教师示范动作操作，然后学生分小组进行纯电动汽车维修作业前的高压安全防护用具的选用，并按照维修作业前的流程完成准备工作。小组内成员共同完成高压断电任务，小组之间相互监督。

四、任务考核

任务工单 1-3-2　新能源汽车高压断电标准操作

任务名称	新能源汽车高压断电标准操作		学时		班级	
学生姓名			学生学号		任务成绩	
实训设备	长安 EV460 纯电动汽车、车间防护用具、个人防护用具、绝缘工具、常用检测仪器设备（含万用表、绝缘电阻表、专用故障诊断仪等）		实训场地	新能源汽车理实一体化教室	日期	
任务描述	现准备给一辆长安 EV460 纯电动汽车进行维修作业，按照维修要求需要进行高压断电操作					
任务目的	以行动为导向，引导学生制订计划，按照正确的操作流程完成高压断电。在此过程中学习相关理论知识和实践操作技能					

1. 资讯

（1）MSD 是指_____。

（2）MSD 用于保证在高压环境下维修新能源汽车的技术人员的安全或帮助应对突发的事件，可以_____高压电路的连接，使维修等工作处于一种较为安全的状态。

（3）实操人员原则上要求持有由应急管理部颁发的_____证。

2. 计划与决策

请根据给定的任务描述，确定所需要的检测仪器、工具、辅助用具，并对小组成员进行合理分工，制订详细的操作计划。

（1）需要的检测仪器、工具及辅助用具。

（2）小组成员分工。

（3）操作计划。

3. 实施

（1）要求_____人员持证上岗，若实操人员暂无证书，则实训教师必须在场指导操作，确保人身安全。

（2）检查现场环境，设置_____。检查现场操作环境，周边不得有_____及与工作无关的金属物品，无关人员不得进入现场。在地面或车辆附近明显位置放"_____"警示牌。

（3）检查绝缘辅助用具。

逐个检查绝缘辅助用具：_____、_____、_____以及_____，放置并检查_____，确保其绝缘性能。

（4）检查仪器仪表。

逐个检查仪器仪表：万用表、绝缘电阻测试仪、_____、_____。

（5）关闭车辆电源，钥匙放在安全处。确保点火开关背景灯处于_____状态，并将钥匙移出智能钥匙系统探测范围，可将钥匙锁入维修柜或由实操人员保管，保证他人无法接触。

（6）断开辅助蓄电池负极电缆，负极电缆接头用_____包好。蓄电池_____极桩头用盖子盖好或用绝缘胶布包好。

（7）断开手动维修开关并妥善保存。一般来说，新能源汽车设置有手动维修开关，_____手动维修开关才可对新能源汽车进行维修。断开手动维修开关后用盖子或用绝缘胶布将手动维修开关_____封好。将手动维修开关锁入维修柜安全存放，并在拆除后的相应位置放置"_____"警示牌。

（8）断开动力电池高、低压插件。穿戴好_____，先断开动力电池低压插件，再断开动力电池_____。

4. 检查

验电、放电。断开动力电池高压插件后，需要对动力电池的母线进行验电，动力电池母线正、负极电压应小于_____；如果母线有残余电荷，需用放电设备进行放电，确保动力电池母线_____。

在维修新能源汽车之前一定要采取正确的安全防护措施。完成了以上的几个步骤，才可以对新能源汽车高压系统进行维修。

当高压系统在维护或检修完成后，需由_____检查确定能否上电。监护人要仔细检查电路是否符合要求，并且检查现场人员是否在安全区内。

5. 评估

（1）请根据自己任务完成的情况，对自己的工作进行自我评估，并提出改进意见。

① _____。

② _____。

③ _____。

（2）工单成绩（总分为自我评价、组长评价和教师评价得分值的平均值）

自我评价	组长评价	教师评价	总分

新能源汽车维护

•••• 【项目描述】••••

新能源汽车维护可以延长车辆使用寿命、提高车辆安全性、降低车辆故障发生率,是新能源汽车维护人员必备知识与技能之一。由于新能源汽车的结构不同于传统燃油汽车,因此其维护与传统燃油汽车有一定的不同,并且要求维护人员具有电力方面的基础知识。本项目作为课程后续项目的基础,主要介绍纯电动汽车和混合动力汽车的日常维护和定期维护,包含以下 4 个学习情境。

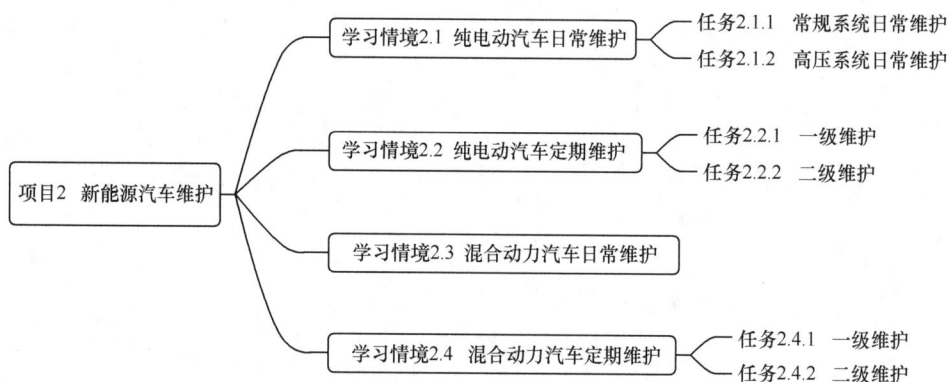

学习情境 2.1:纯电动汽车日常维护。

学习情境 2.2:纯电动汽车定期维护。

学习情境 2.3:混合动力汽车日常维护。

学习情境 2.4:混合动力汽车定期维护。

通过对以上 4 个学习情境的学习,熟悉纯电动汽车和混合动力汽车维护的特点,能够完成新能源汽车的维护与检查。

•••• 【知识导图】••••

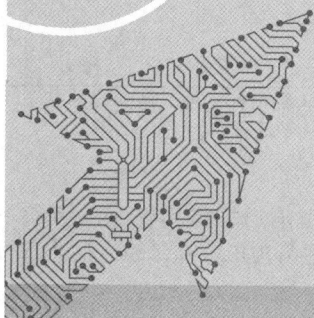

	学习情境2.1 纯电动汽车日常维护	任务2.1.1 常规系统日常维护
		任务2.1.2 高压系统日常维护
	学习情境2.2 纯电动汽车定期维护	任务2.2.1 一级维护
项目2 新能源汽车维护		任务2.2.2 二级维护
	学习情境2.3 混合动力汽车日常维护	
	学习情境2.4 混合动力汽车定期维护	任务2.4.1 一级维护
		任务2.4.2 二级维护

•••• 学习情境 2.1 纯电动汽车日常维护 ••••

【知识目标】

(1)能够描述出纯电动汽车日常维护内容。

（2）掌握纯电动汽车日常维护的操作规范及标准。

【技能目标】

能够完成纯电动汽车日常维护工作。

【职业素养要求】

（1）养成认真仔细的工作态度。

（2）具有良好的维护安全意识。

任务2.1.1　常规系统日常维护

一、任务导入

为确保车辆始终保持安全可靠的行驶状态，至关重要的是使车辆处于良好的技术条件，因此汽车的日常维护工作极为重要。王先生以前对自己的燃油汽车每日都要进行检查，总是能够及早发现车辆故障，但换了纯电动汽车后，王先生对纯电动汽车常规系统日常维护有些困惑。那么，纯电动汽车的常规系统日常维护是否和传统燃油汽车一致呢？又有哪些维护项目？

二、知识储备

纯电动汽车维护可以节省电能、延长车辆的使用寿命，确保行驶安全及行车稳定，使车辆保持最佳工作状态。维护作业依据作业项目及周期的不同，可分为日常维护和定期维护。

日常维护是以清洁、补给、安全检查和电控仪表检视为主要作业内容，由驾驶员负责执行的车辆维护作业。日常维护通常在出车前、行车中和收车后进行。维护内容既包括常规系统也包括高压系统，常规系统维护主要包括车身外观及附属设施的清洁与检查、制动系统的检查、车轮及轮胎的检查、灯光及仪表盘的检查等，此部分与传统燃油汽车维护基本一样。

为了确保安全，在纯电动汽车日常维护作业中需要注意以下几点。

① 维护作业场地应干燥，并设置警示隔离区和警示牌。

② 严禁触碰橙色高压电缆和电缆插头。

③ 严禁用水直接冲洗任何带高压的部件和电缆。

④ 当车辆有异味、异响时，应立即靠边停车、断电、检查并报修。

⑤ 当车辆动力电池冒烟或有明火时，应立即靠边停车、断电，然后进行疏散。

⑥ 当车辆仪表故障指示灯亮起时，应及时维修。

纯电动汽车常规系统日常维护与传统燃油汽车相比，没有发动机系统的维护内容，其余维护内容与传统燃油汽车基本一致。不同品牌、不同车型的维护项目略有差异。纯电动汽车常规系统日常维护项目可参照 GB/T 18344—2016《汽车维护、检测、诊断技术规范》，具体维护项目如表 2-1-1 所示。

表 2-1-1　纯电动汽车常规系统日常维护项目

序号	维护项目	
1	车身外观及附属设施	车身
2		车门锁和铰链
3		车窗、天窗
4		后视镜

序号	维护项目	
5	车身外观及附属设施	安全带
6		风窗玻璃刮水器
7		玻璃清洗液液位
8		随车工具及备胎
9		空调
10		泄漏情况
11	制动系统	行车制动、驻车制动
12		制动液液位
13	车轮及轮胎	轮胎外观、胎压
14		车轮螺栓、螺母
15	灯光及仪表盘、喇叭	前后部灯光
16		仪表盘
17		喇叭

下面以部分维护项目为例，介绍维护作业的注意事项和标准。

1. 车身清洁

清洗车辆时应在阴凉处等待车身温度降到 40 ℃以下再进行清洗。首先用分散水流喷射，将车身表面的脏物以及车辆底部和车轮凹陷处的所有泥土或道路盐碱全部冲掉，避免涂清洗剂时，泥沙划伤漆面，然后用专用的清洗剂清洗车辆。热天洗车后，必须正确地用清水将各部分冲洗干净。为了防止留有水迹，须用干净的软毛巾将车身抹干，不能用力擦拭或使用刷子、粗布，以避免损坏车漆或留下刮伤痕迹。清洗车辆时，应避免水流直接冲洗高压电器。只能使用中性肥皂水或中性洗涤剂清洗铝质车轮。清洗保险杠时必须小心，不得使用含有磨料的清洗剂擦洗。黏附在车身上的路面沥青，应用标有不会损坏油漆面的清洗剂进行清洗。

对纯电动汽车可以在自动洗车站进行洗车，但须注意，某些类型的冲洗程序会擦伤油漆面，降低油漆面的耐久性和光泽，尤其是对深色的车辆。纯电动汽车的底盘一般为整块动力电池，它虽然做了防水处理，但清洗时还是要避免用高压水枪直接冲洗，以防底盘内部进水。

不可用水清洗车辆地板，清洗车辆内部或外部时应避免使水流到地板上，造成地毯上面或下面的音响组件或其他电器组件功能失常。水渗入地板下可能造成车身腐蚀。清洗地毯时应先用吸尘器尽可能将灰尘吸干净，再用海绵或刷子浸上泡沫型清洗剂，按打圈的方式擦洗。

可以使用海绵或软布蘸取中性肥皂水或微温的水来擦洗安全带。清洗时检查安全带有无过度磨损、磨破或切痕。门窗可以用家用清洗剂清洗，清洁车窗内侧时，注意不要擦伤或损坏电热丝或接头。空调控制板、汽车音响、仪表盘、控制面板和开关用湿润的软布清洁。

车身内部的皮革饰件可以采用中性清洗剂进行清洗，使用蘸有 5%中性清洗剂溶液的软布擦拭灰尘，然后用干净的湿布将残留的清洗剂彻底擦干净，洗净之后将皮革饰件置于通风阴凉处干燥。如果用中性清洗剂不能去除脏物，可使用不含有机溶剂的清洗剂清洗，绝对不要使用挥发油、酒精、汽油或酸碱溶液等有机物质清洗皮革，这些物质将造成皮革褪色。清洗皮革时，不能使用尼龙刷子或人造纤维布等，会刮坏皮革表面的纹路。

2. 检视调整

检视调整作业包括常规工作介质（油、水、电、胎压等）的检查和添加以及运动部件的检查调整（如门窗铰链）等。

（1）车门门锁和铰链检查

检查前后左右车门，确保开门无异响、无卡滞，车门铰链（见图 2-1-1）无松动，遥控器在有效距离内开锁、闭锁功能正常，中控锁功能正常。检查后背门锁及铰链（见图 2-1-2），确保后背门间隙均匀，铰链无松动，门锁开启、关闭正常、无卡滞现象。

检查前机舱盖锁和铰链。确保前机舱盖间隙均匀，铰链无松动，前机舱盖锁（见图 2-1-3）开启、关闭正常，无卡滞现象。

图2-1-1　车门铰链及限位器　　图2-1-2　后背门锁润滑点　　图2-1-3　前机舱盖锁

检查儿童锁（见图 2-1-4）。拨动后车门上的儿童锁摇臂至"LOCK"位置，此时后车门将无法从里面打开。拨动后车门上的儿童锁摇臂至"UNLOCK"位置，关闭儿童锁，后车门可以从里面开启。

（2）电动车窗、天窗检查

确保各车窗玻璃升降工作正常，各车窗玻璃升降无异响、无卡滞。操作主驾车窗玻璃升降开关［见图 2-1-5（a）］，1 挡为一键下降，2 挡为点动下降，3 挡为停止，4 挡为点动上升，玻璃应能正常上升和下降。操作副驾和后部车窗玻璃升降开关［见图 2-1-5（b）］，1 挡为点动下降，2 挡为停止，3 挡为点动上升，玻璃应能正常上升和下降。检查天窗开关，确保开窗滑动无异响、无卡滞。

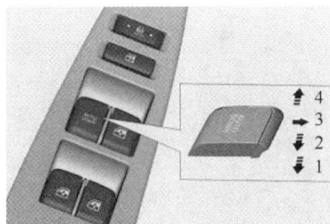

（a）主驾车窗玻璃升降开关　　（b）副驾和后部车窗玻璃升降开关

图2-1-4　儿童锁　　　　　图2-1-5　玻璃升降开关

（3）后视镜检查

外后视镜是凸面镜，可以提供更宽的视野。日常维护时要调整好外后视镜，以刚好能看到车辆侧面为宜。调节时首先选择后视镜，按动左/右外视镜切换开关按钮（见图 2-1-6），切换左/右外后视镜；然后电动调节，按方向控制开关按钮调节后视镜镜片方向，左、右、上、下调节，调整后，将开关置于中间位置，避免误调整。检查外后视镜电动折叠功能是否正常，除霜功能是否正常。如果外后视镜被冻结，不要强行调节或刮擦镜面。调节外后视镜镜片至最大角度后切勿继续操作以免损坏电动机。不要用手强行调整外后视镜镜片，否则会损坏外后视镜部件。

（4）安全带检查

检查安全带带面有无断线和毛刺等损伤（见图2-1-7），确保安全带拉出与收缩顺畅、安全保护功能正常，固定锁扣插拔顺畅、固定可靠。将锁舌推入安全带锁扣中，直到能听到卡入的声音。用力拉动安全带，检测锁止机构是否卡入。检测5次以上，锁舌只要有一次未锁止在安全带锁扣内，就必须更换安全带和安全带锁扣。用手指按压安全带锁扣上的按键，松开安全带。在安全带较松时，锁舌必须自动从安全带锁扣中弹出，至少进行5次检测，只要锁舌有一次未弹出，就必须整体更换安全带和安全带锁扣。绝不允许在安全带锁扣的按键上使用润滑剂来消除操作安全带时的咔嚓声或干涩情况。

图2-1-6　后视镜调节与折叠功能开关按钮

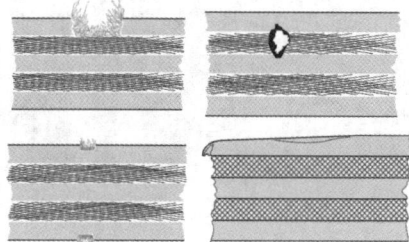

图2-1-7　安全带带面损伤

（5）风窗玻璃刮水器检查

检查前后刮水器各挡位工作是否正常，刮片刮水性能是否良好，有无异响、老化裂纹等现象，喷淋装置工作是否正常。图2-1-8所示为刮片刮水性能不良现象。如出现弧形细条纹，检查刮片上是否有异物，胶条刃口有无破损；如出现竖条纹，检查玻璃上是否有油或者蜡，刮片胶条有无变形；如出现斑点、片状或带状区域，检查刮片胶条有无变形，刮水器骨架压力是否正常。如果刮片清洁不良，可使用软海绵清洗刮片。先用专用的清洗剂清洗风窗玻璃和刮片，再用干净的清水冲洗。清洗刮片和玻璃后，仍无法充分清洁风窗玻璃时，应更换刮片。

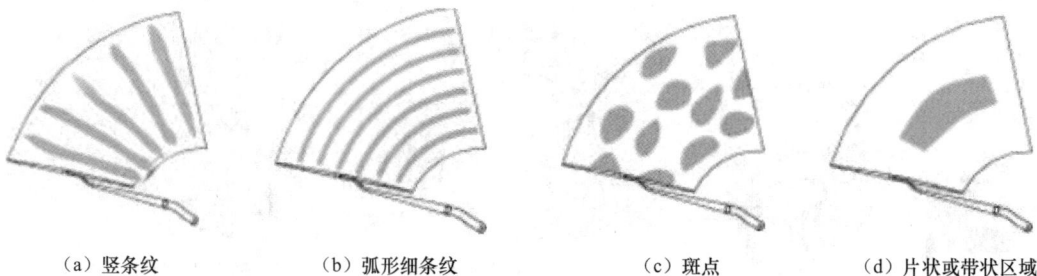

（a）竖条纹　　　　　（b）弧形细条纹　　　　　（c）斑点　　　　　（d）片状或带状区域

图2-1-8　刮片刮水性能不良现象

（6）玻璃清洗液检查

检查玻璃清洗液储液壶（见图2-1-9）中的液位，如果清洗液液位低于"LOW"，需及时添加。玻璃清洗液常见类型有3种，第一种是夏季以及日常使用的玻璃清洗液，除了含有中性清洗液成分以外还添加了除虫胶成分，可以快速清洗玻璃上的污迹，阻止汽车玻璃上形成油膜，还可快速清除撞在风窗玻璃上的飞虫残留物，不含甲醇，对人体健康无害，对漆面、镀铬层、橡胶和塑料无副作用；第二种是冬季使用的防冻型玻璃清洗液，能保证在外界气温低于-20℃时不结冰，避免冻坏汽车设施，这种清洗液可以解冻被冻结的液体，有效清除玻璃上的冰和霜，预防喷嘴结冰；第三种是特效防冻型玻璃清洗液，能保证在-40℃时依旧不结冰，适合中国最北部严寒地区使用。

图2-1-9　玻璃清洗液储液壶

（7）随车工具和备胎检查

随车工具（见图2-1-10）主要包括换备胎工具、三角警示牌和灭火器等，确保齐全有效，备胎无破损且气压为230 kPa。

（8）空调检查

操作空调控制开关（见图2-1-11），在空调出风口检查制冷功能、制热功能和出风量是否正常，如果出风量不足应检查空调滤清器滤芯，如有杂物，清除即可。听压缩机附近是否有非正常的响声，如果有，需检查压缩机的安装情况。检查冷凝器散热片上

图2-1-10　随车工具

是否有脏物覆盖，如果有，需将脏物清除。检查制冷循环系统的各连接处是否有油渍，如果有油渍，说明该处有泄漏，应紧固该连接处或更换该处的零件。将鼓风机分别开至低、中、高挡，听鼓风机处是否有杂音，检查鼓风机是否运转正常，如果有杂音或运转不正常，应更换鼓风机。

（9）制动液液位检查

制动液储液壶（见图 2-1-12）的液位应在最小刻度与最大刻度之间，如低于最小刻度，须进行补充，补充的制动液型号应符合维修保养手册的规定。由于制动液会损害眼睛和损伤漆面，因此在加注制动液时须小心，如果液体溅入眼睛，须立刻用清水冲洗，如果眼睛仍然感到不适，则须去医院检查。如果液位过高，可使用工具吸出多余的制动液。如果制动液溢出，须将其擦拭干净，以防止损坏部件或漆面。

图2-1-11　空调控制开关

图2-1-12　制动液储液壶

（10）轮胎检查

检查轮胎压力［见图2-1-13（a）］是否符合规定。胎压过低会引发一系列不利影响，包括轮胎的过度与不规则磨损、因过热导致的潜在漏气问题、轮胎边缘密封性能减弱、结构变形或轮胎与轮毂分离，并且会显著降低车辆操控稳定性。相反，胎压过高则会

（a）测量轮胎压力　　　　（b）轮胎鼓包

图2-1-13　轮胎压力和表面检查

增加车辆操控难度，加剧轮胎中央花纹部分的磨损，增大在坚硬路面上轮胎受损的风险，在极端情况下可能导致爆胎事故，对行车安全构成严重威胁。通常推荐的标准胎压值位于驾驶员侧门框的标牌上。

在轮胎处于冷态时，用胎压表检测轮胎充气压力，左右两侧轮胎气压相差不超过 5 kPa，如有必要，则应修正轮胎充气压力。备胎的压力应为该车型所规定的最高轮胎压力。轮胎充气压力值适用于冷态轮胎。当轮胎处于热态时，不要降低已提高的轮胎充气压力。胎压检测完成后，确认是否安装轮胎气门嘴盖。如果不安装气门嘴盖，灰尘或湿气会进入气门芯并导致漏气，如果气门嘴盖遗失，需更换新品并安装。如果发现有割伤、断裂、露出帘布层的较深裂缝或鼓包［见图 2-1-13（b）］等轮胎损伤，则表示轮胎内部有损伤，需更换。检查螺栓、螺母是否完好，无松动。

（11）灯光检查

检查外部照明和信号灯（见图 2-1-14），如示廓灯、转向灯、倒车灯、制动灯、后雾灯、远光灯、近光灯、前雾灯是否正常，仪表指示灯、仪表照明灯是否工作正常。确保前照灯光轴高度调整正常，仪表照明亮度调节功能正常。近光灯的角度受到车辆内部

（a）灯光开关　　　　　　（b）灯光调整装置

图2-1-14　灯光检查

乘客和行李质量分布的影响，通过调整前照灯高度以确保路面可视，为车辆前方提供足够的照明，而不会对道路其他使用者造成眩晕。当灯光处于示廓灯位置时，整车各按键背光亮起。调节旋钮往上旋转时，按键背光减弱；调节旋钮往下旋转时，按键背光增强。检查车内顶灯。按下车内顶灯开关时，对应车内顶灯被点亮，当按下车内顶灯开关的中部开关时，车内顶灯将在车门开启后自动被点亮，并在车门关闭后持续照明 10 s。

（12）仪表盘检查

检查仪表盘（见图 2-1-15），确保控制系统自检功能正常，无故障灯点亮，起动车辆后 READY 指示灯点亮，仪表盘显示功能正常。按下转向盘上部的仪表盘显示切换按键，可以切换显示动力电池状态、轮胎信息、平均能耗、驱动电机转速、智能场景等信息。

图2-1-15　仪表盘检查

三、任务实施

1. 实施要求

本操作任务是完成纯电动汽车的常规系统日常维护，包括以下内容。

（1）熟悉日常维护作业内容和各个维护部位。

（2）掌握各维护项目的技术要求。

（3）各种信号指示和故障现象的辨识。

2. 实施准备

纯电动汽车、车辆使用用户手册、轮胎压力表、尼龙手套、抹布、手电筒、警示牌、隔离栅等。

3. 实施步骤

根据表 2-1-2 常规系统日常维护作业记录单里的作业项目和技术要求，完成纯电动汽车常规系统日常维护作业。

表 2-1-2　常规系统日常维护作业记录单

常规系统日常维护作业记录单					
日期		车辆信息	里程	SOC	作业人员
序号		作业项目	技术要求	状态	异常描述
1	车身外观及附属设施	车身	车身内外及车窗玻璃等无异常，整洁完好		
2		车门锁和铰链	开锁闭锁功能正常，无异响、卡滞、松动		
3		车窗、天窗	升降功能正常，无异响、卡滞		
4		后视镜	完好，视野良好		
5		安全带	牢固可靠，功能有效		
6		风窗玻璃刮水器	工作正常		
7		玻璃清洗液	液位符合规定		
8		随车工具及备胎	工具、备胎完好有效，备胎气压符合规定		
9		空调	空调运行正常		
10		泄漏情况	无泄漏		
11	制动系统	行车制动、驻车制动	功能正常		
12		制动液液位	液位符合规定		
13	车轮及轮胎	轮胎外观、胎压	外观良好，胎压符合规定		
14		车轮螺栓、螺母	螺栓、螺母完好，无松动		
15	灯光、仪表盘、喇叭	前后部灯光	灯光正常		
16		仪表盘	完好，无故障信息		
17		喇叭	工作正常		
正常的状态列打√；异常的状态列打×，并描述异常现象					

四、任务考核

任务工单 2-1-1　纯电动汽车常规系统日常维护

任务名称	纯电动汽车常规系统日常维护	学时		班级	
学生姓名		学生学号		任务成绩	
实训设备、工具及仪器	长安 EV460 纯电动汽车、车间防护用具、个人防护用具、绝缘工具	实训场地	新能源汽车理实一体化教室	日期	
任务描述	现有一辆长安 EV460 纯电动汽车，按照出行要求，需要对其常规系统进行日常维护作业				
任务目的	能够正确、规范地完成纯电动汽车日常维护作业				

1. 资讯

（1）纯电动汽车的行驶里程与_____有关。

（2）纯电动汽车起动位置有 3 个，分别是_____、_____、_____。

（3）纯电动汽车变速器一般采用_____机构，换挡杆包括_____、_____、_____3 个挡位。

续表

（4）纯电动汽车有两种充电方式，分别是_____和_____。

（5）纯电动汽车快充口和慢充口最明显的区别是：快充口是_____孔插座，慢充口是_____孔插座。

（6）轮胎规格标识205/60 R15 91 H中各参数表示含义：205 表示_____，60 表示_____，R15 表示_____，91 表示_____，H 表示_____。

（7）动力电池常用的冷却形式有：_____、_____、_____。

（8）纯电动汽车的动力电池一般位于车辆的_____。

（9）汽车的前部灯光主要有_____。

（10）汽车的后部灯光主要有_____。

2. 计划与决策

请根据任务要求，确定所需要的检测仪器、工具，并对小组成员进行合理分工，制订详细的工作计划。

（1）需要的检测仪器、工具。

（2）小组成员分工。

（3）计划。

3. 实施

（1）检查车身外观及附属设施。

①检查车身表面和车厢内是否清洁、无损；

②检查车窗玻璃是否齐全、完好；

③检查车门锁开锁、闭锁是否正常，车门开与关是否正常；

④检查车窗玻璃升降是否正常，天窗开与关是否正常；

⑤检查后视镜，是否完好、无损，并调整角度，保证视野良好；

⑥检查安全带，是否固定可靠，功能有效；

⑦检查风窗玻璃刮水器各挡位工作是否正常；

⑧检查玻璃清洗液液位是否符合规定，不足时补充；

⑨检查空调运行和操作是否正常；

⑩检查随车工具和备胎是否齐全、完好，备胎气压符合规定值；

⑪检查全车有无泄漏。

（2）检查车辆制动。

①检查行车制动和驻车制动功能是否正常；

②检查制动液液面高度是否符合规定值，不足时补充。

（3）检查车轮。

①检查轮胎外观表面有无破损、凸起、异物刺入及异常磨损，胎压是否符合规定值；

②检查车轮螺栓和螺母是否完好、无松动。

（4）检查灯光、仪表盘、喇叭。

①检查前照灯是否完好有效，表面清洁，远近光变换正常；

②检查转向灯、制动灯、示廓灯、危险警告灯、雾灯、喇叭等信号指示装置是否完好有效，表面清洁；

③检查仪表盘是否完好、工作正常，有无报警显示；

④检查仪表盘电量指示是否充足，不足时及时充电。

4. 检查

（1）检查车辆异常状态是否全部解决：＿＿＿＿＿＿＿＿＿＿＿＿＿＿＿＿＿＿＿＿＿＿。

（2）检查车辆状态是否恢复原态：＿＿＿＿＿＿＿＿＿＿＿＿＿＿＿＿＿＿＿＿＿＿。

（3）检查 8S 管理是否整理到位：＿＿＿＿＿＿＿＿＿＿＿＿＿＿＿＿＿＿＿＿＿＿。

5. 评估

（1）请根据任务完成情况，进行自我评估，并提出改进意见。

＿＿＿＿＿＿＿＿＿＿＿＿＿＿＿＿＿＿＿＿＿＿＿＿＿＿＿＿＿＿＿＿＿＿＿＿＿＿。

（2）填写工单成绩（总分为自我评价、组长评价和教师评价得分值的平均值）。

自我评价	组长评价	教师评价	总分

任务2.1.2　高压系统日常维护

一、任务导入

为确保车辆安全可靠地运行，维持良好的技术状态是关键，这就凸显了汽车日常维护的重要性。除了前述的常规系统日常维护外，王先生发现自己在如何进行纯电动汽车的高压系统日常维护方面也存在一些疑问。那么，纯电动汽车与传统燃油汽车在日常维护上究竟有何不同？对于纯电动汽车而言，高压系统日常维护应涵盖哪些特定项目呢？

二、知识储备

高压系统日常维护也是以清洁、补给、安全检查和电控仪表检视为主要作业内容，由驾驶员负责执行的车辆维护作业。高压系统日常维护包括电动汽车车载储能装置以及由车载储能装置提供能量保证电动汽车实现规定功能的电气装置（如电机及控制系统、电池及管理系统、电动辅助系统等）的维护。为了确保安全，维护过程中参考"任务 2.1.1 常规系统日常维护"中的注意事项。

不同品牌、不同车型的维护项目略有差异。纯电动汽车高压系统日常维护项目可参照 JT/T 1344—2020《纯电动汽车维护、检测、诊断技术规范》，具体维护项目如表 2-1-3 所示。

表 2-1-3　纯电动汽车高压系统日常维护项目

序号	维护项目	
1	仪表及仪表指示灯	仪表外观
2		仪表指示功能
3		动力电池
4	驱动电机系统	运行情况
5		外观及连接管路
6	冷却系统	运行状况
7		过滤网
8		冷却液

序号		维护项目
9	充电插孔	插孔外观
10		防护盖
11	动力电池	外观及接线
12		充电
13		异味

下面以部分维护项目为例介绍维护作业的注意事项和标准。

1. 外观清洁

对纯电动汽车驱动电机，充电插孔、动力电池等高压部件外表面及高压系统的风冷过滤网进行清洁，保持冷却性能及车容整洁。清洁作业可采用压缩空气进行吹扫或使用工业级吸尘器除尘。

2. 仪表指示灯检查

纯电动汽车仪表指示灯检查的内容包括对驱动电机及控制器、动力电池系统、电动辅助系统等高压系统的工作状态进行检查，确保行车安全。检查高压系统时，按操作规范按下起动按钮，起动车辆应正常，车辆上电后，检查车辆仪表指示功能，应正常，仪表显示内容完整，无报警符号显示，无文字报警提示，无蜂鸣器报警声，电池荷电状态（SOC）应大于 50%，如仪表出现表 2-1-4 中的符号，应按处理建议处理。

表 2-1-4　仪表指示灯

序号	名称	符号	颜色	处理建议
1	动力电池断开		黄色	高压系统未上电，检查高压系统
2	动力电池过热		红色	电池温度高或电池管理系统通信中断，立即停车维修
3	动力电池故障		红色	立即停车维修
4	电机温度过高		红色	立即停车维修
5	电机故障		红色	立即停车维修
6	系统故障		红色	立即停车维修
7	充电警告		黄色	尽快充电
8	充电连接指示		红色	充电指示灯，如显示异常，则应检查充电线缆

3. 驱动电机检查

检查驱动电机（见图 2-1-16）运行状态是否正常，有无异响。检查驱动电机的外观有无损坏，低压、高压插头是否连接牢固，有无老化、变色、烧蚀等现象，水道是否连接良好、无泄漏。

4. 冷却系统检查

检查驱动电机、动力电池冷却系统的冷却液。在冷却状态下，查看透明的冷却液储液壶（见图 2-1-17），确保储液壶中的冷却液液位在"MAX"和"MIN"标记线之间。储液壶中的冷却液液位将随温度变化而变化。但是，如果液位在"MIN"线或以下，则需加注冷却液，使液位达到"MAX"线。在加注冷却液之后，如果冷却液液位在短时间内下降，则系统可能有泄漏，须检查散热器、软管和放泄旋塞以及水泵。为防止灼伤，热态时不要取下散热器盖。必须使用维修保养手册规定的冷却液，根据环境温度选择合适的冷却液进行加注，使用不适当的冷却液将损坏冷却系统。

（a）电机外观　　　　　（b）电机插头　　　（a）动力电池冷却液储液壶　（b）驱动电机冷却液储液壶

图2-1-16　驱动电机　　　　　　　图2-1-17　冷却液储液壶

5. 充电插孔检查

拉开充电盖板，充电盖板应牢固可靠。检查交流、直流充电盖板是否有水迹、是否干燥。检查各充电插孔（见图 2-1-18）处是否有异物、烧蚀等情况。插上充电枪，检查充电枪锁止是否正常，车辆能否正常充电以及充电时仪表显示是否正常。仪表右上角红色插枪灯点亮，显示已连接成功，正在充电。

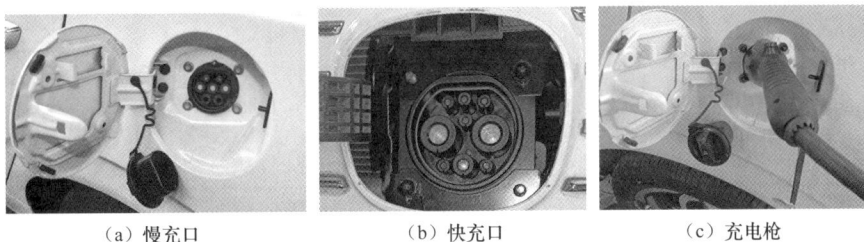

（a）慢充口　　　　　　（b）快充口　　　　　　（c）充电枪

图2-1-18　充电插孔

6. 动力电池检查

检查动力电池组四周有无异味，外观有无变形、密封条有无老化。检查高、低压插头是否连接牢固，有无老化（见图 2-1-19）。

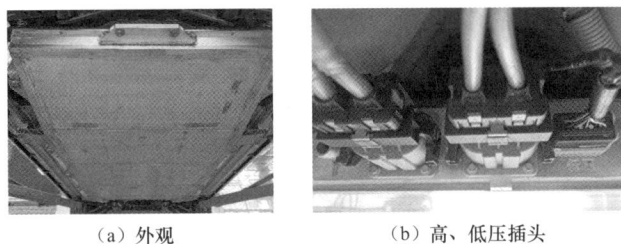

（a）外观　　　　　　　　（b）高、低压插头

图2-1-19　动力电池

动力电池在使用的过程中需要进行适度的放电和充电。充放电时注意以下事项。

① 正确掌握充电时间。在使用过程中，应根据实际情况准确把握充电时间和充电频次。正常行驶时，如果电量表指示应充电，应停止运行，尽快充电，否则，电池过度放电会严重缩短其寿命。充满电后应尽快停止充电，充电时间不宜过长，否则，会形成过度充电，使电池发热。过度充电、过度放电和充电不足都会缩短电池寿命。一般情况下，电池平均充电时间在 10 h 左右。

② 定期充电。即便续驶能力强，充一次电可以使用 2～3 天，也建议每天都充电，这样可

使电池处于浅循环状态，有利于延长电池的寿命。

③ 日常使用车辆时，每周至少一次为车辆充满电，每3个月至半年，进行一次低电态（SOC<10%）的满充电，对电池进行自动均衡。

④ 充电结束后，保证充电枪、充电插座与防护盖安装到位；保证充电插座外部环境的干净，保证充电枪存放环境的干净。

三、任务实施

1. 实施要求

本操作任务是完成纯电动汽车高压系统的日常维护，包括以下内容。

（1）熟悉各个维护部位。

（2）掌握各维护项目的技术要求。

（3）会辨识各种信号指示和故障现象。

2. 实施准备

纯电动汽车、车辆使用用户手册、绝缘手套、抹布、手电筒、警示牌、隔离栅等。

3. 实施步骤

根据表2-1-5高压系统日常维护作业记录单里的作业项目和技术要求，完成纯电动汽车高压系统日常维护作业。

表2-1-5 高压系统日常维护作业记录单

高压系统日常维护作业记录单

日期	车辆信息		里程	SOC	作业人员
序号	作业项目		技术要求	状态	异常描述
1	仪表及仪表指示灯	仪表外观	完好		
2		指示功能	仪表指示功能正常，显示内容完整，无故障提醒		
3		动力电池	SOC不足时及时充电		
4	驱动电机	运行情况	运行平稳、无振动、噪声		
5		外观及连接管路	表面清洁，无渗漏		
6	冷却系统	运行状况	无异常噪声和渗漏		
7		过滤网	风冷过滤网外观洁净，无破损		
8		冷却液	冷却液液位符合保养手册规定		
9	充电插孔	插孔外观	插孔无烧蚀、异物，插座清洁、干燥		
10		防护盖	防护盖锁闭完好		
11	动力电池	外观及接线	无变形、老化，接线牢靠		
12		充电	正确给动力电池充电		
13		异味	舱体周围应无刺激或烧焦等异味		
正常的状态列打√；异常的状态列打×，并描述异常现象					

四、任务考核

任务工单 2-1-2　纯电动汽车高压系统日常维护

任务名称	纯电动汽车高压系统日常维护	学时	2	班级	
学生姓名		学生学号		任务成绩	
实训设备、工具及仪器	长安 EV460 纯电动汽车、车间防护用具、个人防护用具、绝缘工具、充电设施	实训场地	新能源汽车理实一体化教室	日期	
任务描述	现有一辆长安 EV460 纯电动汽车，按照出行要求，需要对其高压系统进行日常维护作业				
任务目的	能够正确、规范地完成纯电动汽车高压系统日常维护作业				

1. 资讯

（1）纯电动汽车和传统燃油汽车不同，传统燃油汽车由_____提供动力，驱动车辆前进，消耗的燃料储存在_____中，而纯电动汽车由_____提供动力，驱动电机的能量来自_____。

（2）纯电动汽车维护与传统燃油汽车维护最大的区别：传统燃油汽车维护主要是针对_____的维护，而纯电动汽车维护主要是针对_____和_____的维护。

（3）纯电动汽车的核心是"三电"，即_____、_____、_____。

（4）驱动电机的调速方式主要采用_____或_____，这取决于所选择的驱动电机类型。

（5）驱动电机承担_____和_____双重功能，正常行驶时，驱动电机发挥_____功能，在减速和下坡行驶时，发挥_____功能，将车轮惯性动能转变为电能。

（6）纯电动汽车根据配置不同，前机舱内需要检视的冷却液可能包括_____、_____、_____，除了冷却液，日常维护需要检视的液体还包括_____、_____。

2. 计划与决策

请根据任务要求，确定所需要的检测仪器、工具，并对小组成员进行合理分工，制订详细的工作计划。

（1）需要的检测仪器、工具。

（2）小组成员分工。

（3）计划。

3. 实施

（1）检查仪表及仪表指示灯。

①检查仪表外观及指示功能，仪表应完好有效，指示功能应正常；

②检查仪表指示灯，指示灯应无异常声光报警和故障提醒；

③检查电池荷电状态（SOC）示值或参考行驶里程示值情况，示值应符合车辆维修保养手册的规定。

（2）检查驱动电机。

①检查运行工作状况，运行应平稳，且无异常振动和噪声；

②检查系统外观及连接管路，表面应清洁，管路应无渗漏现象。

（3）检查冷却系统。

①检查驱动电机冷却液液面高度是否符合规定，不足时补充；

②检查动力电池冷却液液面高度是否符合规定，不足时补充；

③检查风冷过滤网外观，过滤网应洁净、无破损；

续表

（4）检查充电插孔。

①检查充电插孔，插孔应无烧蚀、异物，插座应清洁、干燥；

②检查防护盖，应锁闭完好。

（5）检查动力电池。

①检查动力电池外观是否完好，有无破损；动力电池接线是否有松动；

②能够正确地给动力电池充电；

③检查舱体周围，应无刺激或烧焦等异味。

4. 检查

（1）检查车辆异常状态是否全部解决：_____。

（2）检查车辆状态是否恢复原态：_____。

（3）检查 8S 管理是否整理到位：_____。

5. 评估

（1）请根据任务完成情况，进行自我评估，并提出改进意见。

①_____

_____。

②_____

_____。

③_____

_____。

（2）填写工单成绩（总分为自我评价、组长评价和教师评价得分值的平均值）。

自我评价	组长评价	教师评价	总分

••• 学习情境 2.2　纯电动汽车定期维护 •••

【知识目标】

（1）能够描述出纯电动汽车一级维护内容。

（2）能够描述出纯电动汽车二级维护内容。

（3）掌握纯电动汽车一级维护、二级维护的操作规范及标准。

【技能目标】

（1）能够完成纯电动汽车一级维护工作。

（2）能够完成纯电动汽车二级维护工作。

【职业素养要求】

（1）严格执行汽车维护技术规范，养成严谨科学的工作态度。

（2）养成良好的工作习惯，具有较强的安全意识。

（3）严格执行 8S 现场管理。

纯电动汽车定期
维护

任务2.2.1　一级维护

一、任务导入

维修技师小李对一辆纯电动汽车进行一级维护时感到困惑，纯电动汽车一级维护中除了高压系统，对常规系统也需要做维护吗?

二、知识储备

1. 一级维护概述

根据 GB/T 18344—2016《汽车维护、检测、诊断技术规范》，定期维护可分为一级维护和二级维护。一级维护除日常维护作业外，以润滑、固定为作业中心内容，通常由专业人员执行。一级维护周期应以行驶里程或规定的时间间隔为基本依据，参照车辆维修保养手册、车辆类别、车辆运行状况、道路条件和使用年限等确定。通常营运电动汽车每行驶 5000~10000 km 或者 1 个月、非营运电动汽车每行驶 5000~10000 km 或者 6 个月进行一次一级维护。纯电动汽车一级维护可分为常规系统一级维护和高压系统一级维护。

纯电动汽车维护和传统燃油汽车维护的最大区别就是，传统燃油汽车主要针对的是发动机系统的维护，需要定期更换机油、三滤（燃油滤清器、空气滤清器、机油滤清器）等，而纯电动汽车主要针对的是驱动电机、动力电池等电力系统装置的维护。对于具体维护项目，不同品牌、不同车型略有差异。纯电动汽车常规系统维护与传统燃油汽车相比，主要是没有发动机系统的维护，其他维护项目与传统燃油汽车基本一致，可参照 GB/T 18344—2016《汽车维护、检测、诊断技术规范》，高压系统维护项目可参照 JT/T 1344—2020《纯电动汽车维护、检测、诊断技术规范》。

为了确保安全，纯电动汽车一级维护作业中除了任务 2.1.1 中的注意事项外，还需要注意以下几点。

（1）维护作业区域应配备消防及高压防护应急设备，包括但不限于消防剪、消防沙、消防铲、灭火器、防毒面罩和绝缘棒等。

（2）纯电动汽车高压系统维护作业人员应取得特种作业操作证，并经专业培训合格后上岗。

（3）进行高压系统维护作业时，应由不少于 2 人协同操作，维护作业人员应遵守电工安全操作规范。

（4）高压系统维护作业人员应穿戴安全防护装备，使用具有绝缘防护作用的作业工具，禁止佩戴金属饰品进行作业。安全防护装备应包括但不限于绝缘手套（耐压等级在 1000 V 以上）、绝缘鞋、护目镜、绝缘帽等。防护装备和作业工具应无破损，绝缘应有效。

（5）进行高压系统维护作业前，应按照关闭车辆电源总控制开关、断开辅助蓄电池正负极或关闭辅助蓄电池开关手柄、关闭高压维修开关的顺序（或按照车辆维修保养手册规定的顺序）对车辆进行断电，确认动力电池高压输出线路系统的正负极电压低于 36 V，且绝缘阻值符合车辆维修保养手册规定后，方可进行维护作业。维护作业完成后，应按照车辆断电的逆向顺序（或车辆维修保养手册规定的顺序）对车辆进行通电复位。

2. 一级维护项目

根据 GB/T 18344—2016《汽车维护、检测、诊断技术规范》，常规系统一级维护是在其日常维护基础上增加项目，主要包括转向系统、制动系统、传动系统、车轮等项目。根据 JT/T 1344—2020《纯电动汽车维护、检测、诊断技术规范》，高压系统一级维护在其日常维护基础上增加的项目，主要包括整车绝缘、动力电池系统、驱动电机系统、高压配电系统、车载充电机、电源变换器等项目。具体如表 2-2-1 所示。

表2-2-1 纯电动汽车一级维护增加项目

序号	分类		作业项目	序号	分类	作业项目
1	转向系统		部件连接	14		整车绝缘
2			转向器润滑油及转向助力油	15		动力电池系统
3	制动系统		制动管路、制动阀及接头	16		驱动电机系统
4			缓速器	17		高压配电系统
5			制动液	18		高压维修开关
6	传动系统		各连接部位	19		车载充电机
7			变速器、主减速器和差速器	20	高压系统	电源变换器
8	车轮		车轮及半轴的螺栓、螺母	21		电动空气压缩机
9			轮辋及压条挡圈	22		电动转向
10	其他		低压蓄电池	23		空调系统
11			防护装置	24		电除霜器
12			全车润滑	25		充电插孔
				26		整车线束、接插件
13			整车密封	27		制动能量回收系统
				28		高压警告标记

下面以部分维护项目为例，介绍一级维护作业的注意事项和标准。

（1）转向系统

转向系统各部件间会有一定的装配间隙，转动转向盘有一自由行程。把汽车停在干燥、平整的地面，使车辆处于直行状态，用手轻微向右或向左转动转向盘，检查转向盘转向自由行程，应为10°～15°，转向管柱前后调节和锁止应可靠有效。举升车辆（车轮悬空），通过摆动车轮和转向横拉杆来检查间隙。检查转向横拉杆球头的固定螺母[见图2-2-1（a）]是否牢固，检查转向横拉杆的防尘罩[见图2-2-1（b）]有无损坏和安装位置是否正确，检查并紧固转向器固定螺栓。

（a）转向横拉杆球头的固定螺母　（b）转向横拉杆防尘罩

图2-2-1　检查转向横拉杆

（2）制动系统

检查制动踏板的自由行程，一般为1～8 mm，如果制动踏板自由行程不符合规定值，应检查制动踏板臂轴螺栓和总泵的安装是否松动或部件是否过度磨损，如有不良应加固或更换。检查制动管路，卡扣应固定可靠，管路无干涉，橡胶软管无裂纹、老化、泄漏，各管路接头应紧固、无渗漏现象（见图2-2-2）。

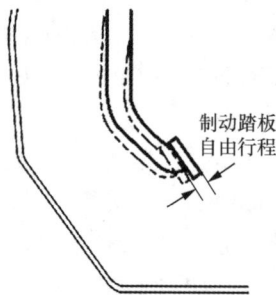

（3）传动系统

检查万向节是否间隙正常、无松旷。目测检

制动踏板自由行程

（a）制动踏板自由行程示意　　（b）制动管路

图2-2-2　检查制动系统

查外侧和内侧驱动轴连接防尘罩（见图 2-2-3）是否有明显的裂痕、撕裂或破裂，防尘罩外围及内侧部位周围是否发现黄油泼溅痕迹。观察在防尘罩的旋绕处是否有凹陷（凹痕），如果发现凹陷，则必须更换，如果发现有油迹，则可能是防尘罩固定夹箍损坏。应当转动半轴一周进行全面检查。

（4）车轮

检查车轮紧固螺栓（见图 2-2-4）的紧固力矩，规定紧固力矩应为（110±10）N·m，如不符合要求，采用对角方式交叉拧紧车轮紧固螺栓。检查轮辋及压条挡圈有无裂损及变形。

（a）外侧防尘罩　　　（b）内侧防尘罩

图2-2-3　驱动轴连接防尘罩

图2-2-4　车轮紧固螺栓

（5）低压蓄电池

应保证低压蓄电池电极桩无氧化、无渗液，电缆夹无松动，表面清洁，储电量大于80%（显示窗口应为绿色，变为红色表明蓄电池需要充电，变为白色表明蓄电池需要更换）。蓄电池容量可用前照灯作为负载及电压表检查：将电压表连接到蓄电池上，读取电压值，然后开启前照灯，若蓄电池电压保持在 10 V 以上且没有迅速下降，怠速充电后即可起动车辆；若前照灯开启后蓄电池电压迅速下降，则需充电。起动车辆时电压应大于 13.5 V，如图 2-2-5 所示。

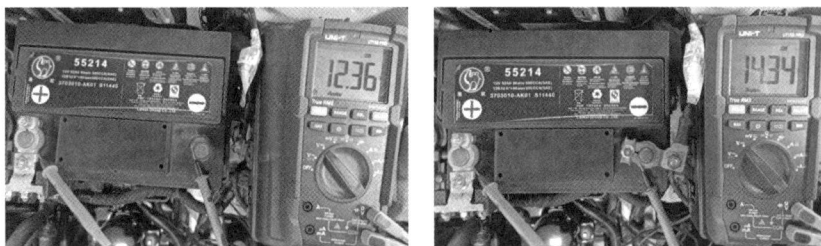

（a）停车状态　　　（b）起动状态

图2-2-5　检测低压蓄电池

（6）动力电池

动力电池（见图 2-2-6）主要的检查内容包括以下几方面。

① 检查仪表显示的 SOC、电压、电流、温度等示值，示值应符合车辆维修保养手册的规定。

② 检查动力电池箱压力阀的外观，阀体应无破损和堵塞。

③ 检查动力电池舱盖，舱盖应锁闭正常且无变形。

④ 检查动力电池箱壳体表面，壳体表面应无异常变形和破损、无磕碰及损坏、无异味和异常渗漏。

图2-2-6　动力电池

⑤ 检查动力电池托架结构表面，托架结构表面应无异常断裂、变形和锈蚀。

⑥ 检查系统表面是否存在积尘或杂物，对存在积尘或杂物的，应使用风枪或毛刷进行清洁，并使其保持干燥。

⑦ 检查动力电池外部高、低压接口，高、低压接口内部应无水迹、烧蚀等痕迹，低压通信接口端子应无变形或松动现象。

⑧ 检查高压线束及接插件，高压线束应无破损、与车辆运动部件无干涉，接插件应清洁、无破损。

⑨ 检查动力电池管理系统壳体、连接线束及接插件，壳体及连接线束应清洁、干燥，接插件应完好，线路布设应无干涉。

⑩ 检查冷却液高度，视情况补给或更换冷却液，液面高度应符合车辆维修保养手册的规定。

⑪ 检查冷却管路固定情况，软管与硬管连接处应无异常渗漏，管路布设应无干涉。

⑫ 检查散热器或冷却装置的外观，外观应清洁，连接管路应固定可靠且无异常泄漏。

（7）驱动电机检查

驱动电机（见图2-2-7）主要的检查内容如下。

① 检查驱动电机箱体、减速器箱体及驱动电机控制器壳体外表面，外表面应无明显积尘、渗漏或裂纹，且应清洁、干燥。

② 检查高压线束，线束应无破损和老化现象，接线柱应无氧化腐蚀现象；检查连接线束，线束应清洁、干燥且线路布设无干涉。

③ 检查驱动电机冷却液液面高度，视情况补给或更换冷却液，液面高度应符合车辆维修保养手册的规定。

图2-2-7 驱动电机

④ 检查冷却管路的固定情况，软管与硬管连接处应无异常渗漏，管路布设应无干涉。

⑤ 检查润滑系统，视情况补给或更换润滑油（脂），润滑油液位或润滑脂使用应符合车辆维修保养手册的规定。

（8）高压配电系统（见图2-2-8）

检查系统配置及系统箱体外表面是否存在积尘或杂物，对存在积尘或杂物的，应使用风枪或毛刷对箱体外部、内部各装置及相关接插件表面等进行清洁，外表面应无积尘或杂物，且干燥。检查线束外表面，线束绝缘层应无老化、破损，且无裸露，线束接插件应连接牢固、无松动。

（9）空调系统

检查空调滤芯（见图2-2-9），滤芯表面应清洁、滤芯应无堵塞或破损。检查制冷系统管路，应无渗漏、破损现象，线束和管路固定可靠且无松动、干涉现象，空调压缩机的安装托架不得有松动，空调排水管（见图2-2-10）无堵塞现象。风机和空调压缩机工作运转应正常，且无异响，检查空调压缩机、PTC加热器、蒸发器及冷凝器等外表面是否存在积尘或杂物，对存在积尘或杂物的，应使用风枪或毛刷进行清洁，外表面应无明显积尘或杂物，且干燥。

图2-2-8 高压配电系统

图2-2-9 空调滤芯

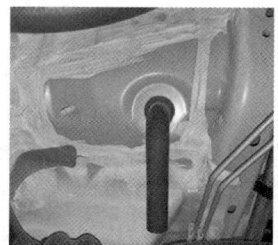

图2-2-10 空调排水管

三、任务实施

1. 实施要求

本操作任务是完成纯电动汽车的一级维护，包括以下内容。

（1）熟悉一级维护作业内容及各部位。

（2）各种维护工具的使用。

（3）掌握一级维护项目的维护方法和技术要求。

2. 实施准备

纯电动汽车、举升机、警示牌、隔离栅、护目镜、绝缘手套、绝缘帽、绝缘垫、车内三件套、翼子板与前格栅防护垫、手电筒、绝缘工具套装、通用工具套装、扭力扳手、电池性能检测仪、放电工装、车辆诊断仪、绝缘电阻表、万用表、维修保养手册等。

3. 实施步骤

根据表 2-2-2 里的作业项目和技术要求，完成纯电动汽车一级维护作业。

表 2-2-2 纯电动汽车一级维护作业记录单

一级维护作业记录单					
日期		车辆信息		里程	SOC	作业人员
序号	分类	作业项目	作业内容	技术要求	状态	异常描述
1	常规系统	转向系统 — 部件连接	检查、校紧转向各部件	连接可靠		
2		转向系统 — 转向器润滑油及转向助力油	检查转向器润滑油、转向助力油（液压助力）	按规定定期更换，油液面高度符合规定		
3		制动系统 — 制动管路、制动阀及接头	检查制动管路、制动阀，校紧接头	固定可靠、接头紧固，无漏油（气）现象		
4		制动系统 — 缓速器	检查、校紧缓冲器连接	连接牢固，清洁		
5		制动系统 — 制动液	检查制动液（液压制动）	制动液液面高度符合规定，定期更换		
6		传动系统 — 各连接部位	检查、校紧传动系统各部件	连接可靠，密封良好		
7		传动系统 — 变速器、主减速器和差速器	检查变速器、主减速器、差速器通气孔	清洁、通畅		
8		车轮 — 车轮及半轴的螺栓、螺母	检查、校紧车轮螺栓、螺母	紧固力矩符合规定		
9		车轮 — 轮辋及压条挡圈	检查轮辋及压条挡圈	无裂损及变形		
10		其他 — 低压蓄电池	检查低压蓄电池	电量状态指示正常		
11		其他 — 防护装置	检查侧防护装置及后防护装置，校紧螺栓、螺母	完好有效，安装牢固		
12		其他 — 全车润滑	检查各润滑点	润滑良好，防尘罩完好		
13		其他 — 整车密封	检查泄漏情况	不漏油、不漏液、不漏气		
14	高压系统	整车绝缘 — 整车绝缘电阻检测系统	检查整车绝缘电阻检测系统	无报警，绝缘电阻符合 GB 18384—2020 规定		

续表

序号	分类	作业项目	作业内容	技术要求	状态	异常描述
15	高压系统	动力电池系统	检查 SOC、电压、电流、温度等示值	示值符合车辆维修保养手册规定		
16			检查电池箱压力阀	无破损、堵塞		
17			检查外观（舱盖、壳体、托架、表面、高低压接口、高压线束等）	外观完好、清洁、无变形、无破损、无异味、无渗漏、无松动		
18			检查冷却系统（液位、管路、散热器）	液位符合规定，定期更换；管路固定良好，无渗漏，外观清洁		
19		驱动电机系统	检查外观（驱动电机箱体、减速器箱体、控制器壳体、高压线束、连接线束）	外观清洁、无破损、无渗漏、无干涉		
20			检查冷却系统（液位、管路）	液位符合规定，定期更换；管路固定良好，无渗漏		
21			检查润滑系统（润滑油液位、润滑脂使用）	润滑油液位或润滑脂使用符合规定，定期更换		
22		高压配电系统	外表面、主开关、熔断器接线螺母	表面清洁，主开关通断功能有效、正常，熔断器接线螺母固定牢靠		
23		高压维修开关	检查工作状态、外观、插拔和通断情况	外观良好，无松动、发热、烧蚀，插拔、通断无卡滞		
24		车载充电机	检查外观、充电状态、连接配合、充电保护	外观清洁、充电状态与连接配合正常、保护有效		
25		电源变换器	检查外观	表面清洁、干燥		
26		电动空气压缩机	检查电机运行、电机机体、控制器壳体、线束、管路	无异响、表面清洁、线束无破损老化、管路无漏气		
27			检查电机润滑系统	润滑油（脂）符合规定，定期更换		
28			检查空气滤清器	清洁、无破损、定期更换		
29		电动转向	检查电机运行、电机机体、控制器壳体外表面	电机运行无异响、外观清洁、干燥		
30		空调系统	检查风机运行、管路	风机运行无异响、管路连接可靠无松动、无破损渗漏		
31		空调系统	检查外表面（空调压缩机、PTC 加热器、蒸发器、冷凝器）	清洁、干燥		

续表

序号	分类	作业项目	作业内容	技术要求	状态	异常描述
32	高压系统	电除霜器	检查外表面	清洁无尘		
33		充电插孔	检查保护盖	开启锁闭功能正常		
34			充电插孔	接插件可靠、无松动		
35			检查插孔外表面	无异物、无烧蚀生锈、内部清洁、干燥		
36		整车线束、接插件	检查整车线束外观	无老化、破损、裸露		
37			检查整车接插件外观	清洁、干燥		
38		制动能量回收系统	检查工作状况	仪表显示的制动能量回收反馈信息正常有效		
39		高压警告标记	检查高压警告标记	完好、规范、清晰、粘贴牢固，无脱落		
正常的状态列打√；异常的状态列打×，并描述异常现象						

四、任务考核

任务工单 2-2-1 动力电池一级维护

任务名称	动力电池一级维护		学时		班级	
学生姓名			学生学号		任务成绩	
实训设备、工具及仪器	长安 EV460 纯电动汽车、车间防护用具、个人防护用具、绝缘工具、常用检测仪器设备（万用表、绝缘电阻表、故障诊断仪等）		实训场地	新能源汽车理实一体化教室	日期	
任务描述	现有一辆纯电动汽车，按照保养要求需要对其动力电池进行一级维护作业					
任务目的	能够正确、规范地完成动力电池一级维护作业					

1. 资讯

（1）电池是一种把_____转化为_____的储存装置。

（2）纯电动汽车中提供动力源的电池称为_____，动力电池的作用是接收和储存由车载充电机、发电机、制动能量回收装置和外置充电设备提供的_____电。

（3）目前纯电动汽车中使用的动力电池主要有_____、_____、_____。

（4）动力电池系统主要由_____等组成。

（5）测量绝缘电阻的仪表主要有_____和_____。

（6）标准规定，绝缘电阻值一般要大于_____Ω。

（7）绝缘手套的检查项目：_____、_____、_____。

（8）在整车维护过程中，对车辆底盘的维护保养是通过_____把车辆升起来进行的。

（9）纯电动汽车维护用到的高压防护工具主要有_____等。

（10）纯电动汽车维护用到的检测工具主要有_____等。

2. 计划与决策

请根据任务要求，确定所需要的检测仪器、工具，并对小组成员进行合理分工，制订详细的工作计划。

（1）需要的检测仪器、工具。

（2）小组成员分工。

（3）计划。

3. 实施

（1）作业准备。

① 检查并调校设备、仪器。

② 设置隔离警示牌。

③ 检查并穿戴绝缘装备：_____。

（2）下电。

① 关闭_____，拔下钥匙。

② 断开低压蓄电池_____，用绝缘胶布包裹好。

③ 断开_____，等待 5 min，系统放电。

④ 断开动力电池低压线束、高压线束。

（3）维护。

① 检查动力电池外观有无破损，应保证电池箱门锁闭完好、有效，周围无异味。

② 检查电池箱压力阀有无破损、堵塞。

③ 检查电池密封是否良好。

④ 检查绝缘。工具：_____。挡位：_____。

⑤ 红表笔接总正极，黑表笔搭铁，测得电阻值：_____。

⑥ 红表笔接总负极，黑表笔搭铁，测得电阻值：_____。

⑦ 电阻值需满足_____条件。

⑧ 恢复动力电池接插件。

⑨ 检查线束是否老化、变形及破损。

⑩ 电池外观清洁、除尘。

⑪ 检查动力电池冷却液液位_____，管路是否固定良好、无渗漏。

⑫ 恢复供电。

⑬ 检查 SOC 及仪表电池指示灯是否正常。

4. 检查

（1）检查车辆能否正常上电：_____。

（2）检查车辆状态是否恢复原态：_____。

（3）检查 8S 管理是否整理到位：_____。

5. 评估

（1）请根据任务完成情况，进行自我评估，并提出改进意见。

① _____

_____。

② _____

_____。

（2）填写工单成绩（总分为自我评价、组长评价和教师评价得分值的平均值）。

自我评价	组长评价	教师评价	总分

任务2.2.2 二级维护

一、任务导入

王先生的纯电动汽车已经行驶了近 20000 km，最近他接到了维修厂的电话，被告知要对车辆进行二级维护。王先生知道燃油汽车每行驶 20000 km，需要做很多维护项目，纯电动汽车的维护也要做那么多项目吗？

二、知识储备

二级维护是除一级维护外，以检查、紧固和调整转向节、转向摇臂、制动蹄片、悬架、高压系统等安全部件，拆检轮胎且进行轮胎换位，检查调整高压系统工作状况，视情况更换电动空压机、电动转向系统及电机减速装置润滑油，润滑车辆转动部件等为主的车辆维护作业，通常由专业维护人员执行。营运电动汽车每行驶 40000 km 或者 120 日进行一次二级维护；非营运电动汽车每行驶 20000 km 或 1 年进行一次二级维护。

在进行二级维护作业时需要注意任务 2.1.1 和任务 2.2.1 中所提到的注意事项。

1. 二级维护作业流程

纯电动汽车二级维护作业流程如图 2-2-11 所示。

纯电动汽车二级维护作业步骤如下。

（1）维护人员结合车辆技术档案（包括车辆运行记录、维修记录、检测记录等）和驾驶员反映的车辆技术状况（包括汽车动力性、异响、转向、制动、动力电池状态、润滑油消耗等），根据相关规定进行常规系统、高压系统的检测。

（2）检测结束后，依据检测结果及车辆实际技术状况进行车辆故障诊断，确定车辆维护附加作业项目。

（3）附加作业项目确定后与基本作业项目一并进行维护作业，维护作业过程中应进行过程检验，过程检验项目的技术要求应满足有关的技术标准或规范。

（4）维护作业完成，维护机构应进行竣工检验。竣工检验合格的车辆，由维护机构签发电动汽车维护竣工出厂合格证并填写维护档案后方可出厂。

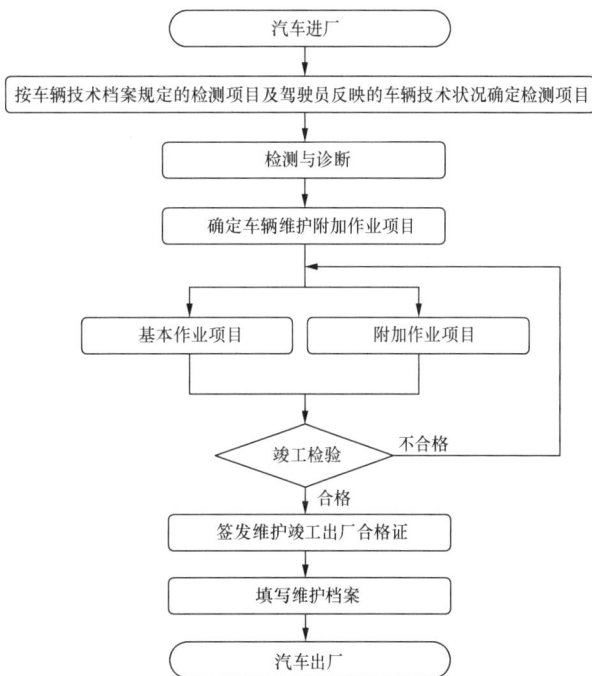

图2-2-11 电动汽车二级维护作业流程

常规系统、高压系统的二级维护过程中，均应始终贯穿过程检验，并进行检验记录。过程检验中，各维护作业项目的技术要求需满足车辆说明书的要求，说明书不明确的，则以国家标准、行业标准及地方标准相关要求为准。

2. 二级维护检测项目

除了依据驾驶员反映的车辆技术状况确定的检测项目外，二级维护规定的检测项目如表 2-2-3

所示。

表 2-2-3　二级维护规定的检测项目

检测项目	检测内容	技术要求
故障诊断	车载诊断系统（OBD）的故障信息	装有 OBD 的车辆，不应有故障信息
行车制动性能	检查行车制动性能	采用台架检验或路试检验，应符合 GB 7258—2017 相关规定

3. 二级维护增加项目

根据 GB/T 18344—2016《汽车维护、检测、诊断技术规范》和 JT/T 1344—2020《纯电动汽车维护、检测、诊断技术规范》，纯电动汽车二级维护在一级维护基础上增加的项目如表 2-2-4 所示。

表 2-2-4　纯电动汽车二级维护增加项目

序号	分类	作业项目	序号	分类	作业项目
1	常规系统	制动盘	17	高压系统	动力电池系统（紧固、气密性）
2		电动真空泵			
3		防抱死制动装置	18		驱动电机系统（紧固、轴承）
4		制动器			
5		转向器和转向传动机构	19		高压配电系统（紧固）
6		转向盘最大自由转动量			
7		车轮车胎（规格、磨损、换位、前束）	20		高压维修开关（紧固）
8		悬架	21		车载充电机、电源变换器（紧固）
9		车桥			
10		变速器、减速器、差速器	22		电动空气压缩机（紧固）
11		传动轴	23		电动转向（紧固）
12		前照灯			
13		线束、导线	24		空调系统、电除霜器（紧固）
14		车架、车身、车门、车窗			
15		支撑装置	25		整车线束、接插件（固定）
16		牵引装置			

注：分类栏中"制动""转向""行驶""传动""灯光导线""车架车身"为"常规系统"的细分项目。

下面以部分维护项目为例，介绍二级维护作业的注意事项和标准。

（1）检查制动盘

制动摩擦片一般设有磨损标记，磨损到标记的极限位置或制动时如有金属刮擦声（弹簧片刮制动盘），则应检查更换制动摩擦片。用千分尺在制动盘表面中心测量制动盘厚度，标准厚度为 24 mm，最小厚度为 22 mm，如果制动盘厚度磨损至低于最小厚度值，则需更换制动盘。制动摩擦片与制动盘之间的转动间隙应符合维修保养手册规定。制动盘摩擦面不允许有明显的台阶、沟槽（见图 2-2-12）、拉伤、油污、裂纹（见图 2-2-13）等异常现象。应保证密封件无裂纹或损坏，

图2-2-12　制动盘摩擦面沟槽

制动钳安装牢固、无油液泄漏，制动钳导向销无裂纹或损坏。

（2）电动真空泵

车辆停稳后，打开起动开关，完全踩下制动踏板，踩踏 3 次后电动真空泵应正常起动，大约 10 s 后真空度到达设定值时，电动真空泵应停止运转。在电动真空泵工作时检查连接软管有无漏气现象。

图2-2-13 制动盘摩擦面裂纹

（3）检查轮胎

检查轮胎的规格型号，同轴轮胎的规格和花纹应相同，对于左右两边的花纹不一致的非对称轮胎，如图 2-2-14 所示，要注意检查不能装反。轮胎的胎冠、胎壁不得有长度超过 25 mm 或深度足以暴露出帘布层的破裂、割伤、凸起、异物刺入等影响使用的缺陷。轮胎圆周有多处 1.6 mm 深的磨损标记，如图 2-2-15 所示。胎冠的磨损不得触及磨损标记；无磨损标记或标记不清的轮胎，胎冠花纹深度应不小于 1.6 mm。如果磨损触及 1.6 mm 标记或花纹深度小于 1.6 mm，代表轮胎已无法再使用，为了行车安全，应更换结构和花纹规格相同的轮胎。如果轮胎内外侧磨损不一致，还要检查、调整前束。任何使用 6 年以上的轮胎，即使没有明显损坏，也必须更换。

图2-2-14 非对称轮胎花纹　图2-2-15 轮胎磨损标记

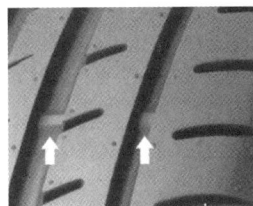

定期将轮胎换位，确保车辆前后轮磨损均匀使之使用时间更长。由于轮胎的不规则磨损可能增大轮胎噪声，除了定期换位，发现轮胎已磨损不均匀时，也应进行轮胎换位。轮胎换位后应检查车轮螺母的紧固力矩是否达到规定的紧固力矩，然后设定轮胎压力。轮胎换位应按图 2-2-16 进行（建议每行驶 10000 km 进行）。

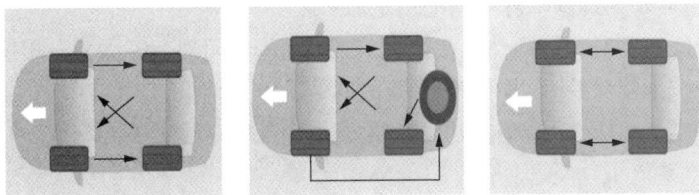

（a）没有备胎　　　（b）备胎与行驶胎相同　　　（c）配备定向轮胎

图2-2-16 轮胎换位方法

（4）检查悬架（见图 2-2-17）

检查前悬、后悬各连接螺母、螺栓有无松动，螺旋弹簧胶垫有无破损，减振器有无渗漏现象。检查车架有无碰撞或变形、锈蚀等。

（a）前悬麦弗逊独立悬架　　　（b）后悬多连杆独立悬架

图2-2-17 悬架

（5）动力电池

① 检查系统安装固定情况，紧固动力电池箱体及托架、动力电池管理系统箱体等固定螺栓（见图2-2-18），紧固力矩应符合车辆维修保养手册的规定。

② 检查高压线束接线柱等连接固定情况，线束及接线柱的连接应固定可靠、无松脱；紧固动力电池及动力电池管理系统的正、负极接线柱固定螺栓，紧固力矩应符合车辆维修保养手册的规定。

③ 检查线束固定情况、接插件连接情况，线束应固定可靠、无脱落，接插件应锁紧可靠。

④ 根据车辆维修保养手册要求进行气密性检查，系统气密性应符合车辆维修保养手册的规定。

（6）驱动电机

① 检查系统安装固定情况，固定螺栓紧固力矩应符合车辆维修保养手册的规定（见图2-2-19）。

图2-2-18　动力电池连接螺栓　　　　　图2-2-19　驱动电机固定螺栓

② 检查高压线束接线柱等连接固定情况，线束及接线柱的连接应固定可靠、无松脱；紧固驱动电机的三相接线柱、驱动电机控制器的三相接线柱及正、负极接线柱的固定螺栓，固定螺栓的紧固力矩应符合车辆维修保养手册的规定。

③ 检查线束固定情况、接插件连接情况，线束应固定可靠、无脱落，接插件应锁紧可靠。

④ 视情况或按维修保养手册规定里程及时间要求更换轴承。

⑤ 检查驱动电机高压接线盒内部状况，接线盒内部应干燥、无冷凝水。

（7）高压配电系统

① 检查系统安装固定情况，紧固高压配电装置及系统箱体的固定螺栓，紧固力矩应符合车辆维修保养手册的规定。

② 检查高压线束接线柱等连接固定情况，线束及接线柱的连接应固定可靠、无松脱。

③ 检查线束固定情况、接插件连接情况，线束应固定可靠、无脱落，接插件应锁紧可靠。

三、任务实施

1. 实施要求

本操作任务是完成纯电动汽车的二级维护，包括以下内容。

（1）熟悉二级维护作业内容及各部位。

（2）各种维护工具的使用。

（3）掌握二级维护项目的维护方法和技术要求。

2. 实施准备

纯电动汽车、举升机、警示牌、隔离栅、护目镜、绝缘手套、绝缘帽、绝缘垫、车内三件套、翼子板与前格栅防护垫、手电筒、绝缘工具套装、通用工具套装、扭力扳手、电池性能检测仪、放电工装、车辆诊断仪、绝缘电阻表、万用表、维修保养手册等。

3. 实施步骤

根据表 2-2-5 里的作业项目和技术要求等，完成纯电动汽车二级维护作业。

表 2-2-5 纯电动汽车二级维护作业记录单

纯电动汽车二级维护作业记录单						
日期			车辆信息	里程	SOC	作业人员
序号	分类	作业项目	作业内容	技术要求	状态	异常描述
1	常规系统	制动	制动盘	检查制动盘磨损情况	不低于最小厚度要求		
2			电动真空泵	检查电动真空泵运行情况	能够正常起动停止，无漏气		
3			防抱死制动装置	检查防抱死制动装置连接线路，清洁轮速传感器	各连接线及接插件无松动，轮速传感器清洁		
4			制动器（鼓式）	检查制动间隙调整装置	功能正常		
5				拆卸制动鼓、轮毂、制动蹄，清洁轴承位、轴承、支承销和制动底板等零件	清洁，无油污，轮毂通气孔畅通		
6				检查制动底板、制动凸轮轴	制动底板安装牢固、无变形、无裂损。凸轮轴转动灵活，无卡滞和松旷现象		
7				检查轮毂内、外轴承	滚柱保持架无断裂，滚柱无缺损、脱落，轴承内、外圈无裂损和烧蚀		
8				检查制动摩擦片、制动蹄及支承销	制动摩擦片表面无油污、裂损，厚度符合规定。制动蹄无裂纹及明显变形，铆接可靠，铆钉沉入深度符合规定。支承销无过量磨损，与制动蹄、轴承孔衬套配合，无明显松旷		
9				检查制动蹄回位弹簧	回位弹簧不得有扭曲、钩环损坏、弹性损失和自由长度改变等现象		
10				检查轮毂、制动鼓	轮毂无裂痕，制动鼓无裂痕、沟槽、油污及明显变形		
11				装制动鼓、轮毂、制动蹄，调整轴承松紧度、调整制动间隙	润滑轴承，轴承位涂抹润滑脂后再装轴承。装制动蹄时，轴承孔均应涂抹润滑脂，开口销或卡簧固定可靠。制动摩擦片与制动鼓摩擦面应清洁，无油污。制动摩擦片与制动鼓配合间隙符合规定。轮毂转动灵活且无轴向间隙。锁紧螺母、半轴螺母及车轮螺母齐全，紧固力矩符合规定		

61

序号	分类	作业项目		作业内容	技术要求	状态	异常描述
12	制动	制动器（盘式）		检查制动摩擦片和制动盘磨损量	制动摩擦片和制动盘磨损量应在标记规定或制造商要求的范围内，其摩擦工作面不得有油污、裂纹和沟槽等损伤		
13				检查制动摩擦片与制动盘间的间隙	制动摩擦片与制动盘之间的转动间隙符合规定		
14				检查密封件	密封件无裂纹或损坏		
15				检查制动钳	制动钳安装牢固、无油液泄漏。制动钳导向销无裂纹或损坏		
16	转向	转向器、转向盘		检查转向器和转向传动机构	转向轻便、灵活，转向无卡滞现象，锁止、限位功能正常		
17				检查、调整转向盘最大自由转动量	最高设计车速不小于 100 km/h 的车辆，其转向盘的最大自由转动量不大于 15°；其他车辆的最大自由转动量不大于 25°		
18	常规系统	行驶	车轮车胎	检查轮胎规格型号	轮胎规格型号符合规定，同轴轮胎的规格和花纹应相同，公路客车（客运班车）、旅游客车、校车和危险货物运输车的所有车轮及其他车辆的转向轮不得装用翻新的轮胎		
19				检查轮胎外观	轮胎的胎冠、胎壁不得有长度超过 25 mm 或深度足以暴露出帘布层的破裂、割伤、凸起、异物刺入等影响使用的缺陷。具有磨损标记的轮胎，胎冠的磨损不得触及磨损标记；无磨损标记或标记不清的轮胎，胎冠花纹深度应不小于 1.6 mm		
20				轮胎换位	根据轮胎磨损情况或相关规定，视情况进行轮胎换位		
21				检查、调整车轮前束	车轮前束值符合规定		
22			悬架	检查悬架弹性元件，校紧连接螺栓、螺母	空气弹簧无泄漏、外观无损伤。钢板弹簧无断片、缺片、移位和变形，各部件连接可靠，U 形螺栓、螺母紧固力矩符合规定		
23				检查减振器	减振器稳固有效、无漏油现象，橡胶垫无松动、变形及分层		
24			车桥	检查车桥、车桥与悬架之间的拉杆和导杆	车桥无变形、表面无裂痕、油脂无泄漏，车桥与悬架之间的拉杆和导杆无松旷、移位和变形		

序号	分类	作业项目	作业内容	技术要求	状态	异常描述
25	常规系统	传动	减速器、差速器	检查主减速器、差速器润滑油，视情况更换	按规定的里程或时间更换润滑油		
26			传动轴	检查防尘罩	防尘罩无裂痕、损坏，卡箍连接可靠，支架无松动		
27				检查传动轴及万向节	传动轴无弯曲，运转无异响。传动轴及万向节无裂损、不松旷		
28				检查传动轴承及支架	轴承无松旷，支架无缺损和变形		
29		灯光导线	前照灯	检查远光灯发光强度，检查、调整前照灯光束照射位置	符合 GB 7258—2017 规定		
30			线束、导线	检查前机舱及其他可视的线束及导线	接插件无松动，接触良好。导线布置整齐、固定牢靠，绝缘层无老化、破损，导线无外露。导线与蓄电池桩头连接牢固，并有绝缘套		
31		车架车身	车架、车身、车门、车窗	检查车架和车身	车架和车身无变形、断裂及开焊现象，连接可靠，车身周正。发动机罩锁扣锁紧有效。车厢铰链完好，锁扣锁紧可靠		
32				检查车门、车窗启闭和锁止	车门和车窗应启闭正常，锁止可靠。客车动力启闭车门的车内应急开关及安全顶窗机件齐全、完好有效		
33			支撑装置	检查、润滑支撑装置，校紧连接螺栓、螺母	完好有效，润滑良好，安装牢固		
34			牵引装置	检查牵引钩	牵引钩固定牢固，无裂纹及损伤		
35	高压系统	动力电池系统		检查系统安装固定情况，紧固箱体、托架等固定螺栓	固定可靠、无松动；紧固力矩符合车辆维修保养手册规定		
36				检查高压线束、接线柱连接固定情况；紧固电池及电池管理系统正、负极接线柱螺栓	固定可靠、无松动；紧固力矩符合车辆维修保养手册规定		
37				检查线束固定、接插件连接情况	固定可靠、无松动；接插件锁紧可靠		
38				检查气密性	符合维修保养手册规定		
39			驱动电机系统	检查系统固定情况，并进行紧固	紧固力矩符合维修保养手册规定		

续表

序号	分类	作业项目	作业内容	技术要求	状态	异常描述
40	高压系统	驱动电机系统	检查高压线束、接线柱连接固定情况；紧固驱动电机的三相接线柱、驱动电机控制器三相接线柱及正、负极接线柱的螺栓	固定可靠、无松动；紧固力矩符合车辆维修保养手册规定		
41			检查线束固定、接插件连接情况	固定可靠、无松动；接插件锁紧可靠		
42			轴承更换	按车辆维修保养手册要求更换轴承		
43			检查驱动电机高压接线盒内部状况	干燥、无冷凝水		
44		高压配电系统	检查系统固定情况，紧固箱体固定螺栓	紧固力矩符合车辆维修保养手册规定		
45			检查高压线束、接线柱连接固定情况；	固定可靠、无松动		
46			检查线束固定、接插件连接情况	固定可靠、无松动；接插件锁紧可靠		
47		高压维修开关	检查固定情况，紧固固定螺栓	紧固力矩符合车辆维修保养手册规定		
48		车载充电机、电源变换器	检查机体固定情况，紧固固定螺栓	紧固力矩符合车辆维修保养手册规定		
49			检查高压线束、接插件连接固定情况	固定可靠、无松动		
50		电动空气压缩机	检查电机机体、控制器壳体固定情况，紧固螺栓	紧固力矩符合车辆维修保养手册规定		
51			检查高压线束、接线柱连接固定情况，紧固电机三相接线柱螺栓	紧固力矩符合车辆维修保养手册规定		
52			检查控制器线束固定情况、接插件连接情况	固定可靠、无松动		
53		电动转向	检查电机机体、控制器壳体固定情况，紧固螺栓	紧固力矩符合车辆维修保养手册规定		
54			检查高压线束、接线柱连接固定情况，紧固电机三相接线柱、控制器三相接线柱及正、负极接线柱螺栓	紧固力矩符合车辆维修保养手册规定		
55			检查控制器线束固定情况、接插件连接情况	固定可靠、无松动；接插件锁紧可靠		

续表

序号	分类	作业项目	作业内容	技术要求	状态	异常描述
56	高压系统	空调系统、电除霜器	检查安装固定情况	紧固力矩符合车辆维修保养手册规定		
57		整车线束、接插件	检查线束固定、接插件连接情况	固定可靠、无松动；接插件锁紧可靠		
			正常的状态列打√；异常的状态列打×，并描述异常现象			

四、任务考核

任务工单 2-2-2　驱动电机二级维护

任务名称	驱动电机二级维护		学时		班级	
学生姓名			学生学号		任务成绩	
实训设备、工具及仪器	长安 EV460 纯电动汽车、车间防护用具、个人防护用具、绝缘工具、常用检测仪器设备（万用表、绝缘电阻表、故障诊断仪等）		实训场地	新能源汽车理实一体化教室	日期	
任务描述	现有一辆纯电动汽车，按照保养要求需要对其驱动电机进行二级维护作业					
任务目的	能够正确、规范地完成驱动电机二级维护作业					

1. 资讯

（1）驱动电机是纯电动汽车驱动系统的_____，是能把_____转换为_____的一种设备。

（2）电控系统、动力电池、_____是纯电动汽车的核心部件，简称为_____。

（3）目前驱动电机不仅可以驱动车辆行驶，而且可以进行_____回收。

（4）驱动电机在纯电动汽车中的安装位置：_____。

（5）简述驱动电机组件的主要组成。

2. 计划与决策

请根据任务要求，确定所需要的检测仪器、工具，并对小组成员进行合理分工，制订详细的工作计划。

（1）需要的检测仪器、工具。

（2）小组成员分工。

（3）计划。

3. 实施

（1）作业准备。

① 检查并调校设备、仪器。

② 设置隔离警示牌。

③ 检查并穿戴绝缘装备：_____。

（2）下电。

① 关闭_____，拔下钥匙。

② 断开低压蓄电池_____，用绝缘胶布包裹好。

③ 断开_____，等待 5 min，系统放电。

（3）驱动电机维护。

① 检查驱动电机箱体、减速器箱体及驱动电机控制器壳体外表面，外表面应无明显积尘、渗漏或裂纹，且应清洁、干燥。

② 检查驱动电机、线束、接头安装固定情况，应固定可靠、无松动，紧固力矩符合车辆维修保养手册规定。

③ 检查高压线束有无破损和老化现象，接线柱有无氧化腐蚀现象。

④ 检查连接线束，线束应清洁、干燥且线路布设无干涉。

⑤ 驱动电机定子绕组电阻值检查：检查 U、V 相之间电阻值为_____，检查 V、W 相之间电阻值为_____，检查 W、U 相之间电阻值为_____。

⑥ 检查冷却液液面高度，其应位于_____，视情况补给或更换冷却液。

⑦ 检查冷却管路的固定情况，软管与硬管连接处应无异常渗漏，管路布设应无干涉。

⑧ 检查润滑系统，视情况补给或更换润滑油（脂），润滑油液位或润滑脂使用应符合车辆维修保养手册的规定。

4. 检查

（1）检查车辆能否正常上电：_____。

（2）检查车辆状态是否恢复原态：_____。

（3）检查 8S 管理是否整理到位：_____。

5. 评估

（1）请根据任务完成情况，进行自我评估，并提出改进意见。

① _____

_____。

② _____

_____。

③ _____

_____

（2）填写工单成绩（总分为自我评价、组长评价和教师评价得分值的平均值）。

自我评价	组长评价	教师评价	总分

••• 学习情境 2.3 混合动力汽车日常维护 •••

【知识目标】

（1）能够描述出混合动力汽车日常维护内容。

（2）掌握混合动力汽车日常维护的操作规范及标准。

【技能目标】

能够完成混合动力汽车日常维护工作。

【职业素养要求】

（1）严格执行汽车维护技术规范，养成严谨科学的工作态度。

（2）对工作认真负责，严格要求自己。

（3）严格执行 8S 现场管理。

一、任务导入

最近王先生购买了一辆混合动力汽车，以前他对自己的燃油汽车每日都要进行检查维护，但换了混合动力汽车后他很困惑，混合动力汽车日常维护与传统燃油汽车日常维护有什么不同，又涉及哪些维护项目呢？

二、知识储备

混合动力汽车是指车辆驱动系统由两个或多个能同时运转的单个驱动系统联合组成的车辆。通常所说的混合动力汽车一般是指油电混合动力汽车，即采用传统的内燃机和驱动电机作为动力源，共同组成油电动力耦合驱动平台，以实现汽车的节能和低排放。混合动力汽车和传统燃油汽车在驱动方式上有差异，所以混合动力汽车和传统燃油汽车的维护作业也有一定的差异。

1. 混合动力汽车和传统燃油汽车维护作业的差异

（1）混合动力汽车与传统燃油汽车的驱动动力源是有差异的，混合动力汽车保留传统的内燃发动机，增加了一套独立的电力驱动系统，包括动力电池、驱动电机和控制系统等，所以混合动力汽车维护作业项目包括传统发动机维护项目，以及动力电池、驱动电机和控制系统等的维护项目。

（2）混合动力汽车电力驱动系统的维护项目主要是对动力电池和驱动电机进行检查养护，包括驱动电机外部清洁，目检动力电池管理系统（BMS）、驱动电机控制器、逆变器、高压线束和接插件等。驱动电机和控制系统的维护项目主要用目测和诊断仪检查。所以，与传统燃油汽车相比，混合动力汽车的维护作业工作量有所增加。

（3）并联式和混联式混合动力汽车都既可以采用发动机驱动形式，也可以采用电动驱动形式，还可以混合两种动力驱动行驶，关键是增加了一个传动控制部件。以比亚迪秦插电并联式混合动力汽车为例，比亚迪秦使用的 6DT35 变速器内安装永磁同步驱动电机，以及湿式双离合器，拥有两组自动控制的离合器，分别与两根输入轴相连；利用变速器油进行冷却和润滑，变速器箱体采取强制润滑，变速器油经冷却过滤后，通过润滑系统喷嘴，强制润滑挡位齿轮，整个变速器箱体使用同一种液压油，挡位切换时来自电液模块的油压直接推动活塞，活塞推动换挡拨叉换挡。由此可见，混合动力汽车的维护作业需增加传动控制部件的维护项目。

（4）由于混合动力汽车可使用纯电模式行驶，所以混合动力汽车更换机油等维护项目的周期相应延长。

（5）在电气系统方面的维护作业项目，既有与传统燃油汽车相同的电器维护作业项目，还增加了电池与控制部分的维护作业项目。

2. 混合动力汽车维护作业特点

（1）目前，国产比亚迪、长安等混合动力汽车的维护作业单上，大部分还是传统发动机、底盘和电器的维护作业项目，有关"三电"（电机、动力电池、电控系统）的维护项目很少，由此可见，当前混合动力汽车维护还是以传统燃油汽车维护项目为主。

（2）混合动力汽车的高压达到 300 ~ 800 V，甚至更高，所以与纯电动汽车维护作业相同，其维护作业前需做好高压安全防护工作，维护时严格执行高压安全操作规范。

（3）与纯电动汽车维护作业相同，对高压系统的维护检查主要使用目视检查和仪器检查，包括目视检查高压线束和部件外部是否有损坏。

（4）对"三电"系统维护主要使用诊断仪检查，检查各系统有无故障码，数据有无异常，是否有系统软件需要升级的提示。

（5）与纯电动汽车维护作业相同，当高压导线和高压部件外部有破损，或诊断仪读出高压系统有绝缘故障，或绝缘性能方面的数据用红色显示时，必须使用绝缘仪检查相关高压部件和导线的绝缘性能。

3. 混合动力汽车日常维护项目

汽车维护是指为维持汽车良好技术状况或工作能力而进行的作业，应贯彻"预防为主、强制维护"的原则。混合动力汽车日常维护也是以清洁、补给、安全检查和电控仪表检视为主要作业内容，由驾驶员负责执行的车辆维护作业。与纯电动汽车日常维护相比，混合动力汽车日常维护中常规系统日常维护增加了发动机冷却、润滑相关的维护项目，高压系统日常维护增加了发电机维护项目。其他日常维护项目可参照纯电动汽车维护项目进行，如表 2-1-1 和表 2-1-3 所示。混合动力汽车日常维护增加的项目如表 2-3-1 所示。对插电式混合动力汽车还应该检查动力电池组剩余电量，不足时应及时进行充电，定期对动力电池满充、满放一次电。

表 2-3-1　混合动力汽车日常维护增加的项目

序号	分类		作业项目
1	常规系统	发动机	机油
2			冷却液液位
3	高压系统	发电机	运行情况
4			外观及连接管路

下面以部分维护项目为例，介绍混合动力汽车日常维护作业的注意事项和标准。

（1）机油检视

将汽车停放在平坦路面上，让已达到工作温度的发动机短时怠速运转，然后关闭发动机，等候约 5 min。拔出机油尺，用干净的抹布擦拭机油尺，然后把机油尺重新插入机油孔到底，接着再次拔出机油尺查看机油液位，必要时添加发动机机油。如图 2-3-1 所示，如果机油液位在 MAX（最大值）和 MIN（最小值）之间，不需添加机油；如果机油液位低于 MIN 标记，则必须添加机油，加油后机油液位应在 MAX 和 MIN 之间。

根据驾驶方式和使用条件的不同，机油消耗量可达 0.5 L/1000 km。前 5000 km 的消耗量可能还要高一些。因此，必须定期检查发动机机油液位，最好在每次加油时或在长途行车之前进行检查。注意只能在发动机处于冷态时加注机油。添加机油前，应关闭发动机，打开机油加注口盖（见图 2-3-2）。小心添加合适的机油，注意不得使机油落到热的发动机部件中，否则会有发生火灾的危险。2 min 后重新检查机油液位，必要时添加机油，油位严禁超过 MAX 标记。

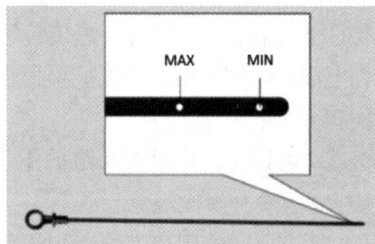

图2-3-1　发动机机油尺

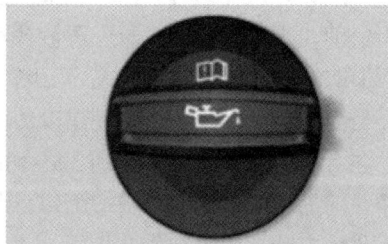

图2-3-2　发动机机油加注口盖

　　混合动力汽车在行驶时会在燃油驱动和电力驱动之间不断切换，发动机运行温度更低、起动频次更高，这意味着混合动力汽车在选择机油时，相比传统燃油汽车而言对机油的黏度、抗磨性能及低温流动性等有更高要求，可以选择更低黏度、更小摩擦的润滑油。

　　（2）冷却液检视

　　当发动机、动力电池及驱动电机处于冷态时，冷却液液位应在 MIN 和 MAX 标记之间。如果液位低于 MIN 标记，应对冷却液进行补充。图 2-3-3 所示为发动机冷却液储液壶，图 2-3-4 所示为驱动电机冷却液储液壶，图 2-3-5 所示为动力电池冷却液储液壶。

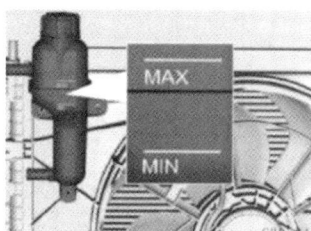

图2-3-3　发动机冷却液储液壶　　图2-3-4　驱动电机冷却液储液壶　图2-3-5　动力电池冷却液储液壶

　　冷却液储液壶的冷却液补充方法如下。

　　① 打开冷却液储液壶盖，从加注口加注冷却液直至液位到达冷却液储液壶 MAX 标记。

　　② 拧紧冷却液储液壶盖。

　　补充过程需注意以下事项。

　　① 仅可在发动机处于冷态时添加冷却液。发动机处于热态时，请勿拆卸冷却液储液壶盖。否则，蒸汽和水将在内部压力的作用下喷出，存在烫伤风险。

　　② 发动机、动力电池及驱动电机使用的冷却液，其冰点应比使用地区、使用季节的最低气温低 5 ℃。

　　③ 不得将自来水、河水、井水或泉水等硬质水用作冷却液。

　　④ 行驶过程中，仪表报系统过温故障，应尽快到指定维修店检查、维修。

　　⑤ 观察到发动机冷却液储液壶、动力电池冷却液储液壶及驱动电机冷却液储液壶无冷却液时，应尽快到指定维修店检查、维修。

　　⑥ 防止冷却液接触皮肤或进入眼内，如果不慎发生，请立即用大量清水冲洗并尽快就医。

　　⑦ 严禁在发动机运转时拆下冷却液储液壶盖。

三、任务实施

　　1. 实施要求

　　本操作任务完成混合动力汽车的日常维护，包括以下内容。

　　（1）熟悉日常维护作业内容和维护部位。

　　（2）掌握各维护项目的技术要求。

　　2. 实施准备

　　混合动力汽车、车辆使用用户手册、轮胎压力表、绝缘手套、抹布、手电筒、警示牌、隔离栅等。

3. 实施步骤

根据表 2-3-2 混合动力汽车日常维护作业记录单里的作业项目和技术要求，完成混合动力汽车日常维护作业。

表 2-3-2　混合动力汽车日常维护作业记录单

日期			车辆信息	里程	SOC	作业人员
序号	分类		作业项目	技术要求	状态	异常描述
1	常规系统维护	车身外观及附属部件	车身外观	车身内外及车窗玻璃等无异常，整洁完好		
2			车门锁和铰链	开锁闭锁功能正常，无异响、卡滞、松动		
3			车窗、天窗	升降功能正常，无异响、卡滞		
4			后视镜	完好，视野良好		
5			安全带	牢固可靠，功能有效		
6			风窗玻璃刮水器	工作正常		
7			玻璃清洗液	液位符合规定		
8			随车工具及备胎	工具、备胎完好有效，备胎气压符合规定		
9			空调	空调操作、运行正常		
10			泄漏	无泄漏		
11		发动机	检查机油	油面高度符合规定		
12			检查冷却液	液位符合规定		
13		制动	行车制动、驻车制动	功能正常		
14			制动液	液位符合规定		
15		车轮、轮胎	检查轮胎外观、气压	外观良好，气压符合规定		
16			检查车轮螺栓、螺母	螺栓、螺母完好，无松动		
17		灯光、仪表、喇叭	前后部灯光	灯光正常		
18			仪表	完好，无故障信息		
19			喇叭	工作正常		
20	高压系统维护	仪表指示灯	电池荷电量	SOC 不足时及时充电		
21		驱动电机、发电机	运行情况	运行平稳、无振动、无噪声		
22			外观及连接管路	外观及管路表面清洁、无渗漏		
23		冷却系统	运行情况	无异常噪声和泄漏		
24			过滤网	风冷过滤网外观洁净，无破损		
25			冷却液	冷却液液位符合车辆维修保养手册规定		
26		充电插孔	插孔外观	插孔无烧蚀、异物，插座清洁、干燥		
27			防护盖	防护盖锁闭完好		
28		动力电池	外观及接线	无变形、老化，接线牢靠		
			异味	舱体周围应无刺激或烧焦等异味		
正常的状态列打√；异常的状态列打×，并描述异常现象						

四、任务考核

任务工单 2-3-1　混合动力汽车日常维护

任务名称	混合动力汽车日常维护	学时		班级	
学生姓名		学生学号		任务成绩	
实训设备、工具及仪器	长安 EV460 纯电动汽车、车间防护用具、个人防护用具、绝缘工具、充电设施	实训场地	新能源汽车理实一体化教室	日期	
任务描述	现有一辆比亚迪秦混合动力汽车，按照出行要求，需要进行日常维护作业				
任务目的	能够正确、规范地完成混合动力汽车日常维护作业				

1. 资讯

（1）混合动力汽车有多种分类方法：按充电方式不同，分为_____和_____；按燃料种类的不同，分为_____和_____；按动力驱动的连接方式不同，分为_____、_____、_____；按混合度不同，分为_____、_____、_____、_____。

（2）油电混合动力汽车采用传统的_____和_____作为动力源，驱动车辆行驶。

（3）装载汽油发动机的车辆，踩加速踏板时控制的是_____，汽油标号的高低是按_____高低来划分的。

（4）轮胎气压高于或低于标准均会导致_____。

（5）发动机冷却液又称为_____，具有抗冻能力，常用的是乙二醇–水溶液，加入乙二醇的作用是降低冷却液的_____，提高冷却液的_____。

（6）对混合动力汽车进行维护时，首先应将车辆电源开关_____。

（7）车辆的后视镜包括_____和_____，通过外后视镜看到的物体比实际距离_____。

（8）使用 220 V 家用慢充充电连接线给车辆充电，要求插座为_____A。

（9）一键起动的车辆在起动前需要踩下_____，短按一下起动键，动力系统打开。

（10）停车后必须把挡位切换至_____挡，拉起_____。

2. 计划与决策

请根据任务要求，确定所需要的检测仪器、工具，并对小组成员进行合理分工，制订详细的工作计划。

（1）需要的检测仪器、工具。

（2）小组成员分工。

（3）计划。

3. 实施

（1）检查车身外观和附属部件。

①检查车身表面和车厢内是否清洁、无损；

②检查车窗玻璃是否齐全、完好；

③检查车门锁开锁闭锁是否正常，车门开与关是否正常；

④检查车窗玻璃升降是否正常，天窗开与关是否正常；

⑤检查后视镜，是否完好、无损，并调整角度，保证视野良好；

⑥检查安全带，是否固定可靠，功能有效；

⑦检查风窗玻璃刮水器各挡位工作是否正常；

⑧检查玻璃清洗液液位是否符合规定，不足时补充；

⑨检查空调运行和操作是否正常；

⑩检查随车工具和备胎是否齐全、完好，备胎气压是否符合规定值；

⑪检查全车有无泄漏。

（2）检查发动机机油和冷却液。

①发动机机油应在机油尺 MIN 与 MAX 之间区域，不足时补充；

②发动机冷却液液位应在储液壶 MIN 与 MAX 标记之间区域，不足时补充。

（3）检查车辆制动。

①检查行车制动和驻车制动功能是否正常；

②检查制动液液面高度是否符合规定值，不足时补充。

（4）检查车轮。

①检查轮胎外观表面有无破损、凸起、异物刺入及异常磨损，胎压是否符合规定值；

②检查车轮螺栓和螺母是否完好、无松动。

（5）检查灯光、仪表、喇叭。

①检查前照灯是否完好有效，表面清洁，远近光变换正常；

②检查转向灯、制动灯、示廓灯、危险警告灯、雾灯、喇叭等信号指示装置是否完好有效，表面清洁；

③检查仪表盘是否完好，工作是否正常。

（6）检查仪表指示灯。

①检查仪表指示灯，指示灯应无异常声光报警和故障提醒；

②检查电池荷电状态（SOC）示值或参考行驶里程示值情况，不足时，及时充电。

（7）检查驱动电机和发电机。

①检查驱动电机和发电机运行工作状况，运行应平稳，且无异常振动和噪声；

②检查系统外观及连接管路，表面应清洁，管路应无渗漏现象。

（8）检查冷却系统。

①检查驱动电机冷却液液面高度是否符合规定，不足时补充；

②检查动力电池冷却液液面高度是否符合规定，不足时补充；

③检查风冷过滤网外观，过滤网应洁净、无破损。

（9）检查充电插孔。

①检查充电插孔，插孔无烧蚀，异物，插座清洁、干燥；

②检查防护盖，应锁闭完好。

（10）检查动力电池。

①检查动力电池外观是否完好，有无破损；动力电池接线是否有松动；

②能够正确地给动力电池充电；

③检查舱体周围应无刺激或烧焦等异味。

4．检查

（1）检查车辆异常状态是否全部解决：＿＿＿＿＿＿＿＿＿＿＿＿＿＿＿＿＿＿＿＿＿＿。

（2）检查车辆状态是否恢复原态：＿＿＿＿＿＿＿＿＿＿＿＿＿＿＿＿＿＿＿＿＿＿＿。

续表

（3）检查 8S 管理是否整理到位：_____。

5. 评估

（1）请根据任务完成情况，进行自我评估，并提出改进意见。

① _____。

② _____。

③ _____。

（2）填写工单成绩（总分为自我评价、组长评价和教师评价得分值的平均值）。

自我评价	组长评价	教师评价	总分

学习情境 2.4 混合动力汽车定期维护

【知识目标】

（1）能够描述出混合动力汽车一级维护内容。

（2）能够描述出混合动力汽车二级维护内容。

（3）掌握混合动力汽车一级维护、二级维护的操作规范及标准。

【技能目标】

（1）能够完成混合动力汽车一级维护工作。

（2）能够完成混合动力汽车二级维护工作。

【职业素养要求】

（1）严格执行汽车维护技术规范，养成严谨科学的工作态度。

（2）严格按规程操作，具有较强的质量意识。

（3）严格执行 8S 现场管理。

混合动力汽车
定期维护

任务2.4.1 一级维护

一、任务导入

维修技师小李对一辆混合动力汽车进行一级维护时产生了困惑，混合动力汽车一级维护包括哪些项目呢？

二、知识储备

1. 一级维护概述

混合动力汽车一级维护除了包括日常维护项目外，还包括其他维护项目，通常由专业人员执行。一级维护周期应以行驶里程或规定的时间间隔为基本依据，参照车辆维修保养手册及车辆类别、车辆运行状况、道路条件和使用年限等确定。通常营运汽车每行驶 5000～10000 km 或者 1 个月、非营运汽车每行驶 5000～10000 km 或者 6 个月进行一次一级维护。

混合动力汽车一级维护项目与纯电动汽车相比，除增加了内燃机驱动系统的维护项目，此外还增加了驱动电机离合器、发电机等的维护项目，其余项目与纯电动汽车基本一致，参见表 2-2-1。

混合动力汽车常规系统一级维护项目可以参照 GB/T 18344—2016《汽车维护、检测、诊断技术规范》确定，高压系统一级维护项目可以参照 JT/T 1029—2016《混合动力电动汽车维护技术规范》确定，在纯电动汽车一级维护项目基础上，混合动力汽车新增了几项，具体项目见表 2-4-1。不同品牌、不同车型的车辆维护周期和项目具有差异，通常生产厂家会在用户手册中进行说明。在具体维护时可按照车辆维修保养手册执行。

表 2-4-1　混合动力汽车一级维护新增项目

序号	分类		作业项目
1	常规系统	发动机	空气滤清器、机油滤清器、燃油滤清器
2			发动机机油及冷却液
3	高压系统	驱动电机离合器	工作状态
4		发电机	发电机安装、接线牢靠

下面以部分维护项目为例，介绍混合动力汽车一级维护作业的注意事项和标准。

2. 一级维护项目

（1）空气滤清器

按规定的行驶里程或时间清洁或更换空气滤清器。检查空气滤清器滤芯，若沾有油污或破损，应更换新的滤芯。对于未到维护里程能继续使用的空气滤清器滤芯，可以轻轻磕打将灰尘抖掉，或用压缩空气从里向外吹掉灰尘（见图 2-4-1）。用抹布清洁空气滤清器内的底板，清理脏污。

（2）机油

机油在发动机内部循环，起到润滑、清洗、冷却、密封和防锈的目的。由于不同的发动机使用的机油型号可能不同，需要根据维修保养手册要求的更换周期定期更换新的机油。新的机油要根据维修保养手册的要求选择，更换时需要使机油处于热态，放出机油（见图 2-4-2）。加注机油时可利用漏斗，加注完成 2～3 min 后，检查机油液位，边检查液面高度边加注机油，不允许液面高于机油尺上限。

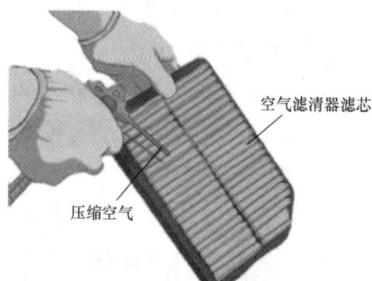

图2-4-1　清洁空气滤清器滤芯

（3）机油滤清器

机油滤清器一般为一次性的，应按规定的行驶里程或时间直接更换新的机油滤清器（其位置见图 2-4-3）。机油滤清器可以滤除发动机内部的有害颗粒物质，使清洁的机油能

图2-4-2　排放机油

够在发动机部件之间不受阻流动，保护发动机部件不被损伤。在安装时注意擦拭机油滤清器安装座表面，并在新的机油滤清器橡胶密封垫周围涂抹一薄层干净的机油，否则安装时橡胶密封垫与接触面发生干摩擦，橡胶密封垫易翘曲或损坏，造成密封不良而漏油。

（4）燃油滤清器

燃油滤清器一般为一次性的，应按规定的行驶里程或时间直接更换新的燃油滤清器（其位置见图2-4-4）。燃油滤清器阻塞会限制行驶速度，损害排气系统，并导致起动困难等不良情况产生。如果过多的外来杂质堆积在燃油箱内，应更频繁地更换燃油滤清器。在拆卸时需要注意，由于燃油供给系统有 30000 ~ 35000 kPa 的压力，为避免在拆卸时发生喷油，在断开燃油管路前需释放燃油供给系统中的压力。安装新的燃油滤清器后，运转发动机几分钟，检查各连接部位是否漏油。

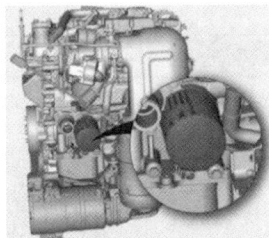

图2-4-3 机油滤清器位置

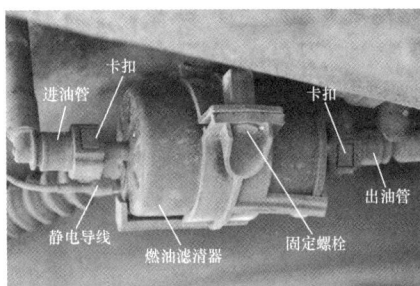

图2-4-4 燃油滤清器位置

（5）发电机

发电机表面应清洁、干燥；线路插件应连接良好；发电机安装支架及减振垫应完好、牢固；发电机运行时，应无异常振动和噪声；发电机冷却系统应工作正常、无异常温度变化；发电机传动带应无松弛、老化等现象。

三、任务实施

1. 实施要求

本操作任务是完成混合动力汽车的一级维护，包括以下内容。

（1）熟悉一级维护作业内容及各部位。

（2）掌握各种维护工具的使用。

（3）掌握一级维护项目的维护方法和技术要求。

2. 实施准备

混合动力汽车、举升机、警示牌、隔离栅、护目镜、绝缘手套、绝缘帽、绝缘垫、车内三件套、翼子板与前格栅防护垫、手电筒、绝缘工具套装、通用工具套装、扭力扳手、电池性能检测仪、放电工装、车辆诊断仪、绝缘电阻表、万用表、维修保养手册等。

3. 实施步骤

根据表 2-4-2 混合动力汽车一级维护作业记录单里的作业项目和技术要求，完成混合动力汽车一级维护作业。

表2-4-2 混合动力汽车一级维护作业记录单

混合动力汽车一级维护作业记录单					
日期		车辆信息	里程	SOC	作业人员
序号	分类	作业项目	作业内容	技术要求	状态	异常描述
1	常规系统维护	发动机	空气滤清器、机油滤清器、燃油滤清器	清洁或更换	清洁或更换滤清器；滤清器应清洁，衬垫无残缺，滤芯无破损；滤清器安装牢固，密封良好		
2			发动机机油及冷却液	检查机油液面高度，视情况更换	定期更换润滑油、冷却液，油（液）面高度符合规定		

续表

序号	分类	作业项目		作业内容	技术要求	状态	异常描述
3	常规系统维护	转向	部件连接	检查、校紧万向节、横拉杆、球头销和转向节等各部位连接螺栓、螺母	连接可靠		
4			转向器润滑油及转向助力油	检查转向器润滑油、助力油（液压助力）	定期更换，油面高度符合规定		
5		制动	制动管路、制动阀及接头	检查制动管路、制动阀，校紧接头	固定可靠，接头紧固，无漏油（气）现象		
6			缓速器	检查、校紧缓速器连接	连接牢固，清洁		
7			制动液	检查制动液（液压制动）	定期更换制动液，液面高度符合规定		
8		传动	各连接部位	检查、校紧变速器、传动轴、驱动桥壳、传动轴支撑等部位连接螺栓、螺母	连接可靠，密封良好		
9			变速器、主减速器和差速器	清洁通气孔	通畅		
10		车轮	车轮及半轴的螺栓、螺母	检查、校紧车轮螺栓、螺母	紧固力矩符合规定		
11			轮辋及压条挡圈	检查轮辋及压条挡圈	无裂损及变形		
12		其他	低压蓄电池	检查低压蓄电池	电桩、夹头清洁、牢固；电量状态指示、电压正常		
13			防护装置	检查侧防护装置及后防护装置，校紧螺栓、螺母	完好有效，安装牢固		
14			全车润滑	检查各润滑点	润滑良好，防尘罩完好		
15			整车密封	检查泄漏情况	不漏油、不漏液、不漏气		
16	高压系统维护	整车绝缘	整车绝缘电阻检测系统	检查整车绝缘电阻检测系统	无报警，绝缘电阻符合 GB18384—2020 规定		
17		动力电池系统		检查 SOC、电压、电流、温度等	示值符合保养手册规定		
18				检查电池箱压力阀	无破损、堵塞		
19				检查外观（舱门、壳体、托架、表面、高低压接口、高压线束）	外观完好，清洁，无变形、无破损、无异味、无渗漏、无松动		
20				检查冷却系统（液位、管路、散热器）	液位符合规定，定期更换；管路固定良好，无渗漏，外观清洁		
21		驱动电机系统		检查外观（驱动电机箱体、减速器箱体、控制器壳体、高压线束、连接线束）	外观清洁、无破损、无渗漏、无干涉		

续表

序号	分类	作业项目	作业内容	技术要求	状态	异常描述
22	高压系统维护	驱动电机系统	检查冷却系统（液位、管路）	液位符合规定，定期更换；管路固定良好，无渗漏		
23			检查润滑系统（润滑油液位、润滑脂使用）	润滑油液位或润滑脂使用符合规定，定期更换		
24		驱动电机离合器	检查离合器工作状态和电控系统	分离彻底，不发抖不打滑；电控系统表面清洁，线路插件连接可靠		
25		发电机	检查外观（机体、连接线束）	外观清洁、连接良好		
26			检查固定、工作情况	安装支架、减振垫完好、牢固，工作正常		
27			检查冷却系统（液位、管路）	冷却系统工作正常，无异常温度变化		
28			检查传动带	传动带无松弛老化现象		
29		高压配电系统	外表面、主开关、熔断器接线螺母	表面清洁、主开关通断功能有效、正常，熔断器接线螺母固定牢靠		
30		高压维修开关	检查工作状态、外观、插拔和通断连接情况	外观良好、无松动发热烧蚀，插拔、通断无卡滞		
31		车载充电机	检查外观、充电状态、连接配合、充电保护	外观清洁、充电状态与连接配合正常、保护有效		
32		电源变换器	检查外观	表面清洁、干燥		
33		电动空气压缩机	检查电机运行、电机机体、控制器壳体、线束、管路	无异响、表面清洁、线束无破损老化、管路无漏气		
34			检查电机润滑系统	润滑油脂符合规定，定期更换		
35			检查空气滤清器	清洁、无破损、定期更换		
36		电动转向	检查电机运行、电机机体、控制器壳体外表面	电机运行无异响、外观清洁、干燥		
37		空调系统	检查风机运行、管路	风机运行无异响、管路连接可靠无松动、无破损渗漏		
38			检查外表面（空调压缩机、PTC 加热器、蒸发器、冷凝器）	清洁、干燥		
39		电除霜器	检查外表面	清洁无尘		
40		充电插孔	检查保护盖	开启锁闭功能正常		

续表

序号	分类	作业项目	作业内容	技术要求	状态	异常描述
41	高压系统维护	充电插孔	充电插孔	接插件可靠、无松动		
42			检查插孔外表面	无异物、无烧蚀生锈、内部清洁、干燥		
43		整车线束、接插件	检查整车线束外观	无老化、破损、裸露		
44			检查整车接插件外观	清洁、干燥		
45		制动能量回收系统	检查工作状况	仪表显示的制动能量回收反馈信息正常有效		
46		高压警告标记	检查高压警告标记	完好、规范、清晰、粘贴牢固，无脱落		
正常的状态列打√；异常的状态列打×，并描述异常现象						

四、任务考核

任务工单 2-4-1　机油和机油滤清器更换

任务名称	机油和机油滤清器更换		学时		班级	
学生姓名			学生学号		任务成绩	
实训设备、工具及仪器	长安 EV460 纯电动汽车、车间防护用具、个人防护用具、绝缘工具、机油滤清器专用扳手		实训场地	新能源汽车理实一体化教室	日期	
任务描述	现有一辆比亚迪秦混合动力汽车，按照保养要求，需要完成机油和机油滤清器更换操作					
任务目的	能够正确、规范地完成发动机机油及机油滤清器更换定期维护作业					

1. 资讯

（1）混合动力汽车主要由＿＿＿＿＿＿＿＿＿＿＿＿＿＿＿＿＿＿＿＿＿＿＿＿＿＿＿＿等组成。

（2）汽油发动机是将汽油燃烧产生的＿＿＿＿＿＿转化为＿＿＿＿＿＿的机器。

（3）四冲程发动机工作循环包括 4 个活塞行程，即＿＿＿＿＿、＿＿＿＿＿、＿＿＿＿＿、＿＿＿＿＿。

（4）燃油供给系统的组成：＿＿＿＿＿＿＿＿＿＿＿＿＿＿＿＿＿＿＿＿＿＿＿。

（5）发动机机油一般分为＿＿＿＿＿、＿＿＿＿＿、＿＿＿＿＿。

（6）机油标号 SL 5W-30 中各参数表示含义，S 表示＿＿＿＿＿；L 表示＿＿＿＿＿，字母越靠后，质量等级越＿＿＿＿＿；5W 表示＿＿＿＿＿，数字越小，黏度越＿＿＿＿＿；30 表示＿＿＿＿＿，数字越大，黏度越＿＿＿＿＿。

（7）混合动力汽车和电动汽车一样内部具有＿＿＿＿＿，因此在进行维护前需要做好＿＿＿＿＿。

（8）绝缘手套的检测项目：绝缘手套的生产日期及有效期、绝缘手套的＿＿＿＿＿性、绝缘手套的＿＿＿＿＿性。

2. 计划与决策

请根据任务要求，确定所需要的检测仪器、工具，并对小组成员进行合理分工，制订详细的工作计划。

（1）需要的检测仪器、工具。

（2）小组成员分工。

（3）计划。

3．实施

（1）准备好工具、物品，将车辆驶入作业工位，挡位切换至驻车挡，拉紧驻车制动器。

（2）安装三件套（转向盘套、座椅套、脚垫），打开前机舱盖并支撑好。

（3）安装翼子板防护垫、前格栅防护垫。

（4）起动发动机运行 3~5 min。观察冷却液温度表指示达到 60~70 ℃时，关闭点火开关，停止发动机运转。

（5）用抹布将机油加注口盖周围擦净，旋下加注口盖。

（6）举升车辆。调整举升机提升臂的角度和长度，使 4 个提升臂托垫对正汽车底部的举升支撑点。操纵举升机，将汽车升到适当高度。确认汽车可靠固定在提升臂上后，方可进入车下作业。

（7）将机油回收装置放在油底壳放油螺塞的正下方，拧松放油螺塞，然后缓缓旋出放油螺塞，让废机油流入回收装置。

（8）用机油滤清器专用扳手拆下机油滤清器，放入废件回收桶中。

（9）检查并清洁机油滤清器的安装面。

（10）在新的机油滤清器○形圈上涂抹一薄层干净的机油（若不涂机油，安装时○形圈会与接合面发生干摩擦，○形圈易翘曲和损坏，易造成密封不良而漏油）。先用手拧入机油滤清器，然后用专用扳手将机油滤清器拧至规定力矩。

（11）检查放油螺塞垫片是否损坏，如有断裂，应进行更换。用抹布擦净放油螺塞上吸附的金属屑，先用手拧入放油螺塞，然后用梅花扳手将放油螺塞拧至规定力矩。

（12）操纵举升机将汽车平稳降至地面。

（13）加注机油，当加注量接近油桶容量（4 L）的 3/4 时，停止加注机油。2~3 min 后拔出机油尺，擦净机油尺后重新将其插入到位，再次拔出机油尺，检查机油液面高度。机油液面高度偏上限为正常，高于上限应放出适量机油，低于下限应添加适量机油。

（14）预热发动机，并检查机油是否泄漏。如有泄漏部位，应及时检查排除。

（15）关闭前机舱盖，进行 8S 管理。

4．检查

（1）检查车辆运行是否正常：_____。

（2）检查车辆状态是否恢复原态：_____。

（3）检查 8S 管理是否整理到位：_____。

5．评估

（1）请根据任务完成情况，进行自我评估，并提出改进意见。

①_____

_____。

②_____

_____。

③_____

_____。

（2）填写工单成绩（总分为自我评价、组长评价和教师评价得分值的平均值）。

自我评价	组长评价	教师评价	总分

任务2.4.2 二级维护

一、任务导入

王先生的混合动力汽车已经行驶了近 20000 km，他最近接到了维修厂的电话，被告知要对车辆进行二级维护。王先生知道燃油汽车每行驶 20000 km 需要做很多维护项目，对混合动力汽车也要做那么多维护项目吗？

二、知识储备

与纯电动汽车的二级维护相同，混合动力汽车的二级维护也是在一级维护的基础上，以检查、调整转向节、转向摇臂、制动蹄片、悬架、高压系统等安全部件为主，并拆检轮胎，进行轮胎换位，检查调整高压系统工作状况，视情况更换电动空压机、电动转向系统及电机减速装置的润滑油以及润滑车辆转动部件等的车辆维护作业，通常由专业维护人员执行。营运混合动力汽车每行驶 40000 km 或者 120 日进行一次二级维护；非营运混合动力汽车每行驶 20000 km 或 1 年进行一次二级维护。

在进行二级维护作业时需要注意任务 2.1.1 和任务 2.2.1 中所提到的注意事项。

1. 二级维护作业流程

二级维护作业流程参照任务 2.2.2 作业流程。

2. 二级维护检测项目

除了依据驾驶员反映的车辆技术状况确定的检测项目外，二级维护规定的检测项目如表 2-4-3 所示。

表 2-4-3　二级维护规定的检测项目

检测项目	检测内容	技术要求
故障诊断	OBD 的故障信息	装有 OBD 的车辆，不应有故障信息
行车制动性能	检查行车制动性能	采用台架检验或路试检验，应符合 GB 7258—2017 相关规定
排放	排气污染物	混合动力汽车污染物排放控制要求及测量方法，应符合 GB 19755—2016 相关规定

3. 二级维护增加项目

混合动力汽车二级维护常规系统维护相比电动汽车增加了发动机相关维护项目，其余维护项目与电动汽车一致，参见表 2-2-4。参照 GB/T 18344—2016《汽车维护、检测、诊断技术规范》和 JT/T 1029—2016《混合动力电动汽车维护技术规范》，新增发动机相关维护项目，见表 2-4-4。

表 2-4-4　混合动力汽车二级维护增加项目

序号	分类		作业项目	序号	分类		作业项目
1	常规系统	发动机	发动机工作状况	7	常规系统	发动机	起动机
2			发动机排放机外净化装置	8			发动机传动带（链）
3			燃油蒸发控制装置	9			冷却装置
4			曲轴箱通风装置	10			火花塞、高压线
5			增压器、中冷器	11			进排气管、节气门、消声器
6			发电机	12			发动机总成

下面以部分维护项目为例，介绍该维护作业的注意事项和标准。

（1）火花塞

火花塞实行周期保养，到了周期就要更换新的火花塞，具体更换周期依据车辆的保养时间表确定。在火花塞到保养周期之前，若出现发动机起动困难、加速无力等现象，可以拆下火花塞进行检查，视情况进行保养，一般可先用化油器清洗剂等有机溶剂浸泡一段时间（见图 2-4-5），然后刷洗、风干，检查并确认火花塞间隙为 1.0~1.1 mm（见图 2-4-6）后再装上。如果火花塞已经严重腐蚀或者破损，就必须更换。

火花塞的寿命主要取决于电极的材料，一般情况下，镍合金火花塞使用里程可达到 20000 km，镍钇合金火花塞使用里程可达到 30000 km，单铂金火花塞使用里程可达到 40000 km，双铂金火花塞使用里程可达到 60000 km，铱金火花塞使用里程可达到 80000 km，铂铱合金火花塞使用里程可达到 100000 km。

（2）发动机传动带（链）

正时齿带的作用是把发动机的动力传递给配气机构，V 带的作用是把发动机的动力传递给发电机、空调压缩机、水泵等附件（见图 2-4-7），两者都属于橡胶部件，随着使用时间的增加会发生磨损和老化。在保养时检查正时齿带是否有裂纹、掉齿、齿部脱开或齿带侧面磨损等现象（见图 2-4-8），如出现上述情况，应更换正时齿带。用拇指和食指捏住正时齿带的中间位置，检查正时齿带的张紧度，如果过松应进行调整。检查 V 带是否过度磨损、加强筋是否损坏（见图 2-4-9），如有应更换 V 带。用拇指按压 V 带中间位置，检查 V 带的偏移量，使用 V 带张力计检查 V 带的张紧度（见图 2-4-10），均应符合车辆维修保养手册标准值，如不符合，应进行偏移量和张紧度的调整。

图2-4-5　浸泡火花塞　　　图2-4-6　火花塞间隙检查　　　图2-4-7　正时齿带和V带

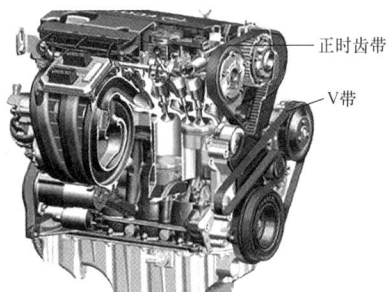

图2-4-8　正时齿带检查　　　　　　图2-4-9　V带破损

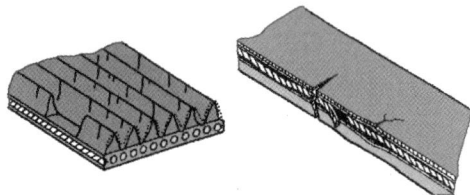

（3）节气门

节气门（见图 2-4-11）是用来控制空气进入发动机的一道可控阀门，其上方（或前方）是空气滤清器，下方是发动机缸体。节气门所处的位置，相当于汽车的"咽喉"。空气进入进气管后需要经过节气门，然后与汽油混合，成为可燃混合气体，参与燃烧做功。节气门污垢会导致发动机动能减弱，表现为无法有效加速或加速过程不流畅，油耗增加，加速踏板操作出现卡滞现象。同时，积垢还可能造成怠速状态不稳定，加剧发动机抖动等问题。检查节气门内是否有积垢或结胶，必要时用化油器清洗剂进行清洗（见图2-4-12）。

图2-4-10　V带张紧度检查　　　　图2-4-11　节气门　　　　图2-4-12　节气门清洗

三、任务实施

1. 实施要求

本操作任务是完成混合动力汽车的二级维护，包括以下内容。

（1）熟悉二级维护作业内容及各部位。

（2）掌握各种维护工具的使用。

（3）掌握各种信号指示和故障现象的辨识。

（4）掌握二级维护项目的维护方法和技术要求。

2. 实施准备

混合动力汽车、举升机、警示牌、隔离栅、护目镜、绝缘手套、绝缘帽、绝缘垫、车内防护三件套、翼子板与前格栅防护垫、手电筒、绝缘工具套装、通用工具套装、扭力扳手、电池性能检测仪、放电工装、车辆诊断仪、绝缘电阻表、万用表、灭火器、清洗剂、维修保养手册等。

3. 实施步骤

根据表2-4-5混合动力汽车二级维护作业记录单里的作业项目和技术要求，完成混合动力汽车二级维护作业。其中常规系统中发动机以外的维护项目和高压系统相关维护项目，参见表2-2-5进行。

表2-4-5　混合动力汽车二级维护作业记录单

混合动力汽车二级维护作业记录单						
日期			车辆信息	里程	SOC	作业人员
序号	分类	作业项目	作业内容	技术要求	状态	异常描述
1	常规系统	发动机工作状况	检查发动机起动性能和柴油发动机停机装置	起动性能良好，停机装置功能有效		
2			检查发动机运转情况	低、中、高速运转稳定，无异响		
3		发动机排放机外净化装置	检查发动机排放机外净化装置	外观无损坏，安装牢固		

续表

序号	分类	作业项目		作业内容	技术要求	状态	异常描述
4	常规系统	发动机	燃油蒸发控制装置	检查外观，检查装置是否畅通，视情况更换	碳罐及管路外观无损坏、密封良好、连接可靠，装置畅通无堵塞		
5			曲轴箱通风装置	检查外观，检查装置是否畅通，视情况更换	管路及阀体外观无损坏、密封良好、连接可靠，装置畅通无堵塞		
6			增压器、中冷器	检查、清洁中冷器和增压器	中冷器散热片清洁，管路无老化，连接可靠，密封良好。增压器运转正常，无异响，无渗漏		
7			发电机	检查、清洁发电机	发电机外表清洁，导线接头无松动，运转无异响，工作正常		
8			发动机传动带（链）	检查空压机、水泵、发电机、空调机组和正时传动带（链）磨损及老化程度，视情况调整传动带（链）张紧度	按规定里程或时间更换传动带（链）。传动带（链）无裂痕和过量磨损，表面无油污，张紧度符合规定		
9			冷却装置	检查散热器、水箱及管路密封情况	散热器、水箱及管路固定可靠，无变形、堵塞、破损及渗漏。箱盖接合表面良好，胶垫不老化		
10				检查水泵和节温器工作状况	水泵不漏水，无异响，节温器工作正常		
11			火花塞、高压线	检查火花塞间隙、积碳和烧蚀情况，按规定里程或时间更换火花塞	无积碳，无严重烧蚀现象，电极间隙符合规定		
12				检查高压线外观及连接情况，按规定里程或时间更换高压线	高压线外观无破损、连接可靠		
13			进排气歧管、消声器、排气管	检查进排气歧管、消声器、排气管	外观无破损、无裂痕，消声器功能良好		
14			发动机总成	清洁发动机外部，检查隔热层	无油污、无灰尘，隔热层密封良好		
15				检查、校紧连接螺栓、螺母	油底壳、发动机支撑、水泵、空压机、涡轮增压器、进排气歧管、消声器、排气管、输油泵和喷油泵等部位连接可靠		
16	高压系统	驱动电机离合器		调整离合器自由行程	离合器自由行程应符合使用要求		
17		动力电池组	电压特性	检查电池模块或电容的电压；视情况更换电池组或电容	电压特性应符合产品说明书要求		
18			绝缘特性	测量壳体绝缘电阻	壳体绝缘特性应符合 GB 18384—2020		

续表

序号	分类	作业项目		作业内容	技术要求	状态	异常描述
19	高压系统	高压电气控制系统	驱动电机	清洗水垢，补充润滑脂，检查轴承径向间隙，视情况更换，测量绝缘电阻	驱动电机冷却系统内部无水垢；驱动电机润滑脂充足；轴承径向间隙符合产品说明书要求；驱动电机绝缘特性符合 GB 18384—2020		
20			发电机	测量绝缘电阻，修复绝缘故障	发电机绝缘特性符合 GB 18384—2020		
21			驱动电机控制器	测量绝缘电阻，修复绝缘故障	驱动电机控制器绝缘特性符合 GB 18384—2020		
22		整车绝缘特性		测量绝缘电阻，修复绝缘故障	整车绝缘特性符合 GB 18384—2020		
正常的状态列打√；异常的状态列打×，并描述异常现象							

四、任务考核

任务工单 2-4-2　火花塞检查与更换

任务名称	火花塞检查与更换		学时		班级	
学生姓名			学生学号		任务成绩	
实训设备、工具及仪器	混合动力汽车、扳手、长接杆、六角套筒、塞尺、火花塞等		实训场地	新能源汽车理实一体化教室	日期	
任务描述	现有一辆比亚迪秦混合动力汽车，按照保养要求，需要完成火花塞的检查和更换作业					
任务目的	能够正确、规范地完成火花塞的定期维护作业					

1. 资讯

（1）混合动力汽车中发动机中的可燃气体是靠_____点燃的。

（2）独立点火系统的组成：_____、_____。

（3）火花塞主要有两个电极：_____和_____。

（4）火花塞实行强制保养，到期就要更换。火花塞的使用寿命取决于_____。

（5）火花塞两极间的放电电压一般能达到_____。

（6）为保证火花塞易于跳火，应使火花塞的中心电极为_____。

（7）火花塞按照电极材料不同可分为_____、_____、_____。

2. 计划与决策

请根据任务要求，确定所需要的检测仪器、工具，并对小组成员进行合理分工，制订详细的工作计划。

（1）需要的检测仪器、工具。

（2）小组成员分工。

（3）计划。

3. 实施

（1）火花塞拆装工具准备。

（2）待发动机 _____ 后，清理点火线圈及其附近的灰尘和油污，拔下点火线圈的 _____，用套筒拧下点火线圈的固定螺栓。

（3）拔出点火线圈。

（4）用套筒拧松火花塞，然后清理火花塞周围的污物，防止火花塞旋出后污物落入燃烧室。

（5）用 _____ 插入已拧松的火花塞上，将火花塞取出。

（6）检查火花塞外观是否有破损、缺陷，是否有积碳、黑色油迹等。

（7）用塞尺检查火花塞的电极间隙，间隙一般可按 _____ mm 进行调整，具体数值可参照维修保养手册。

（8）安装火花塞时，先将火花塞放到套筒里，对准缸盖上的火花塞座孔，用手轻轻拧入火花塞。

（9）拧到火花塞全长的 1/3 后，再用套筒初步旋紧。

（10）使用扭力扳手紧固火花塞，一般紧固力矩为 _____ N·m。

（11）安装点火线圈，注意安装顺序，与原来位置必须一致。

（12）插上点火线圈线束插头。

4. 检查

（1）检查车辆运行是否正常： _____。

（2）检查车辆状态是否恢复原态： _____。

（3）检查 8S 管理是否整理到位： _____。

5. 评估

（1）请根据任务完成情况，进行自我评估，并提出改进意见。

① _____

_____。

② _____

_____。

③ _____

_____。

（2）填写工单成绩（总分为自我评价、组长评价和教师评价得分值的平均值）。

自我评价	组长评价	教师评价	总　　分

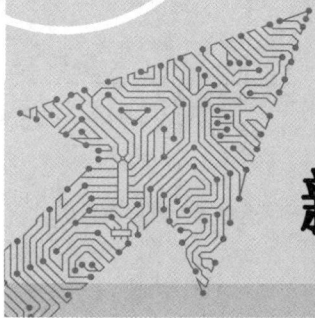

新能源汽车故障诊断技术

●●● 【项目描述】 ●●●

新能源汽车的结构特征决定了典型的故障范围及维修方法。本项目主要介绍新能源汽车故障诊断技术，具体包含以下两个学习情境。

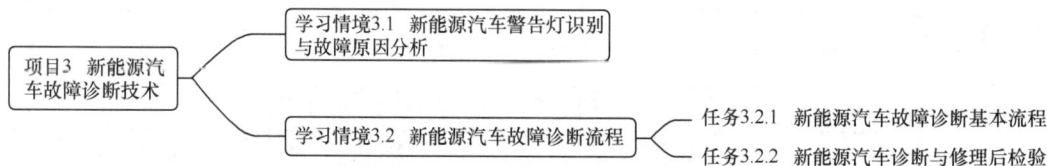

学习情境3.1：新能源汽车警告灯识别与故障原因分析。

学习情境3.2：新能源汽车故障诊断流程。

通过对以上两个学习情境的学习，读者应该能够掌握新能源汽车故障警告灯含义及故障产生原因，新能源汽车故障诊断基本流程、诊断思路、修竣验收，学会为新能源汽车的故障诊断建立一个正确的诊断思路，提升诊断能力。

●●● 【知识导图】 ●●●

```
                      ┌─ 学习情境3.1 新能源汽车警告灯识别
                      │   与故障原因分析
项目3 新能源汽 ───────┤
车故障诊断技术         │                                      ┌─ 任务3.2.1 新能源汽车故障诊断基本流程
                      └─ 学习情境3.2 新能源汽车故障诊断流程 ──┤
                                                               └─ 任务3.2.2 新能源汽车诊断与修理后检验
```

●●● 学习情境3.1 新能源汽车警告灯识别与故障原因分析 ●●●

【知识目标】

（1）掌握新能源汽车仪表指示灯、警告灯的含义。

（2）掌握新能源汽车仪表指示灯、警告灯的检查方法。

【技能目标】

能够识别新能源汽车警告灯，并能根据警告灯初步分析故障原因。

【职业素养要求】

（1）严格执行汽车检修规范，养成严谨科学的工作态度。

（2）培养团结协作精神。

（3）养成严格执行8S现场管理标准规范的习惯。

指示灯、警告灯识别

一、任务导入

一辆新能源汽车在行驶过程中突然出现仪表灯亮起的情况，驾驶员电话咨询，你能根据驾驶员的描述，告诉其指示灯/警告灯的含义吗？

以下以长安 EV460 为例，介绍新能源汽车仪表及常见指示灯/警告灯的基础知识，其他车型可以参考。

二、知识储备

1. 汽车仪表及常见指示灯/警告灯

汽车的仪表的主要作用：①让驾驶员了解汽车主要部件的工作情况；②及时发现汽车可能出现的故障；③保证车辆安全、可靠地工作。

当前汽车使用的仪表通常为混合式或全液晶式。混合式仪表是指由步进电机驱动的指针和液晶显示屏共同组成的仪表，通常由车速表、电机转速表和液晶显示屏组成。全液晶式仪表是指将传统机械仪表盘替换成一整块液晶屏幕向驾驶员展示车辆行驶信息的设备。长安 EV460 的仪表及部分指示灯/警告灯含义如图 3-1-1 所示。

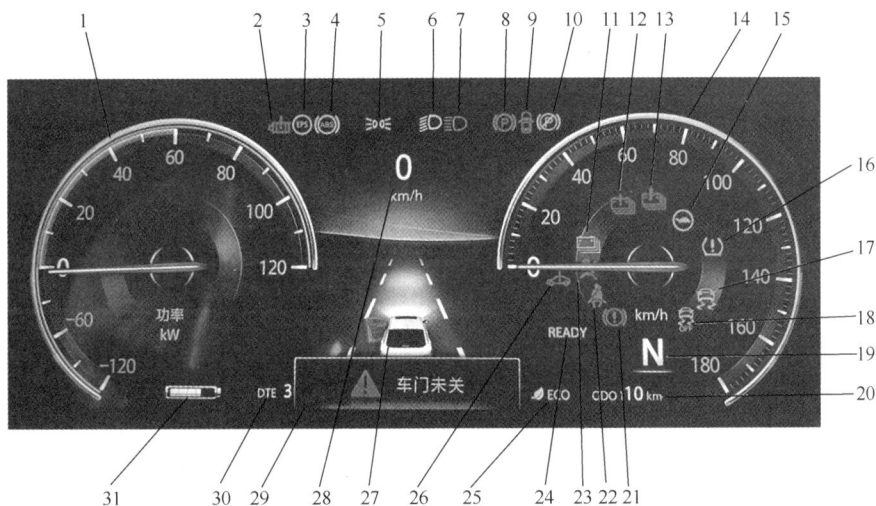

图3-1-1 长安EV460的仪表及部分指示灯/警告灯含义

1—驱动电机功率表　2—驱动电机故障警告灯　3—电动助力转向警告灯　4—防抱死制动警告灯

5—示宽指示灯　6—近光指示灯　7—远光指示灯　8—驻车制动指示灯　9—车门开启指示灯

10—驻车制动故障警告灯　11—12 V蓄电池警告灯　12—动力电池故障警告灯　13—动力电池过热警告灯

14—车速表　15—功率限制输出警告灯　16—轮胎气压警告灯　17—电子稳定控制系统（ESP）警告灯

18—电子稳定控制系统（ESP）指示灯　19—车辆挡位指示灯　20—车辆行驶里程

21—制动系统故障警告灯　22—安全带未系警告灯　23—安全气囊警告灯　24—READY指示灯

25—车辆模式指示灯　26—系统故障警告灯　27—车辆状态指示　28—数字显示车速

29—文字提示窗口　30—续驶里程　31—动力电池电量指示灯

当汽车出现故障时，通常会在仪表上显示出相应的指示灯/警告灯，来提醒驾驶员当前汽车的状态，汽车常见指示灯/警告灯含义见表 3-1-1。

表 3-1-1　汽车常见指示灯/警告灯含义

序号	符号	名称	含义
1	(!)	轮胎气压警告灯	轮胎气压警告灯亮是因为轮胎的气压不正常，胎压过低或过高都有可能引起轮胎气压警告灯点亮
2	↔	转向及危险警告灯	当拨动转向信号开关杆或危险警告开关压下时，此灯点亮
3		转向系统警告灯	若此灯点亮，则表示转向系统有故障，须进厂检修
4		发动机故障警告灯	若此灯点亮，则表示发动机有故障，须进厂检修
5		12 V 蓄电池警告灯	当汽车处于工作状态中，此灯若点亮，则表示充电系统有问题，须检修。点火开转至"ON"位置，发动机不着车（新能源汽车未上电）时，此灯点亮。发动机着车（新能源汽车上电）后，此灯熄灭，则表示充电系统正常
6		机油压力警告灯	点火开关转至"ON"位置发动机不着车时，此灯点亮；发动机着车后，此灯熄灭，则表示系统正常
7		安全带未系警告灯	点火开关转至"ON"位置时，未系安全带，则此灯点亮。该灯提醒驾驶员系上安全带
8		安全气囊警告灯	该灯用来显示安全气囊的工作状态，当点火开关位于"ON"位置时，车辆开始自检时，该指示灯自动点亮数秒后熄灭，如果常亮，则安全气囊出现故障
9		车门未关指示灯	当点火开关转至"ON"位置时，如果汽车车门关闭不严，则此灯点亮
10	(!)	制动系统故障警告灯	当点火开关转至"ON"位置时，若制动液液位过低，则该灯点亮
11	(ABS)	防抱死制动警告灯	正常情况：点火开关转至"ON"位置，不着车时，该灯点亮；着车后，该灯应熄灭 异常情况：①点火开关转至"ON"位置，不着车时，该灯不亮；②着车后，在汽车行驶中该灯点亮 ABS 异常时，防抱死制动功能失去，但普通的制动功能仍起作用
12		远光指示灯	此灯点亮，则表示开了前照灯的远光
13		冷却液温度指示灯	该指示灯用来显示发动机内冷却液的温度，钥匙门打开，车辆自检时，会点亮数秒，后熄灭。冷却液温度指示灯常亮，说明冷却液温度超过规定值，需立刻暂停行驶。冷却液温度正常后该灯熄灭
14		前后雾灯指示灯	该指示灯用来显示前后雾灯的工作状况，当前后雾灯点亮时，该指示灯相应的标识就会点亮；关闭雾灯后，相应的指示灯熄灭

续表

序号	符号	名称	含义
15		示宽指示灯	该指示灯用来显示车辆示宽灯的工作状态，平时为熄灭状态，当示宽灯打开时，该指示灯随即点亮。当示宽灯关闭或者关闭示宽灯后打开前照灯时，该指示灯自动熄灭
16		动力电池电量警告灯	当动力电池电量接近耗尽时，此警告灯点亮，必须尽快给动力电池充电
17		保养提示指示灯	提醒车主尽快完成车辆保养，常见的是 3 种：显示黄色的机油壶，显示黄色的小扳手或直接用汉字写明
18		电子稳定控制系统（ESP）警告灯	此灯若在车辆行驶时常亮，则是在提醒车主 ESP 关闭或故障，请尽快开启或维修

注：个别指示灯警告灯符号，不同车型会有差异。

2. 新能源汽车专用指示灯/警告灯的含义

（1）电机及控制器过热警告灯

该灯点亮表示电机及控制器温度太高，必须停车使电机及控制器冷却，当车辆在炎热的天气进行长途爬坡、频繁加速、急加速、大功率运转，或出现冷却液不足等情况时，都可能导致电机及控制器过热。

（2）系统故障警告灯

当系统出现故障，不能正常工作时，此灯点亮。若此灯只短暂点亮后熄灭，不代表有系统故障。

（3）动力电池切断警告灯

点火开关转至"ON"位置后，若高压动力系统处于断开未连接状态，该灯点亮，车辆将无法行驶；若高压动力系统连接完成，该灯熄灭。若行驶过程中该灯点亮，请在确保安全的情况下靠边停车。

（4）动力电池过热警告灯

此灯亮说明动力电池过热，此时不要继续行驶，应该靠边停车，等待动力电池冷却且警告灯熄灭后再行驶。

（5）动力电池故障警告灯

该灯点亮表示动力电池可能存在故障，应慢速行驶、及时维修。

（6）电池包漏电警告灯

该灯点亮表示动力电池绝缘性能降低，应及时维修。

（7）充电指示灯

该指示灯用于充电连接提示，表示车辆已连接充电枪或汽车正在充电，如需行驶车辆必须断开充电枪再次上电。

（8）READY 指示灯 READY

此灯点亮时，表示车辆各系统工作正常，已准备就绪，挂挡即可行驶。

（9）动力电池电量警告灯

当动力电池电量接近耗尽时，此警告灯点亮，必须尽快给动力电池充电。

（10）功率限制输出警告灯 🐢

当动力系统出现问题而驱动电机输出功率受限、车速降低时，此警告灯点亮。

（11）驱动电机故障警告灯 📳

当驱动电机出现故障、不能正常工作时，此故障警告灯点亮。

3. 警告灯异常点亮检查方法

当新能源汽车出现警告灯点亮的情况后，可以遵循以下原则进行相应的检查，包括"一看""二查""三清"。

一看：看仪表上显示的警告灯，定位故障部件。

二查：查故障码和系统状态，找到故障原因。

三清：清除故障，待问题解决后，通过诊断仪清除故障码，从而使仪表上的警告灯熄灭。

此外，仪表中出现多个故障警告灯点亮时，通常可以参考图 3-1-2 所示的优先级的顺序进行诊断。

图3-1-2 仪表警告灯优先级

注意：

（1）针对上电以后整车无故障，但是不能进入 READY 模式的情况，需要先确认挡位是否在空挡，如不在空挡，请退回空挡以后再尝试起动。

（2）针对整车无故障、动力性能减弱的情况，需要注意动力电池电量警告灯是否点亮，如点亮请及时充电。

（3）针对电池充满电以后，电池不能连接、动力电池切断警告灯亮的情况，需要查看外接充电线是否拔掉，外接充电线连接时整车不能行驶。

4. 新能源汽车常见故障的产生原因

（1）电机及控制器过热警告灯 🔥

该灯点亮时，车辆将降低电力驱动功率或电力系统将被关闭，应及时到维修站进行维修。

可能原因如下：

① 驱动电机长时间处于大功率状态，驱动电机过热；

② 驱动电机控制器过热；

③ 冷却水不足或冷却系统故障。

（2）系统故障警告灯 🚗

该灯点亮时，车辆将不能被起动或者仅发动机（混合动力汽车）可以运行，电力系统将被关闭，应及时到维修站进行维修。

可能原因如下：

① 动力电池管理系统出现漏电、碰撞，放电主接触器、负极接触器故障；

② 驱动电机控制器故障；

③ P 位电机控制器故障。

（3）动力电池切断警告灯 🔋

该灯点亮时，表示高压回路无法建立，整车无法行驶，应及时到维修站进行维修。

可能原因如下：

① 高压继电器盒熔丝熔断；

② 高压继电器损坏；

③ 高压继电器连接线束故障；

④ 预充电阻故障。

（4）动力电池过热警告灯

该灯点亮时，车辆将降低电力驱动功率或电力系统将被关闭，应及时到维修站进行维修。

可能原因如下：

① 动力电池温度过高；

② BMS 无法获取信号，与电池失去通信。

（5）动力电池故障警告灯

该灯点亮时，车辆将不能被起动或者仅发动机（混合动力汽车）可以运行，电力系统将被关闭，应及时到维修站进行维修。

可能原因如下：

① 动力电池单体电压过低；

② 动力电池总电压过低；

③ 动力电池单体电池压差过大；

④ 动力电池温度传感器故障或 BMS 失去通信；

⑤ 动力电池放电瞬间电流过大；

⑥ 动力电池组加热回路故障。

（6）电池包漏电警告灯

该灯点亮时，仪表提示检查动力系统，高压系统漏电故障，应及时到维修站进行维修。

可能原因如下：

① 电池箱或插件进水；

② 电芯漏液；

③ 环境湿度大；

④ 绝缘误报；

⑤ 整车其他高压部件（控制器、压缩机等）绝缘故障。

（7）所有灯不亮、闪烁或较暗

当点火开关转至"ON"位置后，仪表所有灯不亮、闪烁或比较暗。

可能原因如下：

① 灯不亮表示 12 V 蓄电池的连接断开或 12 V 蓄电池严重亏电；

② 灯闪烁或者比较暗表示 12 V 蓄电池亏电。

（8）12 V 蓄电池警告灯常亮

可能原因如下：

① 存放时间过长，或者过量使用蓄电池导致 12 V 蓄电池电压低；

② DC/DC 变换器故障，不能给 12 V 蓄电池充电；

③ DC/DC 变换器熔丝熔断，12 V 蓄电池上方的熔丝熔断；

④ 连接 DC/DC 变换器至 12 V 蓄电池端的线束故障。

（9）功率限制输出警告灯🐢

当动力系统出现问题，驱动电机输出功率受限、车速降低时，此灯点亮。

三、任务实施

1. 实施要求

本操作任务主要为进行新能源汽车仪表故障警告灯的识别及故障原因分析。

2. 实施准备

（1）防护装备：绝缘防护装备。

（2）长安 EV460 整车一台。

（3）专用工具、设备：故障诊断仪、万用表及其他适用设备。

（4）手动工具：新能源汽车维修组合工具。

（5）辅助材料：诊断与维修所必需的熔丝等耗材。

3. 实施步骤

（1）根据长安 EV460 仪表显示识别汽车仪表指示灯/警告灯。长安 EV460 仪表如图 3-1-3 所示。

图3-1-3　长安EV460仪表

（2）仪表显示模式切换。仪表显示屏可通过液晶显示界面进行选择切换，并记录相关数据，如图 3-1-4～图 3-1-9 所示。

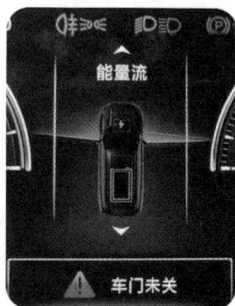

图3-1-4　能量流液晶显示界面　　图3-1-5　电池状态液晶显示界面　　图3-1-6　平均能耗液晶显示界面

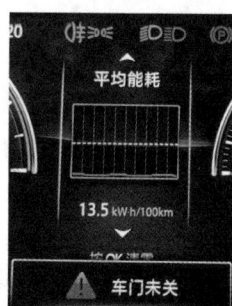

图3-1-7　电机转速液晶显示界面　　图3-1-8　智能场景液晶显示界面　　图3-1-9　报警信息液晶显示界面

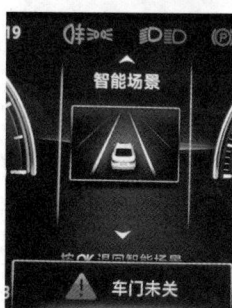

（3）识别仪表故障警告灯，并描述故障警告灯点亮的原因（故障点由教师预设）。

四、任务考核

任务工单 3-1-1　新能源汽车警告灯故障原因分析

任务名称	新能源汽车警告灯故障原因分析	学时		班级	
学生姓名		学生学号		任务成绩	
实训设备、工具及仪器	长安 EV460 纯电动汽车、诊断仪、万用表、个人及车间防护用具	实训场地	新能源汽车理实一体化教室	日期	
任务描述	王某在新能源汽车某 4S 店做汽车维修工，有一辆长安 EV460 纯电动汽车需要进行故障诊断与排除，仪表显示多个故障警告灯点亮，你能完成故障警告灯识别和分析吗？				
任务目的	能够正确识别故障警告灯、分析可能产生故障的原因，给出初步维修建议				

1. 资讯

（1）汽车仪表的作用：＿＿＿＿＿＿＿＿。

（2）当前汽车使用的仪表通常为＿＿＿＿＿＿＿＿或＿＿＿＿＿＿＿＿数字化组合仪表。

（3）当汽车出现故障时，通常会在仪表上显示出相应的＿＿＿＿＿＿＿＿，来提醒驾驶员。

（4）请识别下列新能源汽车仪表指示灯/警告灯。

① ＿＿＿＿＿＿　② ＿＿＿＿＿＿　③ ＿＿＿＿＿＿　④ ＿＿＿＿＿＿　⑤ ＿＿＿＿＿＿

⑥ ＿＿＿＿＿＿　⑦ ＿＿＿＿＿＿　⑧ ＿＿＿＿＿＿　⑨ ＿＿＿＿＿＿　⑩ ＿＿＿＿＿＿

其中，属于新能源汽车专有的指示灯/警告灯：＿＿＿＿＿＿＿＿。

2. 计划与决策

请根据任务要求，确定所需要的检测仪器、工具，并对小组成员进行合理分工，制订详细的工作计划。

（1）需要的检测仪器、工具。

（2）小组成员分工。

（3）计划。

3. 实施

（1）打开点火开关。

① 检查新能源汽车自检结果。确保点火开关转至＿＿＿＿＿＿＿＿位置，自检结果是否正常：□正常 □不正常。

② 如自检不正常，点亮的警告灯 1 为＿＿＿＿＿＿＿＿，此警告灯点亮说明＿＿＿＿＿＿＿＿故障；点亮的警告灯 2 为＿＿＿＿＿＿＿＿，此警告灯点亮说明＿＿＿＿＿＿＿＿故障；点亮的警告灯 3 为＿＿＿＿＿＿＿＿，此警告灯点亮说明＿＿＿＿＿＿＿＿故障；点亮的警告灯 4 为＿＿＿＿＿＿＿＿，此警告灯点亮说明＿＿＿＿＿＿＿＿故障。

③ 分别对出现的警告灯点亮故障分析可能造成的原因。

（2）选择仪表显示主题模式，分辨各信息显示区别，并做好基本信息记录。

① 汽车电量：

② 总里程：

③ 小计里程：

④ 平均耗电量：

4. 检查

检查车辆能否正常上电：_____。

5. 评估

（1）请根据任务完成情况，进行自我评估，并提出改进意见。

① _____

_____。

② _____

_____。

③ _____

_____。

（2）填写工单成绩（总分为自我评价、组长评价和教师评价得分值的平均值）。

自我评价	组长评价	教师评价	总分

学习情境 3.2　新能源汽车故障诊断流程

【知识目标】

（1）掌握新能源汽车故障诊断的流程和方法。

（2）能根据客户描述和车辆预检制定故障诊断方案。

【技能目标】

（1）能够分析并确定新能源汽车故障诊断思路。

（2）能利用电路图制定故障诊断方案。

（3）能进行新能源汽车故障诊断与修理后检验。

【职业素养要求】

（1）严格执行汽车检修规范，养成严谨科学的工作态度。

（2）培养团结协作精神。

（3）养成严格执行 8S 现场管理标准规范的习惯。

任务3.2.1　新能源汽车故障诊断基本流程

一、任务导入

一辆新能源汽车出现不能行驶的故障，车辆高电压动力驱动系统关闭、警告灯点亮。主管要求分析故障原因，写出诊断流程，并利用仪器进行诊断，你能够完成这个任务吗?

二、知识储备

1. 新能源汽车故障诊断的基本原则

新能源汽车发生故障时，维修技术人员在维修过程中要遵循汽车故障诊断的基本原则，以提高新能源汽车故障诊断及维修效率。故障诊断主要有以下 4 项基本原则：

（1）先简后繁、先易后难的原则；

（2）先思后行、先熟后生的原则；

（3）先上后下、先外后里的原则；

（4）先备后用、代码优先的原则。

2. 新能源汽车故障诊断的基本思路

汽车故障诊断的基本思路：问诊（了解症状）、试车（验证症状）、分析（弄清缘由）、假设（推理缘由）、验证（测试故障）5 个过程，如图 3-2-1 所示。

当验证的环节证明假设的故障点不成立时，应该返回到前一个环节提出新的假设，然后去验证。当提不出

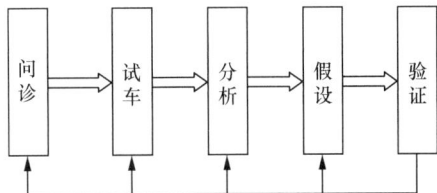

图 3-2-1 汽车故障诊断的基本思路

新的假设时，就要再向前一个环节进行重新分析，如果重新分析还得不到更新的假设就要再向前一个环节，更加仔细地试车发现新的特征，必要时还可以重复问诊环节以了解更多的信息，重新提出新的假设并加以验证，直至发现真正的故障点为止。这就是汽车故障诊断的基本思路。

3. 新能源汽车故障诊断的基本流程

汽车故障诊断的基本流程是根据基本思路而来的，但比基本思路的内容更为详细，增加了流程设计和修复验证环节，使之完备。基本流程是汽车故障诊断中基础的诊断过程，是对诊断内容的一般概括和总结。汽车故障诊断基本内容包括从故障症状出发，通过问诊、初检试车（验证故障症状）、

分析研究（分析原理）、推理假设（推断出可能原因）、制定诊断方案（提出诊断步骤）、测试确认（测试确认故障点）、修复验证（排除故障后验证），最后达到发现故障最终原因的目的。

新能源汽车发生故障时，"基本故障诊断策略"可以提供一个基础的诊断思路，并适用于所有车辆的诊断。针对每种诊断情况遵循一种类似的方案，可最大限度地提高车辆的诊断和维修效率，它是具体故障诊断思路的一个基本原则，但在实际维修诊断过程中，不一定需要严格遵循这样的原则，在具体维修诊断中，对于有些流程技术人员可以凭借经验直接得出正确的答案，没有必要浪费时间重复步骤去验证。但是，对于很多初学的技术人员来说，该诊断策略可以帮助其建立一个正确的诊断思路，为日后进一步提升诊断能力打下基础。

新能源汽车的基本诊断流程如图 3-2-2 所示。

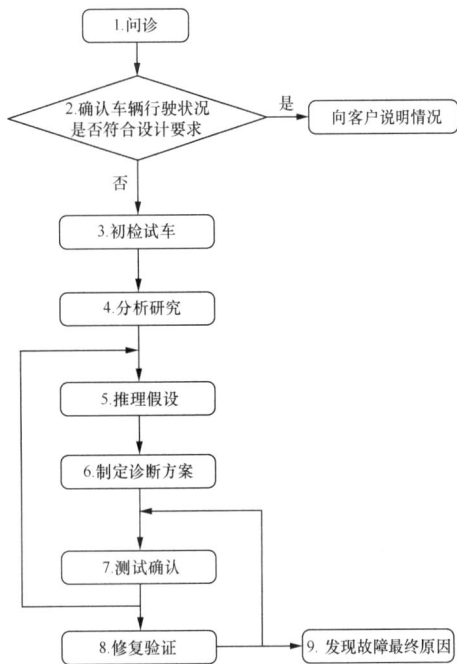

图 3-2-2 新能源汽车的基本诊断流程

（1）最初症状

最初症状是故障诊断的出发点，故障症状分为：

① 可感觉到的性能和功能发生改变的症状——功能性故障；

② 可察觉到的外观和状态发生改变的症状——警示性故障；

③ 可检测到的参数和指标发生改变的症状——隐蔽（检测）性故障。

（2）问诊

问诊是通过对车主的询问了解汽车故障症状的过程，试车则是对汽车故障症状进行实际验证以进一步确认故障症状的过程。

问诊时不仅要达到全面了解故障症状的目的，更重要的是要把握住故障症状发生时的前因后果，问诊主要包括以下8个方面的内容。

① 车主及汽车的基本情况。

a．基本情况：车主姓名/车名/牌照号码/生产厂家/车型/生产年款/车身代码（VIN）/发动机型号/行驶里程。

b．使用情况：经常行驶的道路条件，经常使用的车速、发动机转速及挡位模式，经常加注的燃油标号品质及添加剂品牌。

c．车主的驾驶习惯：行驶/超车/停车/暖车/夜驶/制动/加速/减速/转向/负荷等。

② 故障发生状况。

a．故障基本症状发生日期：年/月/日。

b．症状类型：功能/警示/检测。

c．症状描述：按照车主描述，结合初检试车填写。

d．故障症状特征：单一/多种、简单/复合、伴随/因果。

e．症状发生频次：经常发生/有时发生/一定条件下发生/仅发生一次/其他。

f．症状发生状况：渐进/突发、持续/间歇、偶发/多发、有规律/无规律。

g．故障发生程度：轻微/一般/严重/致命。

h．受气候影响/不受气候影响。

③ 故障发生时的工况。

a．冷车时（后）/暖车时（后）/热车时（后）。

b．低速时/中速时/高速时。

c．节气门全关/节气门微开/节气门1/4开/节气门半开/节气门3/4开/节气门全开/所有位置。

d．开空调时（后）/打转向盘时（后）/开前照灯时（后）/风扇转时（后）。

e．驻车时（后）/起动时（后）/起步时（后）/行车时/稳速时/急缓减速时（后）/急缓加速时（后）/滑行时（后）/制动时（后）/停车时（后）/熄火时（后）。

f．急缓踏制动踏板时（后）。

g．挂挡时（后）/摘挡时（后）。

h．直行时（后）/转弯时（后）。

④ 故障发生时的指示值。

a．冷却液温度：低温/适中/高温/沸腾/任何温度（℃）。

b．车速：行驶车速点/行驶车速（km/h）。

c．转速：驱动电机转速/发动机转速点/发动机转速（r/min）。

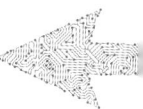

d. 挡位：D 挡/空挡/P 挡/R 挡。

⑤ 故障发生的间隔时间。

a. ×分钟前/×小时前/一夜前/一天前/×天前/×星期前/×月前/×年前。

b. ×分钟后/×小时后/一夜后/一天后/×天后/×星期后/×月后/×年后。

⑥ 故障发生时的环境。

a. 时间：早晨/白天/晚上/深夜/全天、××时××分。

b. 气温：炎热/热/常温/冷/寒冷/任何气温（℃）。

c. 湿度：潮湿/适中/干燥/任何湿度。

d. 气候：晴/阴、雪/雨、雾/风、任何天气。

e. 程度：小/中/大/特大。

f. 道路：城市/郊区/乡村、高速公路/一般公路/土路/无路、平路/上坡/下坡/颠簸路。

⑦ 指示灯、警告灯指示状态。

a. 指示灯、警告灯常亮/有时亮/不亮。

b. 指示灯、警告灯常闪亮/有时闪亮。

⑧ 维修养护情况。

a. 本次故障症状（如果不是第一次发生和修理）从第一次发生到本次进厂修理过程中的全部发生经历和维修经历。

b. 以往故障记录及修理记录、更换过的总成及主要零部件名称、生产厂家和更换次数及价格，车上附加安装的装置名称、生产厂家、安装单位。

c. 最近一次维修时间、维修项目、维修状况、更换零件名称数量、出厂检测参数。

d. 本车年检记录、车辆事故记录。

e. 本车维护周期、经常使用的润滑油牌号及添加剂名称与数量、经常去的维修厂家情况及维修人员情况。

问诊的详细与完备程度直接影响到故障分析和诊断的准确性，问诊是维修人员了解故障发生情况的第一个环节，是维修人员与车主沟通的起点，也是维修人员掌握故障发生特征的最好途径。充分利用问诊时与车主交流的环节，认真做好问诊记录，对故障诊断具有十分重要的意义，填写问诊表的目的就在于此，问诊表能够帮助汽车维修人员完整地记录应该了解的全部内容，不遗漏任何一点重要的信息，为后面的诊断工作提供翔实的一手资料。为了确认车主报修问题，必须首先熟悉系统的正常工作情况。

（3）确认车辆行驶状况是否符合设计要求

车辆正常运行时，存在某情况，那么车主描述的故障情况可能属于正常情况。在与车主描述情况相同的条件下，与操作正常的类似车辆进行比较，如果其他车辆存在类似情况，那么这可能是车辆的设计原因。

（4）初检试车

试车的目的在于再现车主所述的故障症状，以验证故障症状的真实性，同时试验故障症状再现时的特征、时间、地点、环境、条件、工况等客观状态，也就是说要将问诊时记录的内容逐一验证，以便为进一步分析故障原因做好准备。问诊后首先应该进行故障码分析。试车中继续进行故障码和冻结数据帧的跟踪分析，试车中还可以进行数据流分析记录，以便对故障症状出现时的各种工作参数进行分析比较。试车结束后要完成故障码分析。

完整的试车应该包括汽车各种性能的试验过程，即从冷机起动到暖机再到热机怠速、加速、急加速全过程的运行状况，以及仪表指示情况；还应该包括汽车起步、换挡、加速、减速、制动、转向等过程的行驶状况试验，检查汽车的动力性能、制动性能、行驶稳定性能、操纵可靠性能、振动摆动异响等状况。

（5）分析研究

分析研究是在问诊、试车后根据故障症状，对汽车结构和原理进行的深入研究分析，目的在于分析故障生成的机理、故障产生的条件和特点，为下一步推断出故障原因做准备。分析研究首先要收集汽车发生故障部位的结构原理资料，了解汽车正常运行的条件和规律，与故障状态进行对比分析，分析研究的基础材料是车辆结构与原理方面的知识，以及所修汽车维修保养手册提供的机械与液压原理结构图，控制单元、传感器、执行器元件位置图，执行器接插件图，标准参数表，系统结构组成图，电路气路图，电子控制系统框图，控制原理图表，技术参数表，技术信息通报等重要信息。

分析研究阶段一定要认真查找、仔细阅读各种技术资料，彻底搞懂所修系统的结构组成和工作原理，只有在全面掌握结构组成、深刻理解工作原理的基础上才能为下一步深入判断汽车故障原因奠定坚实的基础，特别对于电子控制系统软硬件匹配不当的故障，单从硬件电路和元器件出发检查故障是很难发现原因所在的，必须深入了解软件的控制过程，然后才能通过对比分析的方式发现故障的原因所在。

在传统汽车故障诊断中经过试车验证故障症状后，根据经验往往可以直接查找故障点，用对比更换元件或修理损坏部件的方法进行故障确认。在现代汽车故障诊断中，汽车新技术、新结构的不断使用，电子控制系统的控制过程的精细和复杂导致维修技术人员的经验远远不能满足故障诊断的需要。必须强调分析研究这个环节的重要性，即使是对一个已经比较熟悉的汽车系统也必须研究其特殊性，特别是控制过程的细节，因为相同的系统在不同的车型上，其控制过程也会有细微的差别，而有些棘手的疑难故障往往就是由这些不起眼的细节造成的。

（6）推理假设

在分析研究汽车故障部位的结构原理、查找对比汽车技术资料后，根据逻辑分析和经验判断，接下来就应该做出对故障可能原因的推理假设。推理假设是对故障原因的初步判断，这个初步判断是基于理论和实践两个方面的：理论上是根据结构原理知识，加上故障症状的表现，从逻辑分析出发推断出导致故障症状发生的可能原因，这个推导从原理上是能够成立的逻辑推理；实践上是根据以往故障诊断的经验，对相同或相似结构的故障做出的可能故障原因的经验推断，这个推断具有类比判断的性质。

推理是根据工作原理和故障症状推断出故障原理的过程，在这个环节中除了对工作原理的深刻理解之外，还要注意到故障症状所对应的故障本质，明确故障发生机理。

例1：进一步分析VCU（整车控制器）通信故障，主要是由于：①VCU供电故障；②CAN总线故障；③VCU本身故障；④网关故障。VCU通信故障推理假设如图3-2-3所示。

例2：进一步分析导致混合气过浓的原因，一个是燃油过多，另一个是空气过少。发动机混合气过浓故障推理假设如图3-2-4所示。

推理假设的过程是从大方向上寻找故障原因的过程，这个过程探究的是故障的基本机理和基本方向，因此，采用因果分析法的主干、枝干图能够比较好地帮助分析过程的逻辑推断，因果分析法在推理假设阶段是最好的辅助方式之一。

图3-2-3 VCU通信故障推理假设

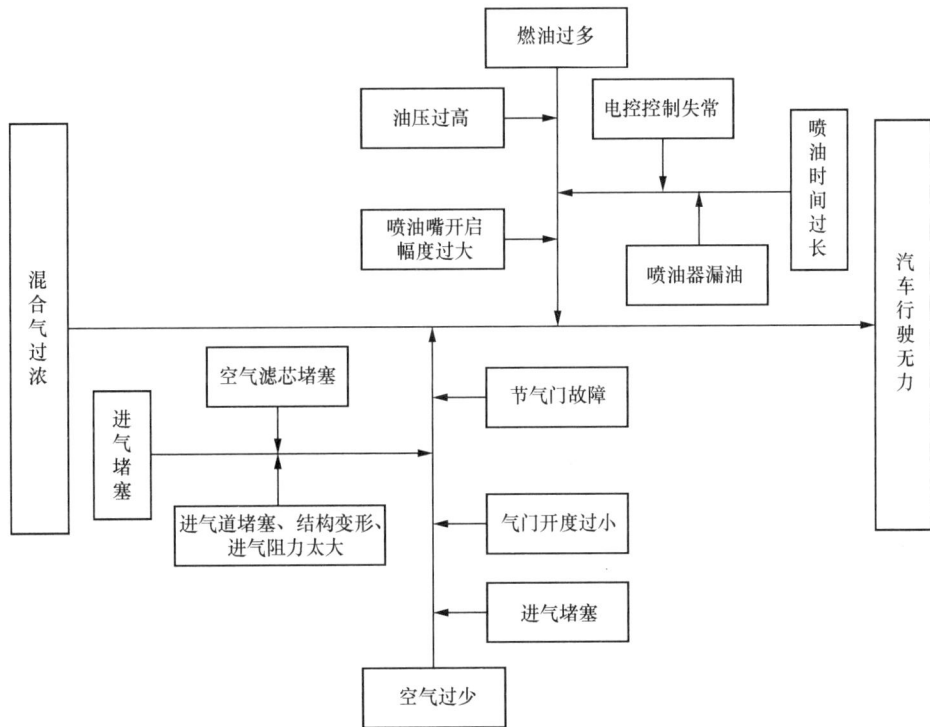

图3-2-4 发动机混合气过浓故障推理假设

汽车故障诊断分析技术人员应该对汽车各种典型故障的症状与故障机理之间的因果关系做到了如指掌，在心中存有各种典型故障的因果图，对因果之间的逻辑关系非常清楚，这对汽车典型性故障诊断具有相当重要的积极作用，对提高诊断速度和准确性意义重大。通过结构组成和工作原理，形成对故障症状与故障机理之间逻辑关系的认识，提出新的推理假设方向，并形成因果关系图，是技术人员应该具备的良好技术素质，对于诊断非典型故障和疑难故障具有十分重要的意义。

（7）流程设计

流程设计是在推理假设环节之后，根据假设的可能故障原因，设计出实际应用的故障诊断流程图的过程，这个过程包括首先建立以故障症状为顶端事件的故障树，然后根据这个故障树建立故障诊断流程图。首先确定分辨汽车各大组成部分或总成故障的检测方法，然后确定汽车各个系统和装置工作性能好坏的检测方法，最后确定线路和元器件的测试方法。应用这些测试方法的目的在于逐渐缩小故障怀疑范围，最终锁定故障点。VCU 通信故障诊断流程如图 3-2-5 所示。

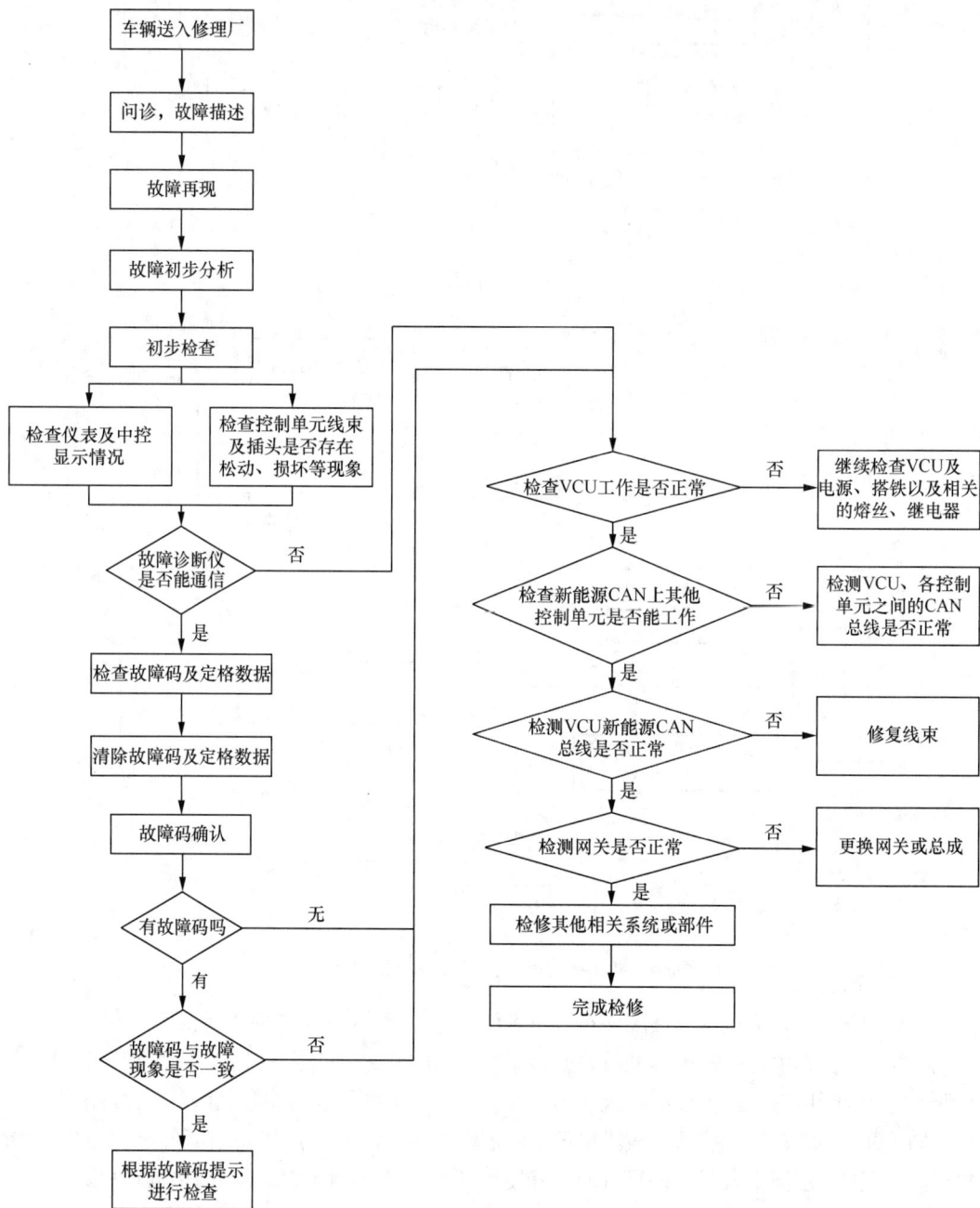

图3-2-5　VCU通信故障诊断流程

（8）测试确认

测试确认是在故障诊断流程设计之后，按照流程设计的步骤通过测试的手段逐一确认中间事件或底端事件是否成立的过程。测试确认过程是从最高一层中间事件逐一到最低一层中间事件，然后到底端事件，直至确认故障点部位的全过程。

测试确认是在不解体或只拆卸少数零部件的前提下完成的对汽车整体性能、系统或总成性能、机电装置性能、管线路状态以及零部件性能测试的过程，包含检测、试验、确认3个部分。检测主要指通过人工直观查看和设备仪器分析进行检查和测量的技术检查过程，试验主要指通过对系统的模拟试验和动态分析进行测试和验证的技术诊察过程，确认主要指通过诊断流程的逻辑分析，对检测和试验的结果做出判断，最后确认故障发生点的部位的过程。

① 检测。检测即检查与测量。

a．人工直观检查：主要是通过人的感官功能对汽车各个部分的外观、声响、振动、温度、状态和气味进行的直接观察，它包括看、听、摸、闻4个部分。

● 看：主要通过眼睛或借助放大镜、内窥镜等对汽车各个部位进行观察，发现比较明显的异常现象。例如，警告灯的指示情况，各部分有无漏气、漏水、漏油，液体流动是否正常，各部件运动是否正常，连接部件有无松脱、裂纹、变形、断裂等现象，线路有无破损、折断处，导线接插件是否松脱，管路是否被压瘪、弯曲，各操纵杆、拉线、拉杆是否调整得当，各种液体的颜色、轮胎气压是否正常，轮胎磨损状况，车架、车桥、车身及各总成外壳、护板等有无明显变形，相关部位有无剐蹭痕迹等。还可以借助低压试电笔判断电源正极正常与否，借助逻辑脉冲笔判断数字电路的电位高低以及脉冲信号的输出等。

● 听：主要通过耳朵或借助听诊器对汽车各个部分发出的声响进行监听，发现比较清晰的异响现象。例如：机械传动部分的轴承、齿轮异响，传动带打滑声，驱动电机的各种异响，气流异常声响，车身、车轮在行驶中的异响等。

● 摸：主要通过手或借助温度计或感温纸等感觉和测量汽车各总成的运行温度。例如：发动机冷却液温度，水管、油管的温度，进排气管的温度，各个总成的油温，还有避振器、制动盘的温度，各个电气元件如点火线圈、电机的外壳温度，线路外皮、电路接头、熔丝、继电器的温度。还可以用手感觉各种液体的质感、黏度、滑度等，用手拉动各个机械连接部件，感觉其间隙和松动旷量，用手转动旋转装置感觉转动旷量和平顺性，用手感觉机械装置的运行振动状况等。

● 闻：主要通过鼻子感知汽车各部产生的异常气味。例如：驱动电机的异味，各种油液的焦煳味，制动摩擦片打滑时的煳臭味，导线过热发出的胶皮味，橡胶及塑料件过热后发出的橡胶塑料味，车厢内的汽油味和排风机的异味等。

b．设备仪表测量：通过仪器的测量参数和图形以及诊断结果显示来获知汽车各个部分的技术状况。采集故障码信息，以便进行有效修理。通过预检获取的信息，针对故障区域进行系统化的诊断和检查，确认系统工作是否正常，并确定执行何种诊断。查阅已有案例信息，确定是否之前已有这样的故障维修案例，这样可以最大限度地缩短后期维修和诊断的时间。

通过采集故障码信息，确定诊断类别，具体如下。

● 针对当前故障码：按照指定的故障码诊断，以进行有效的诊断和维修。

● 针对无故障码：选择合适的症状诊断程序，按照症状诊断思路和步骤进行诊断、维修。

● 针对没有公布的诊断程序的故障码：分析问题，制定诊断方案。从维修保养手册中查看故障系统的电源、搭铁、输入和输出电路，确定接头和其他多条电路相连接的部位。查看部件的位置，确认部件、连接器或线束是否暴露在极端的温度或湿度环境中，以及是否会接触到道路，或者具有腐蚀性的蓄电池酸液、机油或其他油液。

● 针对间歇性/历史故障码：间歇性故障是一种不连续出现、很难重现且只在条件符合时才发生的故障。一般情况下，间歇性故障是由电气连接器和线束故障、部件故障、电磁/无线电频率干扰、行驶状况影响导致的。

② 试验。试验主要指对系统进行边测试边验证的过程，试验是对经过测量环节后初步判断出来的故障点进行的一边模拟试验一边动态测量的深入测试，试验方式主要有传感器模拟试验、执行器驱动试验、振动模拟试验、加热模拟试验、加湿模拟试验、加载模拟试验、互换对比（替换法）试验、隔离对比（短路、断路）试验。

③ 确认。确认主要是指对系统测试过后得出的结果进行的确认，证明的是中间事件和底端事件是否成立，证明结果只有肯定和否定中的一个。如果得到的是肯定的结果，则验证了中间事件或底端事件的成立。中间事件成立时，按照诊断流程指向下一个中间事件的检测试验环节。底端事件成立时，说明最小故障点已被发现，经过确认证实最小故障点，接下去转入修复验证环节。如果得到的是底端事件否定的结果，则说明最小故障点的假设不成立，其不是导致故障症状发生的真正故障点，接下去就要返回到推理假设环节，再从推理假设开始进行一遍基本流程推演，直至推断出新的故障诊断流程，开始新一轮的测试确认。

（9）修复验证

修复验证是在测试确认最小故障点后，对故障点进行的修复以及对修复后的结果进行的验证，它分为修复方法的确定和修复后的验证两个部分。

① 修复方法的确定。修复方法要依据故障点的故障表现模式来确定，故障点是导致故障发生的底端事件，是故障的最小单元，故障点所具有的不同表现模式，决定了修复中将采用的不同方法。

a．元件损坏、元件老化和元件错用等模式的故障，通常采用更换的方式进行修复。

b．安装松脱、装配错误和调整不当等模式的故障，通常采用重新安装调整的方式进行修复。

c．润滑不良模式的故障采用维护润滑的方式修复。

d．密封不严模式的故障，通常对橡胶件采用更换、机械部件采用表面修复工艺或更换的方式修复。

e．油液亏缺模式的故障通常采用添加的方式修复，但对于渗漏和不正常的消耗导致的亏缺，要找到根源给予修复。

f．气液漏堵的故障通常要采用疏通堵塞、封堵渗漏的方式修复。

g．结焦结垢的故障一般采用清洗焦垢的方式修复。

h．生锈氧化的故障一般采用除锈的方式修复。

i．运动干涉的故障通常采用恢复形状、调整位置、加强紧固的方式修复。

j．控制失调模式、进入紧急备用模式以及匹配不当模式的故障采用重新调整、恢复归零以及重新匹配的方式修复。

k．短路断路、线路损伤、虚接烧蚀模式的故障采用修理破损、清理烧蚀、去除氧化、重新焊接以及局部更换线路的方式修复。

1. 漏电击穿、接触不良模式的故障采用更换或清理接触点的方式修复。

② 修复后的验证。修复验证是对最小故障点（即底端事件）是否是引起最初症状（即顶端事件）唯一原因的最终确认，也是对故障诊断准确性与修复工作完备性的验证，在故障诊断的过程中是不可或缺的内容。

4. 新能源汽车故障诊断的注意事项

（1）诊断前注意事项

必须查询并依照新能源汽车的维修保养手册，依规依序操作。

① 新能源汽车高压系统，包含动力电池、变换电路、驱动电机系统、电子控制系统和线束等。为了保证安全，所有的高压电线均已采取密封或隔离措施，一般高压电线（200～500 V）用橙色线加以区分。

② 维护时注意 READY 指示灯，READY 指示灯点亮表示驱动电机可能在运转中，以此判断车辆此时是处于工作状态还是停机状态。

注意：
READY 指示灯熄灭后电源仍会持续 5 min 供电。

在执行车辆维修工作之前，都要确保 READY 指示灯是熄灭的。故应关闭点火开关，把车钥匙取下来。

③ 在维护检修时应按规定着装，禁止佩戴手表、戒指、项链、钥匙等。应准备吸水毛巾或布、灭火器、绝缘胶布、万用表，必须选用适用于电工作业的、绝缘的、耐碱性的橡胶手套，以及耐碱性类型的绝缘鞋和护目镜，防止电解液溢出等造成意外伤害。

（2）诊断前操作准备

对新能源汽车进行诊断、维修，处理故障车辆，进行事故恢复或急救工作时，必须首先断开高压系统。具体方法如下。

① 挡位置于 P 挡，采取驻车制动，拔下车钥匙。

② 断开辅助电池负极端子。

③ 戴上绝缘手套，拆下手动维修开关，将手动维修开关用绝缘胶布贴封起来，隔离外露区域与高压系统的接线端或连接器。

④ 拆下手动维修开关后，在开始检查前等待 5 min。使用万用表检测需要维修的高压系统输入与输出线路的每一个相位电压，读数必须小于规定值（一般为小于 3 V）。

更多详细的操作步骤和注意事项，需要参考高压安全相关教材对应内容。

（3）诊断与维修基本步骤

第一步：初步判断故障前行驶状况、故障时车辆状况及相关信息，并进行分析。

新能源汽车在故障状态下均会进入失效保护模式，虽然不同的汽车制造厂商设计的失效保护模式不一定相同，但是主要的动力驱动系统模式是很相似的。

第二步：采用车辆故障诊断仪诊断汽车故障，检查并记录系统中所有的故障码，确认高压系统存在的故障码，并将故障码按优先级排序。

第三步：检查并记录每一个系统，并检查历史记录数据。历史记录数据可以用于故障再现试验，因为它记录了故障被检测到时行驶和操作的状态。

第四步：在分析故障码时，需要区分与故障不关联的故障码。

第五步：主动测试功能应用。主动测试主要用于对新能源汽车进行故障检查，并使车辆保持特定的运行状态。

5．新能源汽车故障诊断的基本方法

（1）人工经验诊断法

人工经验诊断法是诊断人员凭借丰富的实践经验和一定的理论知识，在汽车不解体或局部解体的情况下借助简单的检查工具，主要采用眼看、耳听、手摸、鼻闻等手段，进行检查、试验、分析和确定汽车故障原因和部位的诊断方法。人工经验诊断法既是汽车故障诊断的传统方法也是基本方法，即使在现代仪器、诊断技术飞速发展的今天，也不可能取消人工经验诊断法，这就像医学临床诊断中的体格检查（一般检查）一样是不可能被取代的环节。人工经验诊断是汽车故障诊断的基础，它可以对汽车故障做出初步的判断和定性的分析。

（2）仪器设备诊断法

仪器设备诊断法是诊断人员在汽车不解体或局部解体的情况下，采用现代检测诊断仪器设备，对汽车各种诊断参数进行检测、试验、分析，最终确定汽车故障原因和部位的诊断方法，仪器设备诊断法既是汽车故障诊断的现代方法也是精确方法。随着对汽车安全性、环保性、经济性要求的不断提高，汽车故障诊断参数的精确度也越来越高。因而，汽车故障诊断必然要从传统的定性分析向现代的定量分析发展，仪器设备诊断法正是在这样的前提下发展而来的，它可以对汽车故障做出精确判断和定量分析，利用仪器设备对汽车进行多参数动态分析，可以迅速准确地诊断出汽车复杂的综合性故障，为汽车故障诊断技术从传统的经验体系向现代的科学体系发展奠定坚实的基础。

实际上，在进行汽车故障诊断的时候上述两种方法往往是综合应用的，称为综合诊断法。

（3）故障码诊断分析法（自诊断法）

故障码诊断分析法又称计算机自诊断分析法，它是指采用汽车故障诊断仪调取故障码后，按照维修保养手册中提供的故障码诊断流程图表进行故障诊断分析的方法。故障码诊断分析法是仪器设备诊断法的一种特殊形式，它以汽车故障诊断仪调出的汽车电子控制系统故障码为切入点，从而进行汽车故障诊断分析。

（4）症状诊断分析法

症状诊断分析法是以故障所表现出来的症状为切入点，以汽车结构原理为基础，用故障症状与故障原因之间的逻辑关系进行分析，然后采用检测和试验的手段进行汽车故障诊断分析的一种方法。这种方法适用于汽车非电子控制系统和无故障码输出的电子控制汽车各个部分及系统的故障诊断。传统汽车故障诊断就是以症状诊断分析法为基础的故障诊断，症状诊断分析法同样采用人工经验诊断法和仪器设备诊断法相结合的综合诊断方式来完成。症状诊断分析法是基础的诊断分析方法，特别对自诊断系统不能准确把握的故障诊断项目具有十分重要的意义，也就是说症状诊断分析法无论在过去、现在还是将来，都是汽车故障诊断中的重要组成部分。

三、任务实施

1．实施要求

本操作任务主要为进行新能源汽车故障诊断流程设计。

2. 实施准备

（1）防护装备：绝缘防护装备。

（2）长安 EV460 整车一辆。

（3）专用工具、设备：故障诊断仪、万用表及其他适用设备。

（4）手动工具：新能源汽车维修组合工具。

（5）辅助材料：诊断与维修所必需的熔丝等耗材。

3. 实施步骤

长安 EV460 仪表如图 3-1-3 所示。

（1）正确描述新能源汽车故障现象，记录汽车故障产生的状态（时间、工况、频率等），检查汽车外观及内饰。

（2）通过汽车自诊断和故障诊断仪初步确定故障类型。

（3）根据故障症状，结合电路图，对汽车结构和原理进行深入研究分析，分析故障生成的机理、故障产生的条件和特点。

（4）根据分析出的故障产生机理，对汽车故障诊断流程进行设计。

四、任务考核

任务工单 3-2-1 新能源汽车故障诊断基本流程

任务名称	新能源汽车故障诊断基本流程		学时		班级	
学生姓名			学生学号		任务成绩	
实训设备、工具及仪器	长安 EV460 纯电动汽车、诊断仪、万用表、个人及车间防护用具		实训场地	新能源汽车理实一体化教室	日期	
任务描述	王某在新能源汽车某 4S 店做汽车维修工，有一辆长安 EV460 纯电动汽车需要进行故障诊断与排除，你能完成故障分析并设计诊断流程吗？					
任务目的	能够观察并记录故障现象、分析产生故障的原因，制定故障诊断流程					

1. 资讯

（1）新能源汽车发生故障主要基本原则：

① _____的原则；

② _____的原则；

③ _____的原则；

④ _____的原则。

（2）汽车故障诊断的基本思路是从_____入手了解_____，经过_____症状，通过_____弄清_____，再_____出可能原因，最后经过_____故障点是否成立的全过程。

（3）汽车故障诊断基本流程是根据_____而来的，增加了_____和_____的验证环节，使之更加完备。

2. 计划与决策

请根据任务要求，确定所需要的检测仪器、工具，并对小组成员进行合理分工，制订详细的工作计划。

（1）需要的检测仪器、工具。

（2）小组成员分工。

（3）计划。

3. 实施

（1）根据车主描述填写接车问诊单，车主描述故障为_____。

（2）根据车主描述，对车辆进行初检、环车检查，并记录到接车问诊单上。

① 环车检查汽车外观，检查结果为_____。

② 检查内饰情况，检查结果为_____。

③ 新能源汽车自检结果。确保电源开关位于_____位置，自检结果是否正常：□正常 □不正常。

④ 如自检不正常，点亮的警告灯 1 为_____，此警告灯点亮表示_____故障；点亮的警告灯 2 为_____，此警告灯点亮表示_____故障，点亮的警告灯 3 为_____，此警告灯点亮表示_____故障；点亮的警告灯 4 为_____，此警告灯点亮表示_____故障。

（3）读取汽车故障码：□有 □无，故障码数量_____。

① 故障码为_____，与_____警告灯的点亮 □有 □无 联系。

② 故障码为_____，与_____警告灯的点亮 □有 □无 联系。

③ 故障码为_____，与_____警告灯的点亮 □有 □无 联系。

④ 故障码为_____，与_____警告灯的点亮 □有 □无 联系。

⑤ 故障码为_____，与_____警告灯的点亮 □有 □无 联系。

（4）根据初检分析，此故障属于_____系统/总成故障。

其原理图为：

分析研究可能导致此故障的原因有：

（5）依据分析研究，设计此故障诊断流程为：

4. 检查

检查基本流程设计：_____。

5. 评估

（1）请根据任务完成情况，进行自我评估，并提出改进意见。

① _____

_____。

② _____

_____。

③ _____

_____。

续表

（2）填写工单成绩（总分为自我评价、组长评价和教师评价得分值的平均值）。

自我评价	组长评价	教师评价	总分

任务3.2.2　新能源汽车诊断与修理后检验

一、任务导入

一辆新能源汽车出现不能行驶的故障，经过技术人员诊断维修后，需要对汽车进行维修后检验验收，交付给客户，你能完成这项任务吗？

二、知识储备

汽车维修完成后，必须进行检查。检查各总成以及各部件的技术状态是否符合标准，各部件、总成工作是否正常，并对在行驶中发现的故障进行必要的调整与修复，此项工作称为修竣检验。修竣检验包括行驶前的检验、行驶中的检验和行驶后的检验 3 个阶段，现分别给予说明。

1. 行驶前的检验

汽车行驶前的检验，主要作用是查明汽车各部件是否齐全完整，装配是否正确妥善，驱动电机运转和仪表等工作是否正常，应润滑的各部是否已加注润滑油等。

检验工作一般由两个人进行（其中一人为助手），工作时可以适当分工和配合。准备进行检查的车辆，应停放在平坦干燥的地面或检查沟上。检查的一般顺序、项目、方法和应达到的技术要求如下。

（1）检查车辆外表各部

① 站在车前观察保险杠、驾驶室等是否平整。不平整的原因常常是车架变形未矫正，左右钢板弹簧弹力不一致，左右轮胎尺寸及气压不一致，驾驶室变形未矫正等。要求左右高低差以不超过 15 mm 为宜。

② 检查保险杠拖钩是否安装牢固，各连接缝处是否密合与密封，前照灯安装是否牢固。

③ 站在驾驶室一侧，检查车门开关是否轻便，关闭是否严密，铰链是否松动，车窗玻璃升降是否灵活，脚踏板是否安装牢固，并检查风窗玻璃是否晃眼。

④ 到车厢一侧检查车辆附件是否配齐，螺栓是否紧固，车架铆钉有无松动等。

⑤ 站在车后观察车厢是否平整，后灯、转向灯等是否安装牢固。

（2）从车下检查各部

① 从车下（地沟）检查转向器、制动控制阀、液压油总泵、气管路的安装等是否牢固，各转向横拉杆、球节等结合处是否松动（可由一人在驾驶室内转动转向盘），制动及转向机构各处开口销、弹簧垫圈、螺母等是否完整可靠。

② 检查螺栓是否紧固，管路、电线等是否装卡可靠，铆钉是否松动等。

③ 检查传动轴、万向节是否有松动。进一步检查转向、制动部分的可靠程度，必须保证行

车安全。

（3）打开发动机罩进行检查

① 检查发动机罩打开与关闭是否灵活，关闭是否严密。

② 检查附件是否齐全完好，安装是否牢固，同时检查风扇传动带松紧度是否合适，进水管卡箍是否紧固，散热器及盖是否安装可靠，管路是否完好，装卡是否牢固，各部有无漏油、漏水现象。

③ 检查螺栓、螺母是否紧固均匀。

（4）进入驾驶室检查各部

① 制动踏板应比加速踏板高或与其平齐，不合适时应进行调整。

② 车窗玻璃的支撑机构是否可靠，关闭是否严密，驾驶室通风装置是否完好。

③ 检查制动踏板、手制动杆。踩下制动踏板至极限位置，或手制动杆拉到驻车位置时，应制动有效，放松制动踏板或手制动杆时，制动应能彻底解除，并能回到原位。

④ 检查喇叭及灯光工作是否正常（由一人站在车前或车后查看），不合适应给予调整。

（5）检查车轮及轮胎气压

① 轮胎气压应符合原车规定，然后应复查前轮前束，使之也符合原车规定。

② 顶起前桥转动转向盘，检查前轮转向角，使之符合原车要求，一般是把转向盘向左或向右打到底，以前轮不与直拉杆、钢板等相刮碰，并留有 10 cm 以上的间隙为宜。

③ 旋转两前轮，检查制动鼓与蹄片间隙，不应有摩擦声或转不动的现象。轴向扳动前轮，检查轮毂轴承预紧度。一般以左右旋转灵活、自如，轴向扳动无间隙感觉为宜，否则，应重新给予调整。

④ 顶起后桥，与检查前轮一样，检查两后轮制动鼓与蹄片的间隙及轮毂轴承预紧度，要求与两前轮相同。

对检查中发现的问题，应逐一排除，然后进行路试检查。以上所有检查的顺序，不是固定的，可根据具体情况灵活调整。

2. 行驶中的检验

行驶中的检验的目的主要是检查底盘各总成的工作是否正常（因发动机已进行过热试），行驶时，应按 75% 的载重量装载。行驶的距离，若无难以确定的故障，不应超过 30 km，但也不应少于使车轮、各运转部分达到正常温度的距离（一般冬季行驶 10 km 可达到正常的温度），行驶的速度以不超过 30 km/h 为宜。

对于开始检验的车辆，操作应特别谨慎，注意安全，因为其可靠程度有待于进一步检查，因此应控制车速。检验的项目、顺序及要求如下。

（1）汽车行驶前，发动机应达到正常的温度，并进一步检查各仪表、灯光、喇叭等工作情况，均应正常。

（2）汽车低速行驶，车速不超过 30 km/h，轻踩下制动踏板检查是否有制动力，然后稍提高车速，再踩下制动踏板，检查制动是否跑偏；同时检查转向装置，不得有跑偏、偏轻、偏重、单边和摆头等现象，否则，应给予故障排除。

（3）选择适当的场地，检查汽车的最小转弯半径是否符合原车规定。

（4）在汽车行驶中，加、减车速时，仔细查听驱动电机、减速器和差速器等处是否有异响及其他故障。

（5）检查制动装置的制动效能。完全制动时，各车轮应能同时制动，车辆应无跑偏现象。试验制动距离：在平坦、干燥的路面上满载时，车速在 40 km/h，运输车制动距离不超过 8 m，指挥车不超过 6 m。手制动的试验：汽车车速为 15 km/h，缓慢拉动手制动杆，应能停住车辆，或在 6°～11°的坡道上，能停住车辆，以汽车不溜滑为宜，否则，应给予调整。

3. 行驶后的检验

行驶后各总成都经过正常运转，凡出现的故障，均应给予排除，同时应检查各部件固定部位是否松动，必要时给予紧固，同时对各部位的漏水、漏气、漏油现象，应给予彻底解决。

三、任务实施

1. 实施要求

本操作任务主要为进行新能源汽车故障诊断与修理后检验。

2. 实施准备

（1）防护装备：绝缘防护装备。

（2）长安 EV460 整车一辆。

（3）专用工具、设备：故障诊断仪、万用表及其他适用设备。

（4）手动工具：新能源汽车维修组合工具。

（5）辅助材料：诊断与维修所必需的熔丝等耗材。

3. 实施步骤

长安 EV460 整车。

（1）检查车辆外部情况，记录到修竣检验单，并与诊断维修前对比。

（2）检查动力舱情况，各线束是否连接牢固，插接锁止是否到位，线束整理固定是否到位。

（3）检查驾驶室各部分是否正常。

（4）检查车轮及轮胎气压。

四、任务考核

任务工单 3-2-2　新能源汽车诊断与修理后检验

任务名称	新能源汽车诊断与修理后检验	学时		班级	
学生姓名		学生学号		任务成绩	
实训设备、工具及仪器	长安 EV460 纯电动汽车、诊断仪、万用表、个人及车间防护用具	实训场地	新能源汽车理实一体化教室	日期	
任务描述	一辆新能源汽车出现不能行驶的故障，经过技术人员诊断维修后，需要对汽车进行维修后检验验收，交付给客户，你能完成这项任务吗？				
任务目的	能够正确掌握故障诊断维修后验收内容、能进行行驶前检验				

1. 资讯

（1）新能源汽车故障诊断与修理后检验主要分为：

① _____

a. _____

b. _____

  c. _____

  d. _____

  e. _____

  ② _____

  ③ _____

  （2）行驶中的检验的目的主要是检查底盘各总成的工作是否正常。

  （3）汽车维修完成后，必须进行检查。检查各总成以及各部件的_____是否符合标准，各部件、总成工作是否_____，并对在行驶中发现的故障进行必要的_____。

2. 计划与决策

  请根据任务要求，确定所需要的检测仪器、工具，并对小组成员进行合理分工，制订详细的工作计划。

  （1）需要的检测仪器、工具。

  （2）小组成员分工。

  （3）计划。

3. 实施

  （1）根据汽车维修情况，完成汽车修竣检验。

  （2）根据客户描述，对车辆进行初检、环车检查，并记录到修竣检验单上。

  ① 环车检查汽车外观，检查结果为_____

_____。

  ② 检查内饰情况，检查结果为_____

_____。

  ③ 检查底盘情况，检查结果为_____

_____。

  ④ 检查动力舱情况，检查结果为_____

_____。

  ⑤ 新能源汽车自检结果。确保点火开关转至_____位置，自检结果是否正常：□正常 □不正常。

  （3）根据检验结果，对车辆进行交付前对比：□符合交付标准，□不符合交付标准。

  （4）如不符合交付标准，_____需检测维修：

  ① _____；

  ② _____；

  ③ _____；

  ④ _____；

  ⑤ _____；

  ⑥ _____。

4. 检查

  检查修竣检验内容是否完全：□完全 □遗漏。

  遗漏部分：_____。

续表

5. 评估

（1）请根据任务完成情况，进行自我评估，并提出改进意见。

① _____

_____。

② _____

_____。

③ _____

_____。

（2）填写工单成绩（总分为自我评价、组长评价和教师评价得分值的平均值）。

自我评价	组长评价	教师评价	总分

项目4
纯电动汽车故障诊断与排除

●●● 【项目描述】 ●●●

纯电动汽车的结构特征决定了典型的故障范围及维修方法。本项目主要以真实的案例介绍纯电动汽车故障诊断与排除，具体包含以下 5 个学习情境。

学习情境 4.1：纯电动汽车整车动力控制系统故障诊断与排除。

学习情境 4.2：纯电动汽车动力电池系统故障诊断与排除。

学习情境 4.3：纯电动汽车驱动电机控制器无法通信故障诊断与排除。

学习情境 4.4：空调系统故障诊断与排除。

学习情境 4.5：制动系统故障诊断与排除。

通过对以上 5 个学习情境的学习，读者应该能够掌握纯电动汽车的结构、组成与控制原理，纯电动汽车主要系统的基本诊断流程，以及常见纯电动汽车运行数据的分析与判断思路，学会纯电动汽车的故障排除方法。

●●● 【知识导图】 ●●●

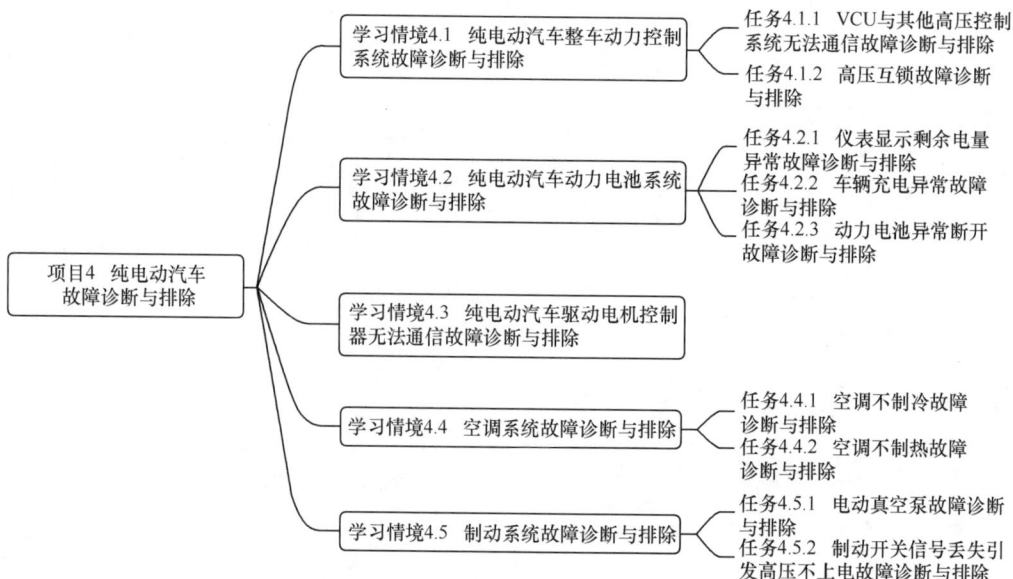

●●● 学习情境 4.1 纯电动汽车整车动力控制系统 故障诊断与排除 ●●●

【知识目标】

（1）能够描述纯电动汽车输入/输出信号部件的故障诊断与排除方法。

（2）能够描述纯电动汽车高压互锁的故障诊断与排除方法。

（3）能够描述 VCU 的故障诊断与排除方法。

【技能目标】

能通过与客户交流、查阅相关维修技术资料等方式获取车辆信息，能根据故障现象制定正确的诊断流程，能正确对 VCU 通信故障进行诊断，能正确对车辆高压不上电等故障进行诊断，能根据故障选择正确的诊断和检测设备。

【职业素养要求】

（1）严格执行新能源汽车检修规范，养成严谨科学的工作态度。

（2）具有质量意识、环保意识、安全意识、信息素养、工匠精神、创新思维。

（3）严格执行 8S 现场管理。

任务4.1.1 VCU与其他高压控制系统无法通信故障诊断与排除

一、任务导入

一辆纯电动汽车在行驶的过程中，动力突然中断，READY 指示灯不亮，且仪表多个警告灯点亮，高压不上电。主管要求进行故障诊断与排除，你能完成这个任务吗？

VCU 与其他高压
控制系统无法通信
故障诊断与排除

二、知识储备

以下以长安 EV460 为例，介绍纯电动汽车整车动力控制系统故障诊断与排除的基本思路与注意事项，其他车型可以参考。

1. VCU

VCU 是整个纯电动汽车的核心部件，它通过采集加速踏板信号、制动踏板信号及其他信号，进行相应的判断，然后控制各个部件动作，使车辆正常行驶。VCU 通过 CAN 总线与相关部件控制器交换信息并对当前车辆运行状态进行管理、调度。例如，VCU 通过采集踏板信号对驾驶员的意图进行解读，然后针对车辆不同配置，进行相应的能量管理，通过 CAN 总线将控制器指令传递到电机控制器，实现整车驱动及相应部件控制。长安 EV460 纯电动汽车 VCU 的安装位置如图4-1-1 所示。

图4-1-1　长安EV460纯电动汽车
VCU的安装位置

2. 长安 EV460 纯电动汽车整车的控制原理

长安 EV460 纯电动汽车整车控制系统是基于新能源 CAN 总线的多个控制系统的集成系统，以整车控制器为管

113

理核心，主要负责汽车高压部件的工作，实现电池管理控制、电机控制、充电控制等。长安 EV460 纯电动汽车整车控制系统网络的结构如图 4-1-2 所示。

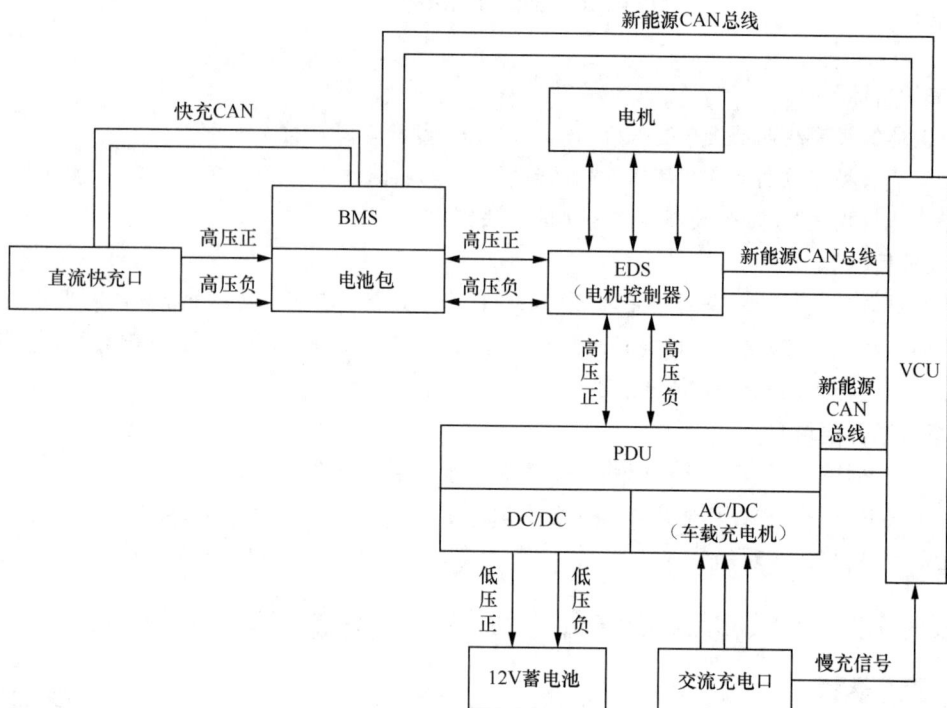

图4-1-2　长安EV460纯电动汽车整车控制系统网络的结构

3. VCU 的端子认识及功能介绍

（1）VCU 端子认识

长安 EV460 纯电动汽车 VCU 上面主要有 1 个低压插接器，根据端子编号及定义，可以轻松地掌握 VCU 在汽车上的作用，VCU 线束插接器的结构如图 4-1-3 所示。

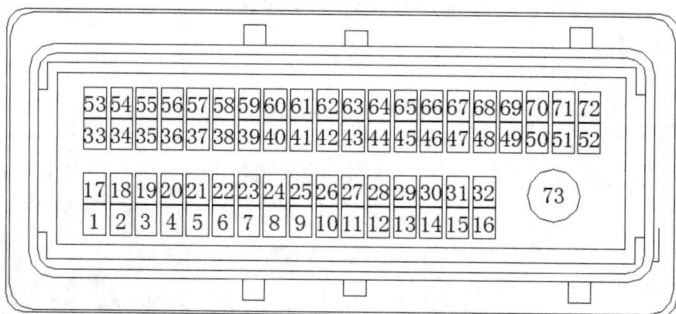

图4-1-3　长安EV460 VCU线束插接器的结构

在纯电动汽车中，VCU 除了控制汽车正常行驶之外，还具有汽车再生制动能量回收控制、网络管理、故障诊断与处理及车辆状态监视等功能。与各部件的动态控制相比，VCU 属于管理协调型控制。长安 EV460 纯电动汽车 VCU 端子说明见表 4-1-1。

（2）VCU 的功能介绍

① 起动与停止车辆。KEYON 状态：当点火开关转至"ON"位置时，车身控制器控制继

电器给 BMS 和电机控制器供电，并通过 CAN 总线发送相关控制指令，完成整车各个系统的唤醒。车辆就绪（READY）状态：当点火开关转至"ON"位置时，VCU 通过 CAN 总线向 BMS 和电机控制器发送相关命令，使车辆进入临界状态。

表 4-1-1　长安 EV460 纯电动汽车 VCU 端子说明

端子	端子说明	端子	端子说明
1	P/N 挡位置输入给 IBCM 端口	38	底盘 CAN 总线高，有终端电阻（120 Ω）
4	硬线唤醒 RMU、TMS、BMS	39	标定 CAN 总线高，有终端电阻（120 Ω）
5	充电连接指示灯控制端	42	采集制动踏板开关 1 是否接通
6	VCU 自保持电源控制端	43	电子锁状态的第一路反馈
8	控制充电锁锁止	44	真空泵电源诊断
14	真空压力传感器地	45	点火开关"ON"位置唤醒信号
15	VCU 自保持电源	46	直流充电桩 12 V 输出唤醒信号（A+）
16	真空压力传感器电源	47	电子锁状态的第二路反馈
18	真空泵控制引脚高边	48	加速踏板传感器 2 电源
19	硬线唤醒 EDS	49	采集制动踏板开关 2 是否接通
21	控制充电锁解锁	50	碰撞信号
22	控制低速行人报警器工作	51	充电机 12 V 输出唤醒 VCU 信号
23	倒车灯控制信号	52	整车前舱互锁信号输出端口
24	真空泵控制引脚低边	54	采集当前整车处于的大气压力
26	充电状态指示灯控制端	55	采集加速踏板回路 2 的开度值
28	加速踏板传感器 1 地	56	采集直流充电插座温度传感器的阻值
29	加速踏板传感器 1 电源	57	新能源 CAN 总线低，无终端电阻
30	数字地，接车身地（搭铁）	58	底盘 CAN 总线低，有终端电阻（120 Ω）
31	模拟地，接车身地（搭铁）	59	标定 CAN 总线低，有终端电阻（120 Ω）
32	VCU 常电源供电	62	采集能量回收强度选择开关状态
33	巡航开关位置	63	点火开关"START"信号
34	采集制动助力系统的真空压力	67	采集驾驶模式开关状态
35	采集交流充电插座温度传感器的阻值	68	加速踏板传感器 2 地
36	采集加速踏板回路 1 的开度值	72	整车前舱互锁信号采集端口
37	新能源 CAN 总线高，无终端电阻	73	功率地，接车身地

注：端子 2、3、7、9、10、11、12、13、17、20、25、27、40、41、53、60、61、64、65、66、69、70、71 为空。

② 电机控制。VCU 根据踏板位置信号、挡位信号，以及车速信号，计算车辆目标转矩，通过 CAN 总线发送需要的转矩需求指令给电机控制器，电机控制器将动力电池的直流电转换成电机可用的交流电，电机完成转矩输出。VCU 通过新能源 CAN 总线采集驱动电机信号：电机转速、输出高压信号、电机状态、IGBT 状态（过温等）、电机温度、电机控制器温度等。

③ 蠕动。点火开关处于"START"位置，READY 指示灯亮，车辆进入可行驶状态。踩下制动踏板，挡位处于前进挡或者倒车挡时，松开电子驻车制动，车辆可进入自动行驶的"蠕行"状态。前进挡的"蠕行"状态，车速一般小于 7 km/h；倒车挡的"蠕行"状态，车速一般小于 5 km/h。

④ 制动能量回收。当车辆处于制动或滑行工况时，VCU 将制动踏板位置信号发送给 ESC（汽车电子稳定系统），ESC 根据车速传感器信号及动力电池状态等信息计算需要能量回收的反拖转矩，并发送给电机控制器，开启能量回收模式。此时，电机从驱动模式转变为发电模式，在电机控制单元的调节和控制下，将电机的发电电压升高，电机电磁感应产生较大的反向力，会通过传动系统传递给驱动车轮，帮助制动系统降低车速。同时，产生的电能通过电机控制器转换后存储到动力电池，从而实现制动或滑行能量的回收，但当动力电池电量过高、车速过快或已发生车辆故障的情形下，ESC 将指示停止能量回收功能，此时制动的减速感会变弱。电机能量回收的能力，在其额定转速的范围内，可再生能量与车速基本成正比。当车辆所需的制动能量超出能量回收系统的工作范围时，电机可以吸收的能量达到极值后保持不变，超出部分能量就要被摩擦制动系统所吸收。

⑤ 制动控制。纯电动汽车的制动可以分为以下两种模式，不同模式应辅以不同的控制策略。

紧急制动：出于安全考虑，应以传统机械摩擦制动为主，再生制动仅起辅助作用。此时车辆根据不同的初始速度，由 ESC 控制制动力的大小。

中轻度制动：汽车在正常工况下的制动过程中，如遇到红灯减速、停车或者滑行等，分为减速与停止两个过程。电气制动负责减速过程，机械摩擦制动负责停止过程。

⑥ 冷却控制。驱动电机、电机控制器、车载充电机、动力电池采用电子冷却水泵，其提供了电机冷却所需冷却液的循环动力，在车辆行驶状态下，VCU 根据温度传感器采集的电机控制器信号、IGBT 温度信号，并结合车辆行驶速度，发送脉冲宽度调制（PWM）信号控制水泵转速，调节冷却液流量；VCU 根据压缩机功率需求值，电机、电机控制器、IGBT 的温度需求，来决定主、副风扇是停转还是低速运作、高速运转。

⑦ 驾驶模式控制。长安 EV460 纯电动汽车有两种驾驶模式：ECO 模式和 SPORT 模式。ECO 模式为车辆行驶的默认模式。SPORT 模式为运动模式，当驾驶员按下 "SPORT MODE" 开关时，车辆将进入 SPORT 模式，此时控制系统将使车辆具有更好的动力性能，同时也会造成电能消耗增加。

⑧ 限功率模式（跛行）。当发生特定故障但未达到断电程度时，动力电源不切断，但系统会限制电机输出的最大功率，车辆行驶的最高车速将降低（车速根据故障类型设置不同），使驾驶员可以将车辆开回家，或开到附近的维修站点，即 "跛行"。

⑨ 动力切断控制。纯电动汽车采用高压动力，在车辆发生碰撞或者严重故障（绝缘故障、动力电池过温/过电压、驱动电机过电流/过温等）时，VCU 要求 BMS 切断高压回路上的继电器，确保人员安全。

⑩ 高压互锁。VCU 通过检测动力电池、车载充电机、PTC 加热器、空调压缩机互锁回路状态，判断高压回路连接是否正常，并传输给 VCU。当高压互锁回路不通时车辆无法正常上电。

4. CAN 总线的检测

CAN 总线即控制器局域网总线，由德国博世公司于 1986 年提出。1991 年，飞利浦公司制定并发布了 CAN 2.0 总线协议，包括 A、B 两部分，其中 CAN 2.0A 总线协议给出了报文标准格式，CAN 2.0B 总线协议给出了标准和扩展两种格式。后经修改，CAN 总线协议在 1993 年成为国际标准（ISO 11898）。CAN 总线具有良好的功能特性和极高的可靠性，广泛应用在交通工具、工业自动化、航空航天及医疗器械等领域。CAN 2.0B 总线协议数据传输速率可达 1 Mbit/s，相当于美国汽车工程师学会（SAE）的 C 级高级数据通信协议的数据传输速率，目前汽车中采用的 SAEJ 1939 通信标准的核心就是 CAN 2.0B 总线协议。

汽车 CAN 总线在汽车中有着至关重要的作用，现在日趋成熟的新能源汽车对 CAN 总线网络的需求更加明显。基于总线的分布式控制网络是使众多子系统实现协同控制的理想途径。由于 CAN 总线具有造价低廉、数据传输速率高、安全和可靠性高、纠错能力强和实时性好等优点，已广泛应用于中、低价位汽车的实时分布式控制网络中。随着越来越多的汽车制造厂家采用 CAN 总线协议，CAN 总线协议已逐渐成为通用标准。采用 CAN 总线可大大减少各设备间的连接信号线束，并可提高系统监控水平。另外，在不减少其可靠性的前提下，可以很方便地增加新的控制单元，拓展网络系统功能。伴随车载 CAN 总线数量的增加及长度的增长，总线故障发生频次也逐渐增加，CAN 总线的故障诊断往往成为售后维修行业的一个难点。当汽车 CAN 总线系统出现故障，一般可以从以下几方面进行考虑：一是电源故障，例如电源电压过高，导致系统无法正常工作；二是电路故障，即链路故障，例如链路出现的断路、搭铁短路、与蓄电池的正极短接、CAN-H 与 CAN-L 互相短接等；三是节点故障，即控制单元故障，例如控制单元硬件故障或控制单元软件故障。

（1）CAN 总线故障预防知识

不要拉伸 CAN 总线线束，CAN 总线线束采用的是金属材料，其材质为铜线，拉伸线束会出现断路，从而使 CAN 总线出现故障，导致车辆无法正常使用。

不要将 CAN 总线线束拆开超过 4 cm，CAN 总线线束都是双绞线，经过包裹后就有了防干扰功能，维修总线时，如果将总线线束拆开，会破坏 CAN 总线的防干扰能力，使传输的数据发生变化，从而影响车辆的正常使用。

不要将 CAN 总线线束与其他导线连接，CAN 总线系统是一个封闭的网络传输系统，系统上只能有各个控制单元、CAN 总线线束和终端电阻 3 部分，如果把 CAN 总线线束与其他导线相连会导致总线传输的数据发生错误。如果和电源线或者搭铁线相连会导致整个 CAN 总线系统瘫痪，严重影响车辆的正常使用。

纯电动汽车与传统的燃油汽车在总线控制上有些区别，纯电动汽车网络系统更加复杂，使用诊断工具时尽量使用厂家推荐的诊断仪器，避免出现无法正常读取故障码的现象。

（2）CAN 总线信号诊断

新能源汽车在诊断网络故障时可以使用示波器，使用示波器双通道输入可以对 CAN 总线上传递的信号进行监测，信号应有如下特征。

① CAN-H 线上的信号电压为 2.5～3.5 V，CAN-L 线上的信号电压为 1.5～2.5 V。

② 信号传递随起动开关打开而开始，但起动开关关闭 2 s 以后信号传递才结束。

③ CAN-H 和 CAN-L 两种信号互为镜像，两个电压和为 5 V。

（3）CAN 总线故障原因

CAN 总线系统中拥有 1 个 CAN 总线控制器、3 个信息收发器、2 个数据传输终端及 2 条数据传输总线，除了数据总线外，其他各元件都置于各控制单元的内部。CAN 总线系统产生故障的原因一般有以下 3 种。

① 汽车电源系统引起的故障：汽车电控模块的工作电压一般为 10.5～15.0 V，如果汽车电源系统提供的工作电压不正常，就会使某些电控模块出现短暂的不正常工作，这会引起整个汽车 CAN 总线系统出现通信不畅的问题。

② 汽车 CAN 总线系统的链路故障：通信电路的短路、断路或电路物理性质变化引起通信

信号衰减或失真，都会导致多个控制单元工作不正常，使 CAN 总线系统无法工作。

③ 汽车 CAN 总线系统的节点故障：节点是汽车 CAN 总线系统中的电控模块，因此节点故障就是电控模块的故障。它包括软件故障和硬件故障：软件故障即传输协议或软件程序有缺陷或冲突，从而使汽车 CAN 总线系统通信出现混乱或无法工作，这种故障一般会成批出现；硬件故障一般是电控模块芯片或集成电路故障，造成汽车 CAN 总线系统无法正常工作。

（4）CAN 总线系统的检测方法

① 终端电阻的检测。在测量电阻过程中应注意：先断开车辆蓄电池负极的接线，大约等待 5 min，直到系统中所有的电容器放完电后再测量，因为控制单元内部电路的电阻是变化的。终端电阻的测量方法如图 4-1-4 所示，带有终端电阻的两个控制单元是并联的。单独测量一个终端电阻大约为 120 Ω，并联后的总电阻值约为 60 Ω。对总的电阻进行测量后，还需要将一个带有终端电阻的控制单元的插头拔下，进行两次单个电阻的测量，如果拔下一个终端电阻后所测的阻值发生变化，变成 120 Ω 时，则说明两个终端电阻都正常。如果将一

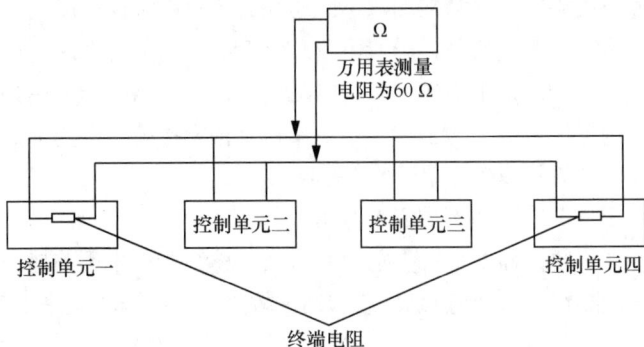

图4-1-4　终端电阻的测量方法

个带有终端电阻的控制单元插头拔下后，所测量的阻值没有发生变化，则说明系统中存在问题，可能是被拔下的控制单元终端电阻损坏或是 CAN 总线导线出现断路。如果在拔除带有终端电阻的控制单元后所测的阻值变为无穷大，则说明未被拔除的控制单元终端电阻损坏，或控制单元的 CAN 总线导线出现断路。出现的阻值小于 60 Ω 时，可能两条总线相互间出现短路。

② 总线对地电压的测量。CAN-H 信号在总线空闲时的电压约为 2.5 V，总线上有信号传输时，电压在 2.5～3.5 V 范围内高频波动，因此 CAN-H 的主体电压应是 2.5 V，正常情况下，当 CAN 总线唤醒后，CAN-H 对地的电压为 2.6 V 左右。同理，CAN-L 信号在总线空闲时的电压约为 2.5 V，总线有信号传输时电压在 1.5～2.5 V 范围内高频波动，当 CAN 总线唤醒后，CAN-L 对地的电压为 2.3 V 左右。两者的电压相加约为 5 V。CAN 总线对地电压的检查方法如图 4-1-5 所示。

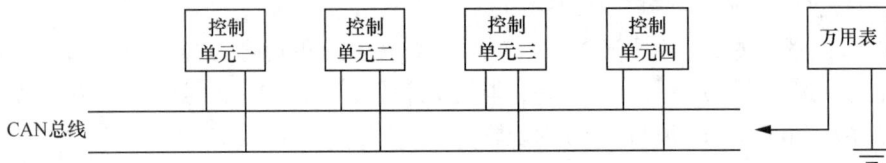

图4-1-5　CAN总线对地电压的检查方法

③ 总线对地电压的分析及故障排除方法。当 CAN-H 与 CAN-L 互相短路后，CAN 总线电压被置于隐性电压值（约为 2.5 V）。若实际测量两条 CAN 总线的电压始终在 2.5 V 左右，基本不变化，那么这样就基本能判定两条 CAN 总线存在相互短路的故障。

当出现 CAN-H 对电源（正极）短路故障时，根据 CAN 总线的容错特性，可能出现整个 CAN 网络无法通信的情况。以对 12 V 电源短路为例，使 CAN-H 电压被置于 12 V，CAN-L 线的隐性电压被置于约 12 V。实际测量电压，若发现 CAN-H 电压为 12 V，CAN-L 电压约为 11 V，

则说明出现此类故障。

当出现 CAN-H 对地短路故障时，根据 CAN 总线的容错特性，可能出现整个 CAN 总线网络无法通信的情况。使 CAN-H 的电压位于 0 V，CAN-L 的电压也被置于 0 V。实际测量电压，若发现 CAN-H 的电压为 0 V，且无断路问题，则说明出现此类故障。

当出现 CAN-L 对地短路故障时，根据 CAN 总线的容错特性，可能出现整个 CAN 总线网络无法通信的情况。此时 CAN-L 的电压约为 0 V，CAN-H 的隐性电压被降低至 0 V，但显性电压基本不变，因此依然可以传输数据，由此可说明 CAN-L 对地短路的容错性比较好。实测 CAN 总线电压，若 CAN-L 的电压为 0 V，CAN-H 的电压为 1 V 左右，则说明出现此类故障。

当出现 CAN-L 对电源（正极）短路这种故障时，根据 CAN 总线的容错特性，可能出现整个 CAN 总线网络无法通信的情况。由于 CAN-L 对电源短路，因此 CAN-H 的电压也被置于 12 V。若实际测量发现 CAN-L 和 CAN-H 的电压均为 12 V，则说明出现此类故障。

当某个控制模块 CAN-H 和 CAN-L 导线出现断路时，会导致该模块无法通信，但其他的控制模块的通信还是有的，在其他的控制模块可能读到此故障模块的故障码。如果多个控制模块的 CAN-H 和 CAN-L 导线出现断路，那么这些控制模块的通信都会受到影响。还需注意，如果单个模块无法通信，也可能是单个模块的电源和搭铁出现问题，排除此类故障的方法是，通过插拔 CAN 总线上的控制模块（节点），可以判断是由节点引起的故障还是由导线引起的故障。

（5）总线故障波形分析

① CAN-H 与 CAN-L 互相短路。当 CAN-H 与 CAN-L 短路时，CAN 总线网络会关闭，无法进行通信。CAN-H 与 CAN-L 短路总线波形如图 4-1-6 所示。

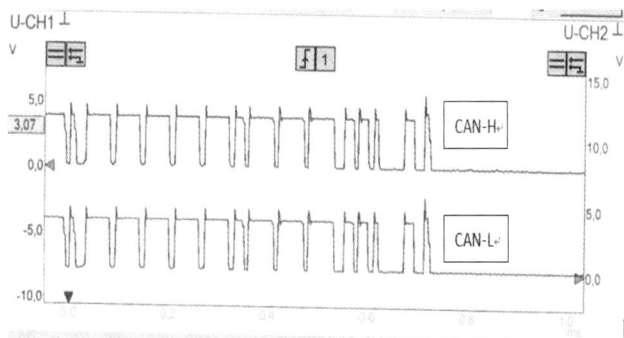

图4-1-6　CAN-H与CAN-L短路总线波形

② CAN-H 对电源（正极）短路。出现 CAN-H 对电源（正极）短路故障时，总线波形如图 4-1-7 所示。

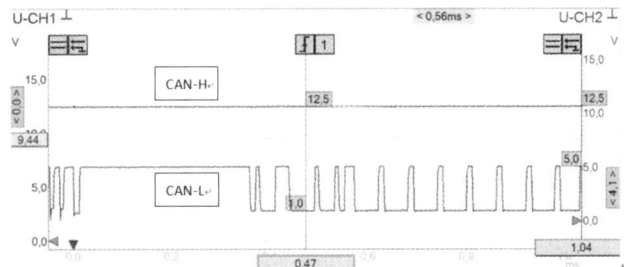

图4-1-7　CAN-H对电源（正极）短路总线波形

③ CAN-H 对地短路。当出现 CAN-H 对地短路故障时，可能会在 CAN-L 上出现小部分的电压变化，总线波形如图 4-1-8 所示。

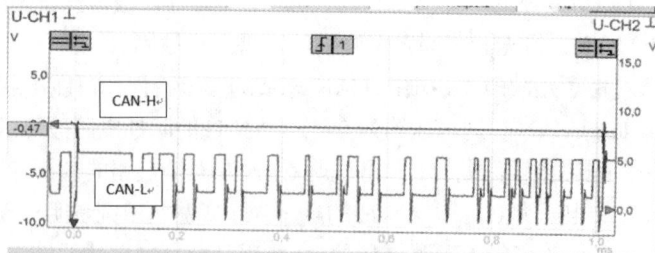

图4-1-8　CAN-H对地短路总线波形

④ CAN-L 对地短路。当出现 CAN-L 对地短路故障时，总线波形如图 4-1-9 所示。

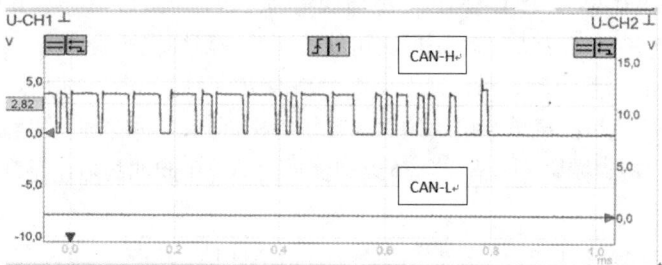

图4-1-9　CAN-L对地短路总线波形

⑤ CAN-L 对电源（正极）短路。当出现 CAN-L 对电源（正极）短路故障时，总线波形如图 4-1-10 所示。

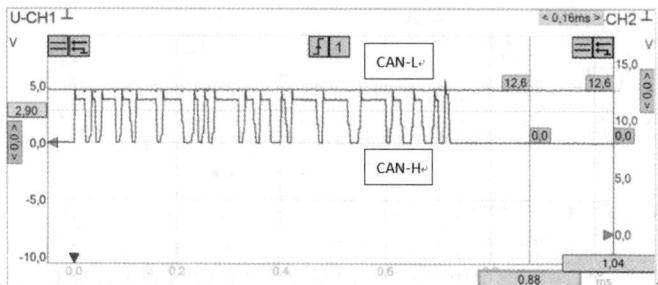

图4-1-10　CAN-L对电源（正极）短路总线波形

⑥ CAN-L 断路。CAN-L 断路的总线波形如图 4-1-11 所示。

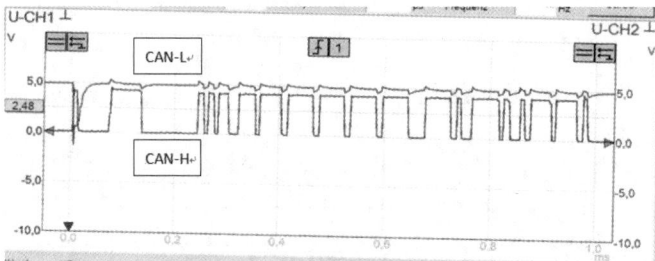

图4-1-11　CAN-L断路的总线波形

⑦ CAN-H 断路。CAN-H 断路的总线波形如图 4-1-12 所示。

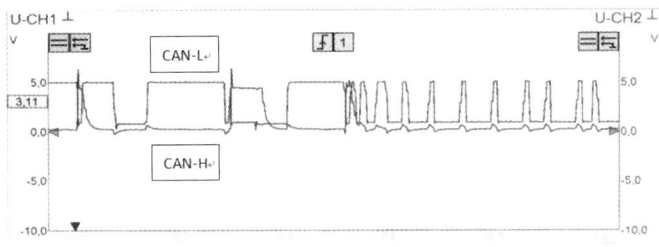

图4-1-12   CAN-H断路的总线波形

（6）CAN 总线线束修理

CAN 总线线束是汽车上非常重要的信号线束，在修理的时候需要注意以下事项。

① 修理后的总线线束必须焊接牢固，焊接后，需用聚氯乙烯带包裹被修理的零件。

② 总线线束修理好以后进行安装时，必须把 CAN-H 和 CAN-L 这 2 根总线线束互相缠绕在一起。如果总线线束未缠绕，CAN 总线容易受到噪声干扰。

③ CAN-H 和 CAN-L 总线线束之间的长度差异应在 100 mm 以内，超过则会引起数据传输的偏差。

④ 不要在插接器之间使用旁路导线，如果使用旁路导线，将无法发挥所缠绕的线束的保护作用。

⑤ 在用测试仪检查电阻时，将测试仪探头从插接器的后侧（线束侧）插入。如果无法从插接器的后面检查导通性，使用维修导线检查插接器。

⑥ CAN 总线发生断路故障时，导线连接部位长度不能超过 50 mm。

⑦ 断路的部位有两处以上时，断点距离必须满足在 100 mm 以上才允许修理，否则应更换 CAN 总线线束。

三、基本诊断思路

1. 故障原因分析

VCU 主要是判断操纵者意愿，根据车辆行驶状态，电池和电机系统的状态合理分配动力，使车辆运行在最佳状态。VCU 的基本控制功能如图 4-1-13 所示。

由图 4-1-13 可知，VCU 实时与电机控制系统、电池管理系统等各系统通信，并通过加速踏板位置、制动踏板位置、挡位、车速等信号获取整车状态并判断出当前需要的整车工作模式（如起步，加速、减速、匀速行驶，制动能量回收等）。

VCU 通过慢充连接确认、快充连接确认、快充正极接触器控制、快充负极接触器控制、动力电池负极接触器控制、高低压互锁等信号以及电池管理系统信息，判断整车能否充电并进行充电时的充电电流及时间等信息控制。

同时 VCU 还通过 DC/DC 使能、空调控制、真空泵控制等信号实现对纯电动汽车辅助系统的控制。

长安 EV460 纯电动汽车通过 CAN 总线获得原车功能模块、动力电池系统、驱动电机系统等状态信息。

长安 EV460 纯电动汽车共有 4 种 CAN 总线，分别是整车信息 CAN 总线、整车车身 CAN 总线、整车底盘 CAN 总线和新能源 CAN 总线，如图 4-1-14 ~ 图 4-1-17 所示。其中新能源 CAN

总线上的通信单元有 VCU、远程监控终端、电池管理系统、网关控制器、电源补给系统、电机控制系统以及调试口。整车控制器通过总线与其他控制单元通信，判断整车状态及故障处理。

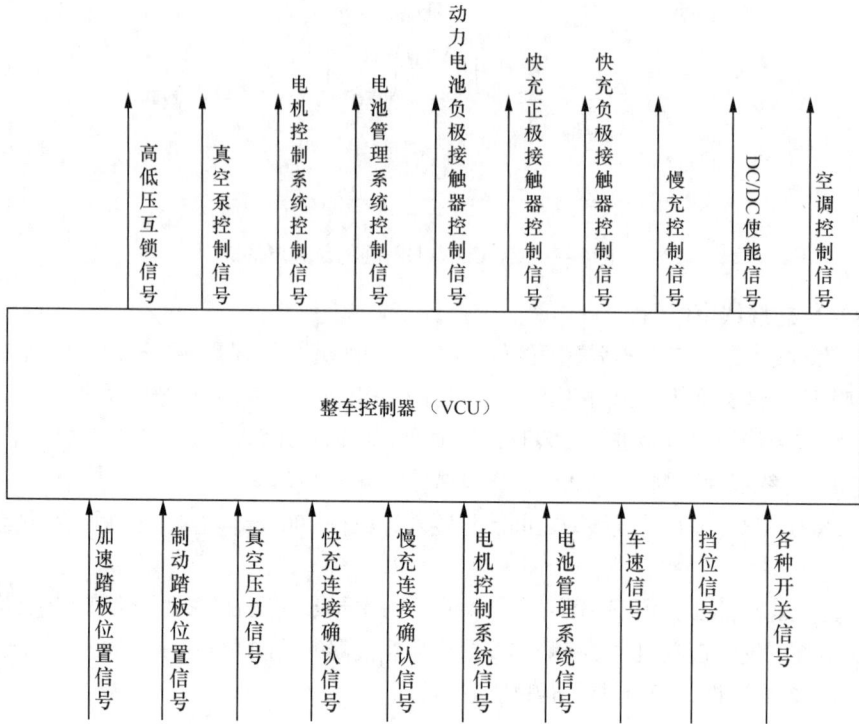

图4-1-13　VCU的基本控制功能

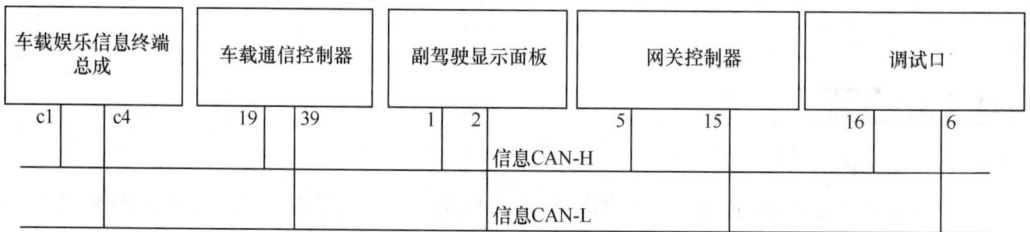

图4-1-14　长安EV460整车信息CAN总线

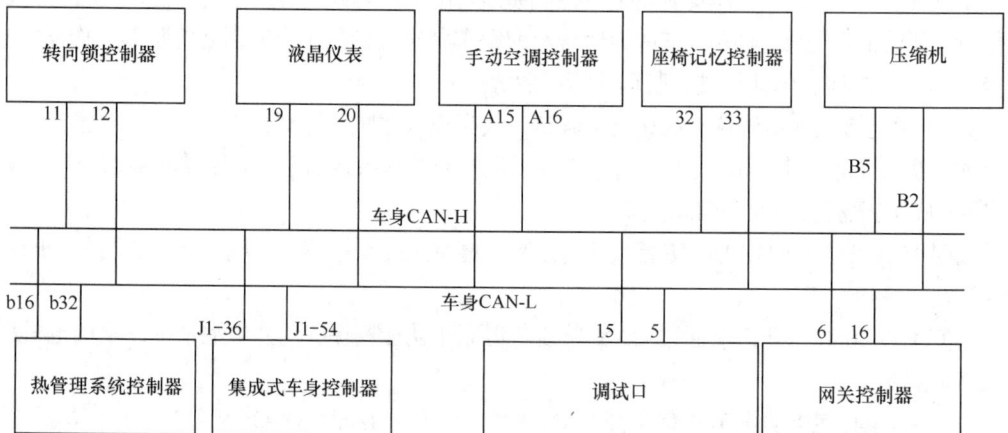

图4-1-15　长安EV460整车车身CAN总线

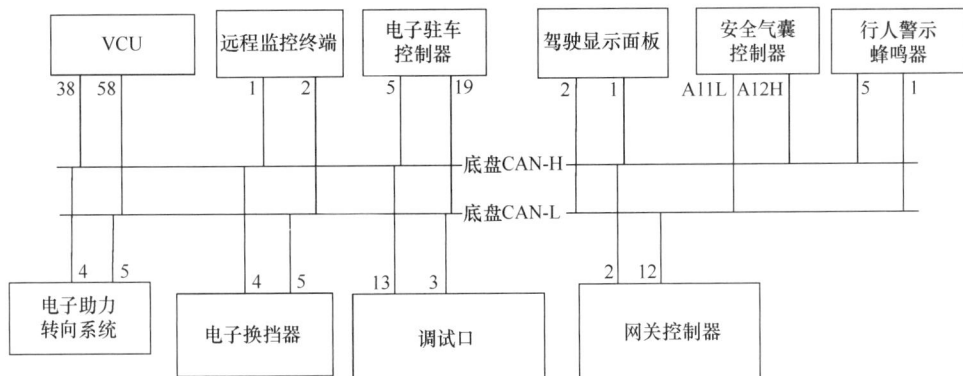

图4-1-16 长安EV460整车底盘CAN总线

图4-1-17 长安EV460新能源CAN总线

长安 EV460 纯电动汽车 OBD 接口（见图 4-1-18）部分引脚定义如下。

引脚 1：新能源 CAN 总线高。

引脚 9：新能源 CAN 总线低。

引脚 6：原车 CAN 总线高。

引脚 14：原车 CAN 总线低。

引脚 16：常电（BAT+）。

引脚 5：信号搭铁线。

图4-1-18 OBD接口

VCU 是整车的控制中心，导致 VCU 通信故障的可能原因有 VCU 供电故障、CAN 总线故障、VCU 故障及网关故障等，如图 4-1-19 所示。

2. 故障诊断流程

通信故障诊断可参照图 3-2-5 所示的诊断流程。在初步检查过程中，通过对仪表和中控显示信息的检查，可以获得故障提示信息，包括碰撞、裂痕、进水、控制单元或部件明显损坏、接插件松动或损坏、油液泄漏等。通过对车辆进行快速的初步检查，结合故障现象可以对故障原因做出初步判断。

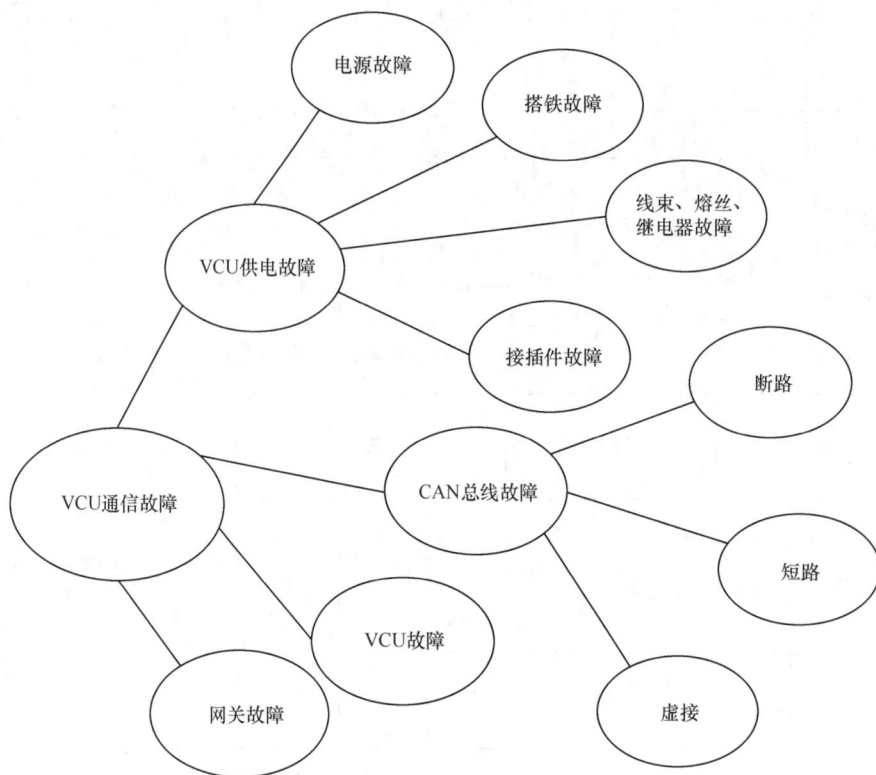

图4-1-19　VCU通信故障可能原因

　　连接故障诊断仪，检查故障诊断仪能否与控制单元通信。如果通信正常，可进入控制单元读取故障码或数据流，便于进一步分析、缩小故障范围。如果无法通信，新能源 CAN 总线上的控制单元均无法连接，在诊断口及相关电路正常情况下，则需重点检查新能源 CAN 总线系统，包括控制单元、供电线束及接插件等。

　　在检查 VCU 工作状况时，可通过间接的方法快速判断 VCU 的供电及工作情况。电动真空泵的工作与否是由 VCU 控制的，打开起动开关，多次踩下制动踏板，当 VCU 检测到真空压力低时，会控制电动真空泵工作。当电动真空泵工作时，能听到电动真空泵"滋滋滋"的声音。因此，可通过此方法判断 VCU 工作是否正常。检查新能源 CAN 总线上的其他控制单元是否都能正常工作或大部分正常工作，从而大致判断出故障范围。如果所有控制单元均不能工作且故障诊断仪无法访问，说明网关故障或 CAN 总线出现故障的可能性较大；如果只有个别控制单元不能工作且故障诊断仪无法访问，则说明与该控制单元连接的 CAN 总线或相关电路存在故障的可能性较大。可通过间接方法快速进行判断，比如连接充电枪，检查车载充电机上电源指示灯是否点亮、仪表上充电连接指示灯是否点亮等信息，来初步判断 VCU 是否正常。

　　可使用万用表、示波器、故障诊断仪等检测仪器或工具，完成 VCU 通信故障的相关检查项目。在涉及高压系统时，原则上不能带电操作，如需检查高压系统，一定要穿戴好个人防护用具，按规范进行检查。

四、任务实施

1. 实施要求

本操作任务为完成纯电动汽车 VCU 与其他高压控制系统无法通信的故障诊断与排除，包括以下内容。

（1）VCU 电路图的识读。

（2）VCU 的 CAN 总线输出通路测量。

（3）故障诊断仪的使用。

2. 实施准备

（1）防护装备：绝缘防护装备。

（2）长安 EV460 整车一辆。

（3）专用工具、设备：故障诊断仪、万用表及其他适用设备。

（4）手动工具：新能源汽车维修组合工具。

（5）辅助材料：诊断与维修所必需的熔丝等耗材。

3. 实施步骤

下面利用前述诊断流程，完成任务导入 VCU 无法通信故障的检测、诊断与修复。

（1）试车

经过试车，故障现象与客户描述一致。初步分析车辆高压系统没有上电，导致车辆无法行驶。

（2）检查组合仪表和中控的故障提示

打开起动开关，仪表盘不显示剩余电量、不显示续驶里程、READY 指示灯不亮；系统故障警告灯点亮、充电指示灯点亮；将换挡旋钮旋至 D 挡，车辆不能正常行驶。组合仪表故障提示如图 4-1-20 所示；中控无故障提示。

（3）车辆功能检查

① 打开起动开关，操作空调控制面板，空调控制面板所有按钮不起作用。

② 反复踩下制动踏板，听不到电动真空泵工作的声音，电动真空泵工作不正常，说明 VCU 不能正常工作。

③ 关闭起动开关，插上充电枪（慢充枪），仪表盘上充电连接指示灯正常点亮，充电显示 368 V、0 A，显示续驶里程，系统故障警告灯点亮，动力电池故障警告灯点亮，不能充电，如图 4-1-21 所示。

图4-1-20 组合仪表故障提示

图4-1-21 连接充电枪时的车辆状态

（4）车辆基本检查

关闭起动开关，拆下低压蓄电池负极，打开前机舱盖，穿戴好个人防护用具。检查控制单元及线束插头是否存在松动、破损、进水、受潮等现象。经检查，控制单元及线束插头无松动、破损、进水和受潮现象。

（5）连接故障诊断仪读取故障码

安装低压蓄电池负极，将故障诊断仪连接至车辆，读取故障码。故障诊断仪能进入 VCU，不能进入电池管理系统、电机控制器，如图 4-1-22 和图 4-1-23 所示。

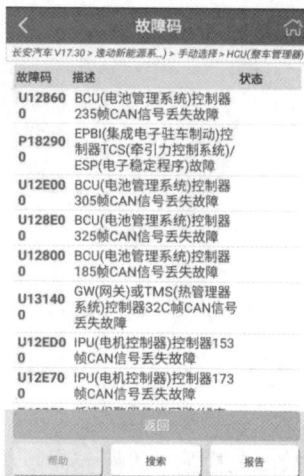

故障码	描述	状态
U128600	BCU(电池管理系统)控制器235帧CAN信号丢失故障	
P182900	EPBI(集成电子驻车制动控制器TCS(牵引力控制系统)/ESP(电子稳定程序)故障	
U12E000	BCU(电池管理系统)控制器305帧CAN信号丢失故障	
U128E00	BCU(电池管理系统)控制器325帧CAN信号丢失故障	
U128000	BCU(电池管理系统)控制器185帧CAN信号丢失故障	
U131400	GW(网关)或TMS(热管理器系统)控制器32C帧CAN信号丢失故障	
U12ED00	IPU(电机控制器)控制器153帧CAN信号丢失故障	
U12E700	IPU(电机控制器)控制器173帧CAN信号丢失故障	

图4-1-22　故障码

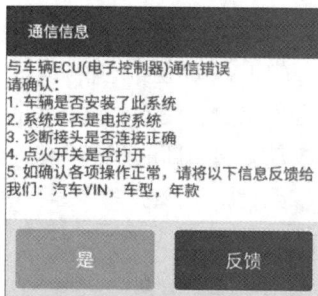

通信信息

与车辆ECU(电子控制器)通信错误
请确认：
1. 车辆是否安装了此系统
2. 系统是否是电控系统
3. 诊断接头是否连接正确
4. 点火开关是否打开
5. 如确认各项操作正常，请将以下信息反馈给我们：汽车VIN，车型，年款

图4-1-23　故障诊断仪无法与车辆ECU通信

（6）查阅电路图，分析故障范围

由图 4-1-17 可知，VCU、网关控制器、电池管理系统、电源补给系统、远程监控终端、电机控制系统均在新能源 CAN 总线上，VCU 如果工作不正常，连在新能源 CAN 总线上的控制系统大部分不能正常工作或无法通信，因此需重点检查新能源 CAN 总线通信系统线路、供电线路。

（7）检查新能源 CAN 总线通信系统线路

VCU 的 37 端子用于连接新能源 CAN-H 线束，57 端子连接新能源 CAN-L 线束。将无损探针分别刺入 37、57 两端子，被测量电阻的正常值为 60 Ω，实测值为 54 Ω，正常，如图 4-1-24 和图 4-1-25 所示。检查 CAN 总线波形，关闭起动开关，将无损探针分别刺入 VCU 的 37、57 端子，连接双通道示波器测试线，打开起动开关，用示波器观察 CAN-H、CAN-L 信号，波形如图 4-1-26 所示，信号正常。再检查 VCU 的 32 端子供电电压，正常值应大于等于 12 V，实测值为 0 V，根据由易到难的检测步骤，检查 32 端子线路供电熔丝 EF19，目测熔丝已烧坏，检测两端电阻值显示为 OL（无穷大），如图 4-1-27～图 4-1-29 所示。根据以上分析得出，EF19 熔丝损坏导致 VCU 与其他高压控制系统无法通信。

（8）处理该故障

处理该故障并再次试车，故障现象消失，车辆恢复正常。

图4-1-24　VCU的37和57端子　　图4-1-25　CAN总线电阻为54Ω　　图4-1-26　新能源CAN总线波形

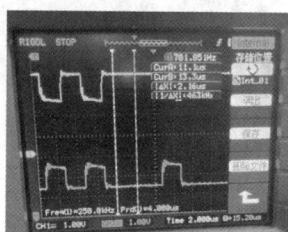

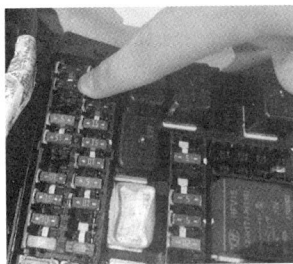

图4-1-27 EF19熔丝位置

图4-1-28 目测熔丝损坏

图4-1-29 EF19熔丝电阻无穷大

五、任务考核

任务工单 4-1-1　VCU 与其他高压控制系统无法通信故障诊断与排除

任务名称	VCU 与其他高压控制系统无法通信故障诊断与排除	学时		班级	
学生姓名		学生学号		任务成绩	
实训设备	长安 EV460 纯电动汽车、车间防护用具、个人防护用具、绝缘工具、常用检测仪器设备(万用表、绝缘电阻表、故障诊断仪等)、测试线	实训场地	新能源汽车理实一体化教室	日期	
任务描述	一辆长安 EV460 纯电动汽车,客户反映打开起动开关后仪表盘上有多个故障警告灯点亮,READY 指示灯不点亮,换挡旋钮旋至 D 挡或 R 挡,车辆均无法行驶				
任务目的	以行动为导向,引导学生制订计划,按照正确诊断流程诊断和修复故障,在此过程中学习相关理论知识和实践操作技能				

1. 资讯

(1)VCU 主要用于判断操纵者意愿,根据车辆行驶状态、＿＿＿＿＿＿＿＿和＿＿＿＿＿＿＿＿系统的状态合理分配动力,使车辆运行在最佳状态。

(2)VCU 实时与＿＿＿＿＿＿＿＿、＿＿＿＿＿＿＿＿等各系统通信,并通过加速踏板位置、制动踏板位置、挡位、车速等信号获取整车状态并判断出当前需要的整车工作模式(如起步等)。

(3)下图是长安 EV460 纯电动汽车网络架构图,请填写相应 CAN 总线名称。

总线1:

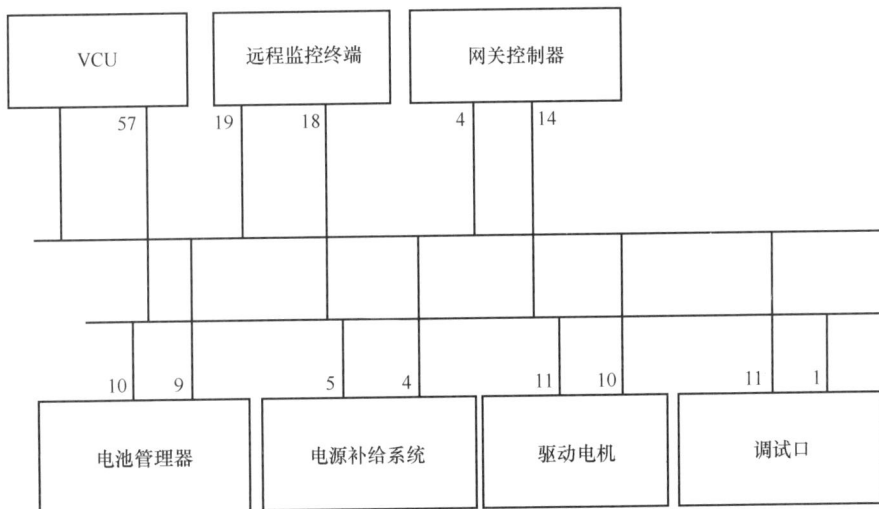

续表

总线 2：

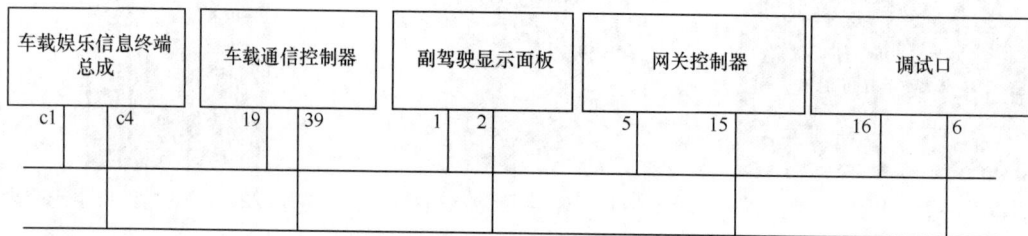

车载娱乐信息终端总成		车载通信控制器		副驾驶显示面板		网关控制器		调试口	
c1	c4	19	39	1	2	5	15	16	6

总线 1：_____　　总线 2：_____

（4）VCU 通信故障的可能原因有 _____。

2. 计划与决策

请根据故障现象和任务要求，确定所需要的检测仪器、工具，并对小组成员进行合理分工，制订详细的诊断和修复计划。

（1）需要的检测仪器、工具及防护用具。

（2）小组成员分工。

（3）诊断和修复计划。

3. 实施

（1）试车。

进行试车，故障现象与客户描述是否一致：_____。

（2）初步分析 _____，导致车辆无法行驶。

（3）检查组合仪表和中控的故障提示 _____。

仪表盘显示情况：_____。

中控显示情况：_____。

声音警告情况：_____。

操作换挡旋钮，车辆运行状态：_____。

（4）车辆功能检查。

空调系统工作是否正常：_____。

电动真空泵工作是否正常：_____。

连接充电枪，观察仪表盘显示情况：_____。

能否正常充电：_____。

（5）车辆基本检查。

关闭起动开关，拆下低压蓄电池负极，打开前机舱盖，穿戴好个人防护用具，检查控制单元及线束插头，有无松动、损坏等现象。

经检查：_____。

（6）连接故障诊断仪，读取故障码。

控制单元可否访问：_____。

有无故障码：_____。故障码：_____。

（7）查阅电路图，分析故障范围。

（8）检查新能源 CAN 总线通信系统线路、供电线路。

请在下面绘出 CAN 总线波形：

波形是否正常：_____。

（9）诊断结论。

检查 VCU 线束，发现：_____。

4. 检查

故障排除后，用故障诊断仪清除故障码，并进行如下检查。

（1）检查仪表及中控是否还有故障提示：_____。

（2）检查高压上电情况：_____。

（3）检查车辆行驶情况：_____。

5. 评估

（1）请根据自己任务完成的情况，对自己的工作进行自我评估，并提出改进意见。

① _____。

② _____。

③ _____。

（2）填写工单成绩（总分为自我评价、组长评价和教师评价得分值的平均值）。

自我评价	组长评价	教师评价	总　　分

任务4.1.2　高压互锁故障诊断与排除

一、任务导入

客户反映一辆纯电动汽车起动后，车辆无法行驶，经维修技师上电查看发现，READY 指示灯不亮，蓄电池充电警告灯点亮，系统故障警告灯点亮。主管要求进行故障诊断与排除，你能完成这个任务吗？

以下以长安 EV460 为例，介绍纯电动汽车整车动力控制系统故障诊断与排除的基本思路和注意事项，其他车型可以参考。

高压互锁故障
诊断与排除

二、知识储备

1. 高压互锁的作用

（1）安全的需要

高压互锁，指危险电压互锁回路（Hazardous Voltage Interlock Loop，HVIL）：通过使用电气小信号，来检查整个高压产品、导线、连接器及护盖的电气完整性（连续性），识别回路异常断开时，及时断开高压电。

在纯电动汽车上设置高压互锁的目的如下。

① 在整车高压上电前确保整个高压系统的完整性，使高压在一个封闭的环境下工作，提高安全性。

② 当整车在运行过程中高压系统回路断开或者完整性受到破坏的时候，起到起动安全防护作用。

③ 防止带电插拔高压插接器使高压端子受到拉弧损坏。

（2）控制原理

高压互锁安全回路是个环形线路，通过低压电网来监控高压电网。如果安全回路断路，会导致高压系统立即被切断，以保障用户的安全。

2. 高压互锁电路分析及高压互锁的检测

（1）高压互锁电路分析与高压互锁控制策略

① 高压互锁电路分析。高压互锁电路如图 4-1-30 所示。高压互锁电路的连接线包括两部分：粗线和虚线。粗线部分用于监测高压供电回路的完整性，可以分为两种形式：一种是与高压电源线并联，并在所有高压插接器端与

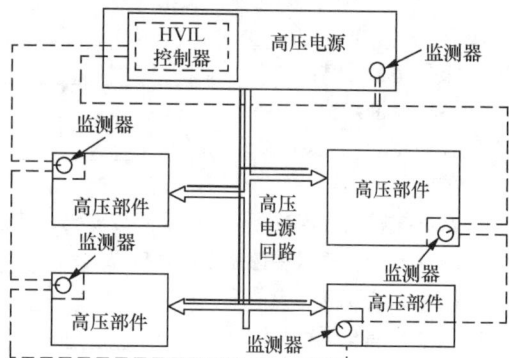

图4-1-30 高压互锁电路

插接器、监测器连接，将所有的连接串接起来组成一个完整的回路，可以利用高压线上的屏蔽线组成信号回路的部分，以使整个系统变得更简单和可靠；另一种形式为各个高压部件控制器负责监测各自的 HVIL 信号，只有当全部的控制器收到 HVIL 接通信号时，才允许接通高压源。图 4-1-31 和图 4-1-32 所示的两个高压供电检测回路即分别为这两种情况的示例。

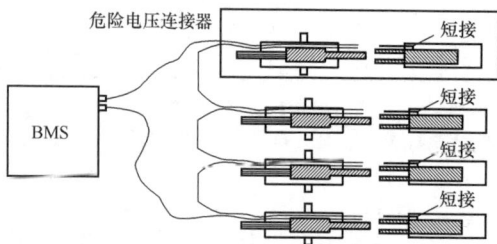

图4-1-31 高压供电检测回路1

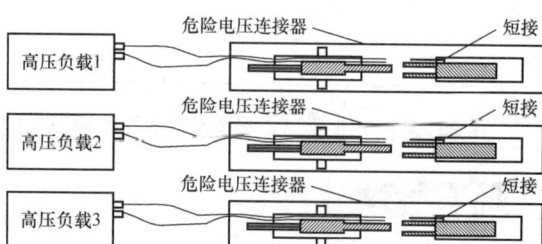

图4-1-32 高压供电检测回路2

图 4-1-30 中的虚线部分用来监测所有高压部件保护盖是否非法开启，利用信号线将所有高压部件上的监测器串联起来，组成另外一条监测信号回路。

② 高压互锁控制策略。在高压互锁系统识别到危险时，整个控制器应根据危险时的行车状态及故障危险程度运用合理的安全策略，这些策略包括以下几点。

a. 故障报警。无论纯电动汽车在何种状态，在高压互锁系统识别到危险时，车辆应该对危险情况做出报警提示，需要仪表或指示器以声或光报警的形式提醒驾驶员，让驾驶员注意车辆的异常情况，以便及时处理，避免发生安全事故。

b. 切断高压电源。当纯电动汽车在停止状态、高压互锁系统识别到严重危险情况时，除了进行故障报警，还应通知系统控制器断开自动断路器，使高压电源被彻底切断，避免可能发生的高压危险，确保财产和人身安全。

c. 降功率运行。纯电动汽车在高速行车过程中，高压互锁系统识别到危险情况时，不应马上切断高压电源，而应首先通过报警提示驾驶员，然后让控制系统降低电机的运行功率，使车辆速度降下来，以使整车高压系统在负荷较小的情况下运行，尽量降低发生高压危险的可能性，

同时也允许驾驶员能够将车辆停到安全的地方。

（2）高压互锁的检测

长安 EV460 在整车高压部件处均设有高压互锁装置，如图 4-1-33 所示。

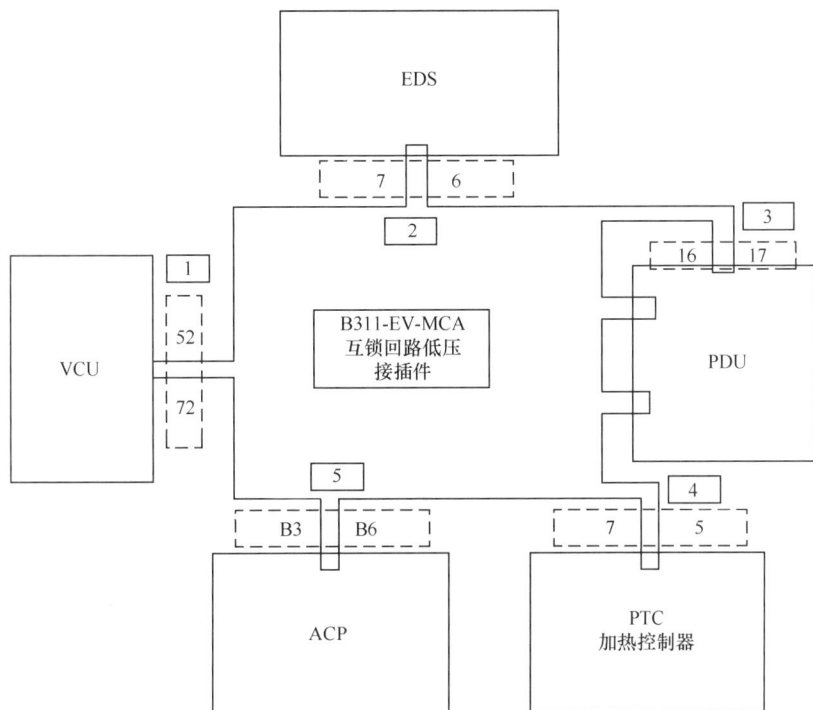

图4-1-33　高压互锁装置

互锁电路的作用是检测高压线束的连接情况，当某个高压接插件未接插到位时，电池管理系统将切断高压电源。检修时，可使用万用表逐段检测线束、接插件导通情况，视情况更换或维修线束、接插件或元器件。

三、基本诊断思路

1. 故障原因分析

高压互锁是指通过使用低压信号来检查纯电动汽车上所有与高压母线相连的各分路，包括整个电池系统导线、连接器、电机控制器、高压控制盒及保护盖等系统回路的电气连接完整性，低压信号沿着闭合的低压回路传递，低压信号中断说明某一个连接器有松动或者脱落。目前整车高压互锁一般由 VCU 完成检测。

从系统功能安全的角度出发，每个可能存在的风险，都需要配置相应的安全技术手段予以监测，以降低风险发生的概率。从这个层面出发，高压互锁作为电动汽车高压系统安全的一个安全措施，在电路设计中使用。纯电动汽车高压系统的风险点之一，是突然断电，汽车失去动力。可能造成汽车失去动力的原因有几种，其中之一就是高压回路断开。高压互锁可以监测到这种迹象，并在高压断电之前给 VCU 提供报警信息，预留整车系统采取应对措施的时间。

高压互锁出现故障时整车是无法上高压电的，VCU 检测不到高压互锁信号，就会将整个车辆的高压电源断开，并将检测到的故障发送到 BCM（车身控制模块），由 BCM 传到仪表显示故障现象。

长安 EV460 的高压接插件环路互锁是由 VCU 发出信号，经过 ACP（空调压缩机）、PTC 加热控制器、PDU、EDS 回到 VCU，如图 4-1-33 所示。如果中间某个系统的高压互锁不正常，那么 VCU 将接收不到高压互锁信号，VCU 将全车下电，报故障。导致高压互锁故障的可能原因有高压互锁回路（线束或引脚）对地短路、高压互锁回路（线束或引脚）对电源短路、高压互锁回路（线束或引脚）断路，如图 4-1-34 所示。

2. 故障诊断流程

长安 EV460 纯电动汽车高压互锁故障出现后，应与客户沟通，进行故障确认，从 VCU 高压互锁、EDS 高压互锁、车载充电机高压互锁、空调压缩机高压互锁、PTC 加热器高压互锁等方面进行故障分析与检测。

根据客户的描述、现场的故障再现，初步分析故障，使用故障诊断仪检查故障码和数据流，分析判断故障，制定故障维修流程，进行故障检测，如图 4-1-35 所示。

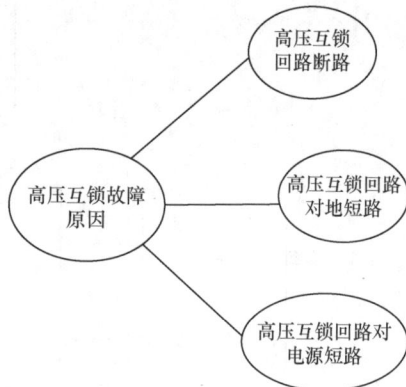

图4-1-34　高压互锁故障可能原因

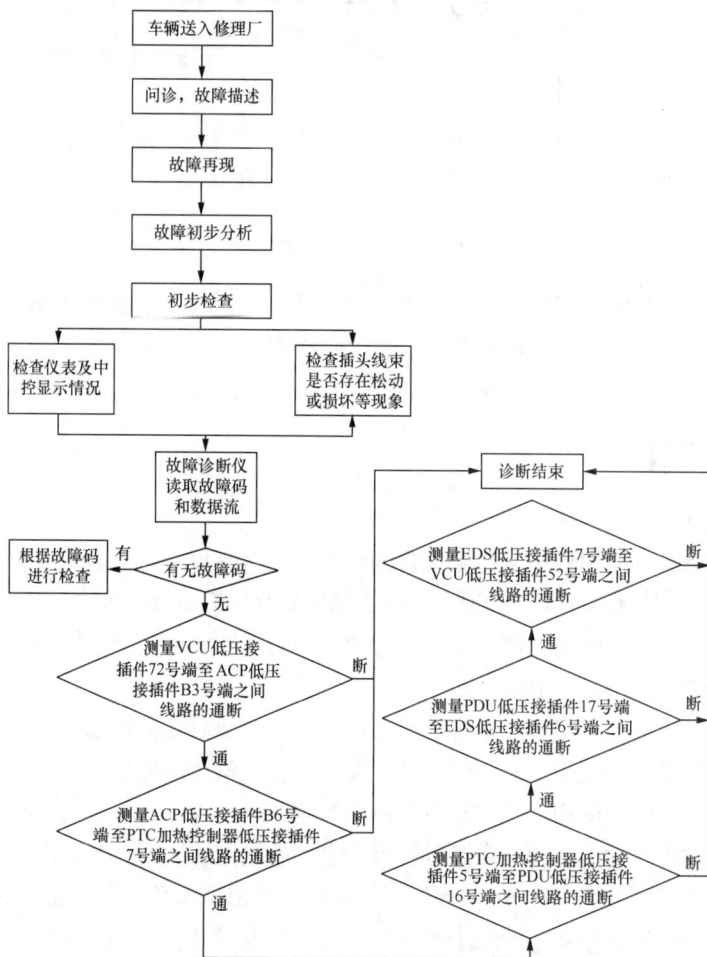

图4-1-35　高压互锁故障诊断流程

四、任务实施

1. 实施要求

本操作任务为完成高压互锁故障诊断与排除，包括以下内容。

（1）高压互锁电路图的简化。

（2）高压互锁通路测量。

（3）故障诊断仪的使用。

2. 实施准备

（1）防护装备：绝缘防护装备。

（2）长安 EV460 整车一辆。

（3）专用工具、设备：故障诊断仪、万用表及其他适用设备。

（4）手动工具：新能源汽车维修组合工具。

（5）辅助材料：诊断与维修所必需的熔丝等耗材。

3. 实施步骤

下面利用前述诊断流程，完成任务导入中高压互锁故障的检测、诊断与修复。

（1）试车

经过试车，故障现象与客户描述一致。初步分析车辆高压系统没有上电，导致车辆无法行驶。

（2）检查组合仪表和中控的故障提示

打开起动开关，仪表盘显示剩余电量，显示平均电耗，不显示续驶里程，READY 指示灯不亮；系统故障警告灯点亮；将换挡旋钮旋至 D 挡，车辆不能正常行驶，仪表盘上挡位指示 N 挡，如图 4-1-36 所示。中控无故障提示。

（3）车辆功能检查

① 反复踩下制动踏板，能听到电动真空泵工作的声音，电动真空泵工作正常，说明 VCU 能正常工作。

② 关闭起动开关，插上充电枪（慢充枪），仪表盘上充电连接指示灯正常点亮，充电显示 0 A，有电压显示，不显示续驶里程，不能充电，如图 4-1-37 所示。

图4-1-36　组合仪表故障提示

图4-1-37　连接充电枪时的车辆状态

（4）车辆基本检查

关闭起动开关，拆下低压蓄电池负极，打开前机舱盖，穿戴好个人防护用具。检查控制单元及线束插头是否存在松动、破损、进水、受潮等现象。经检查，控制单元及线束插头无松动、破损、进水和受潮现象。

（5）连接故障诊断仪，读取故障码

安装低压蓄电池负极，将故障诊断仪连接至车辆，读取故障码。故障诊断仪显示高压互锁回路开路，如图 4-1-38 所示。

（6）查阅电路图，分析故障范围

由图 4-1-33 可知，高压互锁回路由 VCU、ACP、EDS、PDU、PTC 加热控制器等组成。分别检测 VCU 低压接插件 72 号端至 ACP 低压接插件 B3 号端之间线路的通断、ACP 低压接插件 B6 号端至 PTC 加热控制器低压接插件 7 号端之间线路的通断、PTC 加热控制器低压接插件 5 号端至 PDU 低压接插件 16 号端之间线路的通断、PDU 低压接插件 17 号端至 EDS 低压接插件 6 号端之间线路的通断、EDS 低压接插件 7 号端至 VCU 低压接插件 52 号端之间线路的通断。

（7）检查高压互锁线路

测量 VCU 低压接插件 72 号端至 ACP 低压接插件 B3 号端之间的阻值为 0.4 Ω（小于 1 Ω），结果正常；测量 ACP 低压接插件 B6 号端至 PTC 加热控制器低压接插件 7 号端之间的阻值为 0.5 Ω（小于 1 Ω），结果正常；测量 PTC 加热控制器低压接插件 5 号端至 PDU 低压接插件 16 号端之间的阻值为无穷大，如图 4-1-39 所示。根据以上分析，PTC 加热控制器低压接插件 5 号端至 PDU 低压接插件 16 号端之间断路。

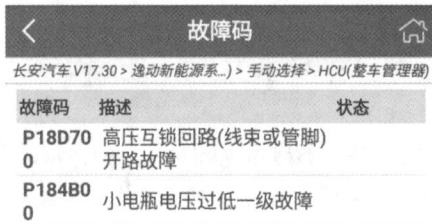

图4-1-38　故障诊断仪显示结果

图4-1-39　检测结果

（8）处理该故障

处理该故障，再次试车，故障现象消失，车辆恢复正常。

五、任务考核

任务工单 4-1-2　高压互锁故障诊断与排除

任务名称	高压互锁故障诊断与排除		学时		班级	
学生姓名			学生学号		任务成绩	
实训设备，工具及仪器	长安 EV460 纯电动汽车、故障诊断仪、示波器、车间防护用具、个人防护用具、绝缘工具、常用检测设备（万用表、绝缘电阻表）、故障检测线		实训场地	新能源汽车理实一体化教室	日期	
任务描述	一辆长安 EV460 纯电动汽车，客户反映起动车辆后，车辆无法行驶，经维修技师上电查看后发现，READY 指示灯没有点亮，蓄电池充电警告灯点亮，系统故障警告灯点亮					
任务目的	以行动为导向，引导学生制订计划，按照正确诊断流程诊断和修复故障，在此过程中学习相关理论和实践操作技能					

1. 资讯

（1）高压互锁是指通过使用_____来检查电动汽车上所有与_____母线相连的各分路，包括整个电池系统导线、_____、_____、_____及保护盖等系统回路的电气

续表

连接完整性，低压信号沿着闭合的低压回路传递，低压信号中断说明某一个高压插接器有_____。

（2）目前整车高压互锁一般由_____完成检测。

（3）从系统功能安全的角度出发，每个可能存在的风险都需要配置相应的_____手段予以监测，以降低_____发生的概率。

（4）高压互锁作为电动汽车_____的一个安全措施，在电路设计中使用。电动汽车高压系统的风险点之一，是_____汽车失去动力。可能造成汽车失去动力的原因有几种，其中之一就是_____。高压互锁可以监测到这种迹象，并在之前_____给 VCU 提供信息，预留整车控制系统采取应对措施的时间。

（5）长安纯电动汽车的高压互锁检测是电池内部由_____，通过_____发至整车网络由_____根据故障等级进行相应操作。外部高压接插件环路由_____检测，并根据_____进行相应操作。

（6）如果高压互锁出现故障，整车是_____VCU 检测不到_____信号，就会将整个车辆高压电断开，并将检测到的故障发送到_____，由 BCM 传到仪表显示故障现象。

（7）外部高压接插件环路由空调压缩机、PTC 加热控制器、_____、_____、_____、_____组成。

（8）高压互锁由 VCU 发出信号经过_____、_____、_____、PTC 加热控制器回到 VCU。如果中间某个系统的高压互锁不正常，那么 VCU 将接收不到_____信号，VCU 将_____，报故障。

2. 计划与决策

请根据故障现象和任务要求，确定所需要的检测仪器、工具，并对小组成员进行合理分工，制订详细的诊断和修复计划。

（1）需要的检测仪器、工具及防护用具。

（2）小组成员分工。

（3）诊断和修复计划。

3. 实施

（1）填写车辆信息。

整车型号：_____。

工作电压：_____。

电池容量：_____。

车辆识别代码：_____。

电机型号：_____。

里程表读数：_____。

（2）故障现象确认。

根据客户描述的故障现象，检查组合仪表的故障提示，发现_____指示灯没有点亮，蓄电池_____灯点亮，系统故障警告灯点亮。

（3）连接故障诊断仪。

关闭点火开关，将故障诊断仪与车辆_____诊断口连接。

（4）故障码及数据流的读取。

车辆上电，使用故障诊断仪对长安 EV460 纯电动汽车进行故障码和数据流的读取，读取 VCU

故障码为_____、_____。

（5）确定故障范围。

初步判断为_____出现故障。

（6）基本检查。

断开蓄电池负极，等待_____ min，进行基本检查，_____、_____、_____、_____、_____外观及连接情况是否正常。

（7）部件/电路测试。

① 查阅长安 EV460 纯电动汽车高压互锁电路图，检测高压回路_____之间的电阻，阻值应小于 1Ω，实测阻值为_____Ω。

② 查阅电路图，检测_____之间的电阻，标准值小于 1 Ω，实测值大于 1 Ω，电路故障，维修_____之间电路，故障排除。

（8）部件/电路复查。

维修完成，再次检测_____之间的电阻，阻值_____Ω。

（9）确认故障已排除。

车辆上电，使用故障诊断仪对长安 EV460 纯电动汽车进行_____和_____的读取，VCU 显示无故障码，确认故障已排除。

（10）诊断结论。

综合上述检测结果，判断故障点：_____。

4. 检查

故障排除后，用故障诊断仪清除故障码，并进行如下检查。

（1）检查仪表是否还有故障提示：_____。

（2）检查高压上电情况：_____。

（3）检查充电情况：_____。

5. 评估

（1）请根据任务完成的情况，对自己的工作进行评估，并提出改进意见。

① _____

_____。

② _____

_____。

③ _____

_____。

（2）工单成绩（总分为自我评价、组长评价和教师评价得分值的平均值）自我评价。

自我评价	组长评价	教师评价	总分

••• 学习情境 4.2　纯电动汽车动力电池系统故障诊断与排除 •••

【知识目标】

（1）能够描述纯电动汽车动力电池故障诊断的基本思路。

（2）能够描述电池管理控制器故障诊断与排除方法。

【技能目标】

能通过与客户交流、查阅相关维修技术资料等方式获取车辆信息，能根据故障现象制定正确的诊断流程，能正确对仪表显示剩余电量异常、车辆充电异常的故障等进行诊断，能根据故障选择正确的诊断和检测设备。

【职业素养要求】

（1）严格执行汽车检修规范，养成严谨科学的工作态度。

（2）具有吃苦耐劳、踏实肯干的作风。

（3）严格执行 8S 现场管理。

任务4.2.1　仪表显示剩余电量异常故障诊断与排除

一、任务导入

一辆长安 EV460 纯电动汽车，客户反映起动车辆后，READY 指示灯没有点亮，车辆无法行驶，维修技师上电查看后发现，除了客户说的故障现象以外，蓄电池充电警告灯点亮，动力电池故障警告灯点亮，仪表上没有显示蓄电池的剩余电量。主管要求进行故障诊断与排除，你能完成这个任务吗？

以下以长安 EV460 为例，介绍纯电动汽车动力电池系统故障诊断与排除的基本思路和注意事项，其他车型可以参考。

仪表显示剩余电量
异常故障诊断与
排除

二、知识储备

动力电池的作用是接收和储存由车载充电机、发电机、制动能量回收装置或外置充电装置提供的高压直流电，并且为电动汽车提供高压直流电。长安 EV460 纯电动汽车动力电池位于汽车底部，电池管理系统位于电池包内部。

1. 电池总成组成

电池总成由动力电池模块、电池管理系统、高压元器件、铜排、线束、热管理组件以及电池箱体等组成。电池总成示意如图 4-2-1 所示。

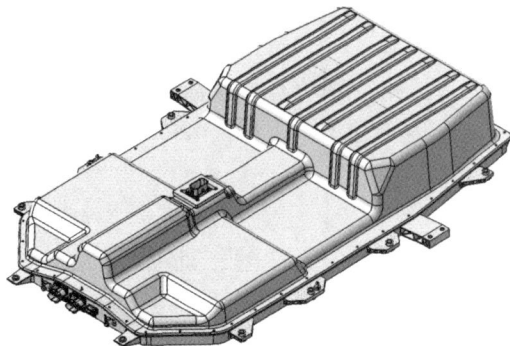

图4-2-1　电池总成示意

动力电池模块共计 24 个模块，通过螺栓及支架固定于箱体上。电池总成内部布置如图 4-2-2 所示。

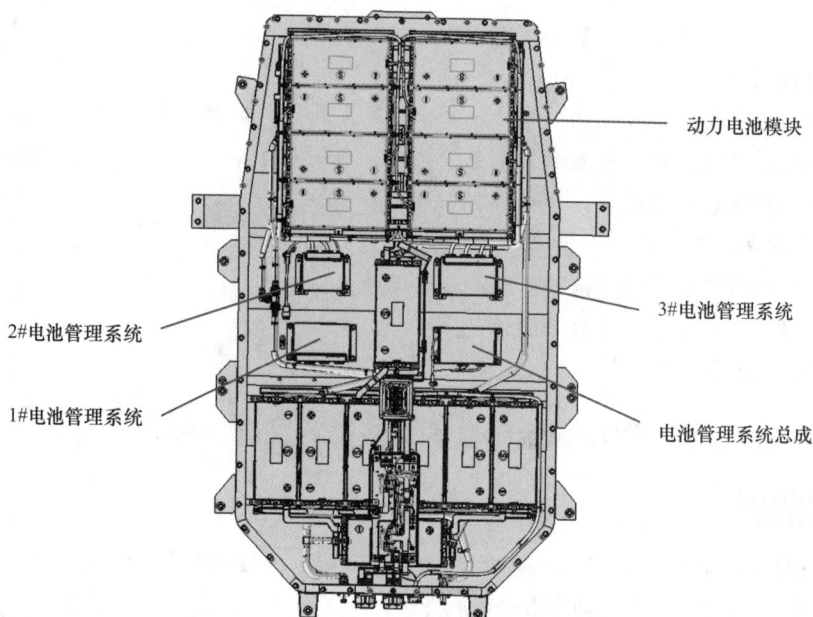

图4-2-2 电池总成内部布置

（1）动力电池模块

长安 EV460 动力电池采用三元锂动力电池总成，由单体标称电压 3.65 V 的 96 个电池单体采用 1 并 96 串的方式组合而成，标称电压为 350.4 V，额定容量为 150 A·h。动力电池总成的功能是为整车存储能量，为电机和 DC/DC 变换器（简称 DC/DC）提供能量。

（2）BCU

BCU（BCU 是电池管理系统即 BMS 在长安汽车系统中的代号）是纯电动汽车上管理整车动力电池总成的关键部件，它可实时采集并监控电池电压、电流、温度，预估 SOC 和当前可用功率，进行过电压、过电流、过温等故障提示以及漏电流保护等功能，同时具有 CAN 总线故障诊断和标定功能。BCU 的组成按性质可分为硬件和软件，按功能分为数据采集单元和控制单元。BCU 的硬件包括主板、从板及高压控制盒，还包括采集电压线、电流和温度等数据的电子采集器件；BCU 的软件用于监测动力电池的电压、电流、SOC 值、绝缘电阻值、温度值，通过与整车控制器、充电机的通信，来控制动力电池系统的充放电。

（3）动力电池箱

动力电池箱是用于支撑、固定和包围动力电池系统的组件，主要包括上下盖和下托盘，还有辅助元器件，如过渡件、护板和螺栓等，动力电池箱有承载及保护动力电池组及电气元件的作用，其材料常为铸铝和玻璃钢。

（4）辅助元器件

辅助元器件主要包括动力电池系统内部的电子元器件（如熔丝、继电器、电流传感器、铜排等）、维修开关以及电子电气元件以外的辅助元器件，如密封条、绝缘材料等。长安 EV460 动力电池系统辅助元器件如图 4-2-3 所示。

① 主继电器。主继电器包含主正继电器和主负继电器。以长安 EV460 为例，主正继电器由 BMS 控制，主负继电器由整车控制器控制，作用是控制回路的通断。

② 预充继电器。预充继电器由 BMS 控制其闭合或断开，预充继电器的作用是在电驱动系

统上电时，通过接通主负继电器、预充继电器和预充电阻，以小电流向电驱动系统控制器中的电容充电，当电容两端电压接近动力电池总电压时，断开预充继电器，闭合主正继电器，从而保护主正、主负继电器免受损坏。

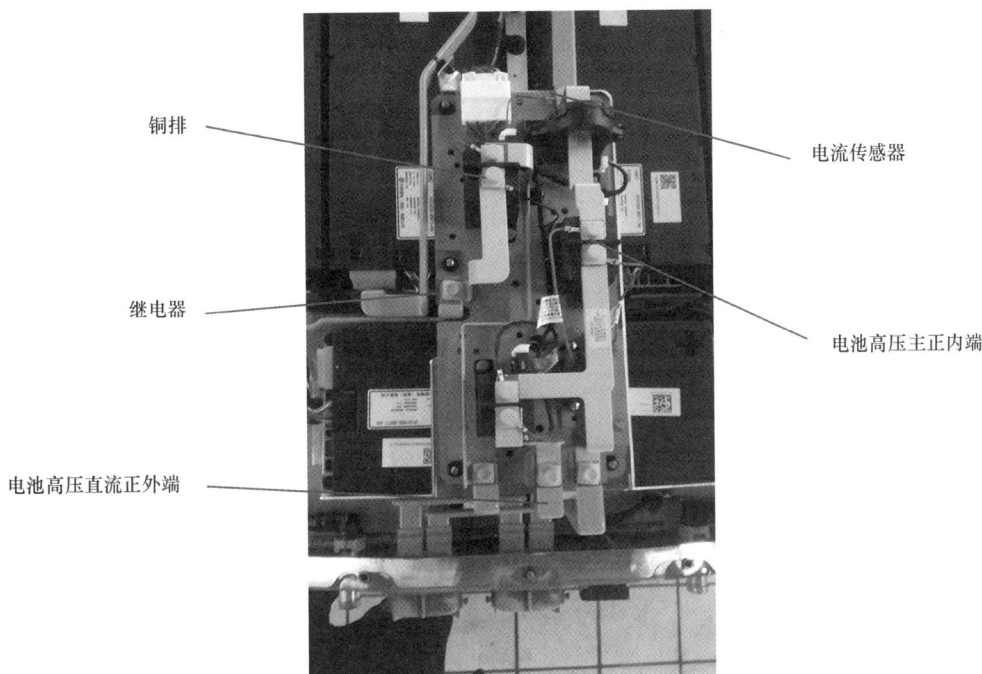

图4-2-3　辅助元器件

铜排

继电器

电池高压直流正外端

电流传感器

电池高压主正内端

③ 电流传感器。电流传感器用来检测动力电池系统充放电电流的大小，通常为霍尔式电流传感器。

④ 熔丝。动力电池系统熔丝串联在动力电池组中间，用来防止能量回收过电压、过电流或放电时过电流，规格依据车型不同有所区别，长安 EV460 电池系统中熔丝的规格为电流 250 A、电压 500 V。

⑤ 高低压接插件。动力电池通过高压接插件与高压控制盒相连接，通过低压接插件连接 CAN 总线与整车控制器或车载充电机进行通信。

（5）电池单体及温度布点图

电池总成共 96 个电池单体，共采集了 32 个温度点，布点如图 4-2-4 所示（其中，2#、3#、7#、8#、9#、15#、19#、21#模组中有 2 个传感器）。单体从主负端开始，由负极到正极依次排序，温度点排序亦是如此。

（6）高压互锁检测回路

电池总成内部高压互锁检测回路（见图 4-2-5）通过主板输出信号经互锁回路再接收信号对高压连接进行检测，若某一高压接插件未接插好或某一段线束开路，则会导致互锁检测不通过，报高压互锁故障。

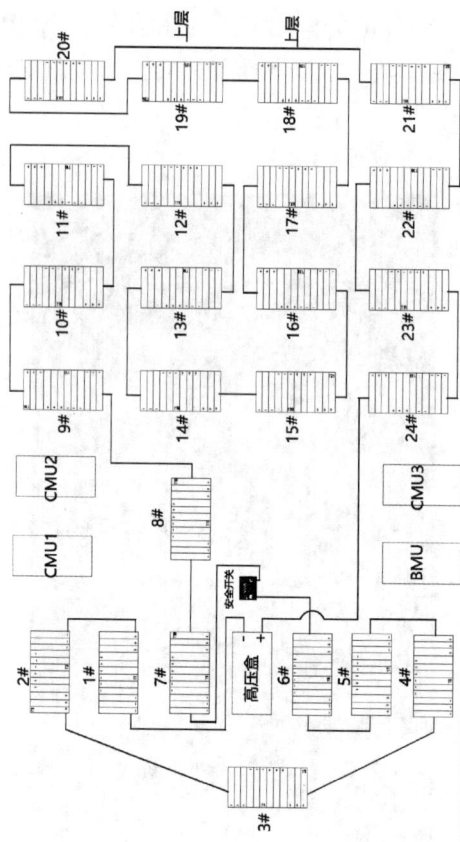

图4-2-4　电池单体及温度布点

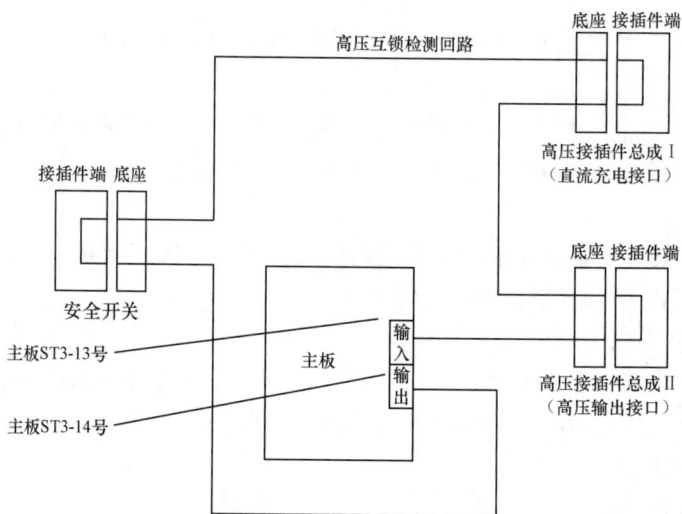

图4-2-5　高压互锁检测回路

2.　接插件接口定义

（1）高压接插件接口定义

电池包上面有3个插头，分别是动力电池输出（主输出）、快充输入、整车低压信号端，如图 4-2-6 所示。

主输出：
高压接插件总成Ⅱ
接口定义：左负右正
（面对安装面）

快充输入：
高压接插件总成Ⅰ
接口定义：左负右正
（面对安装面）

接整车低压信号：
信号采集线束总成Ⅰ

图4-2-6　高压接插件接口

（2）安全开关接口定义

安全开关位于驾驶室扶手箱内，安全开关接口如图 4-2-7 所示。

（3）低压接插件端口定义

电池包上的低压接插件主要控制高压电的输出，具体端口如图 4-2-8 所示。

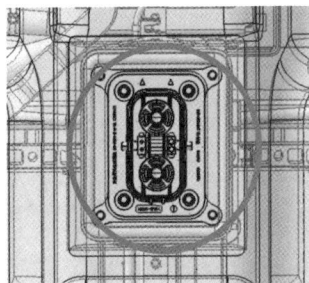

图4-2-7　安全开关接口

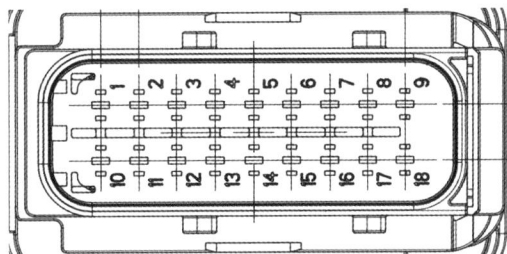

图4-2-8　电池包低压接插件端口

信号描述：电池包低压线束端口定义如表 4-2-1 所示。

表 4-2-1　电池包低压线束端口定义

序号	低压线束端口	定义
1	BCU_POWER_SUPPLY	BCU 工作电源，接 12V 常电
2	BCU_WAKE_UP	BCU 唤醒信号
3	CC	交流充电连接信号
4	—	—
5	—	—
6	HVIL-TEXT	高压互锁测试
7	ICAN_H	内网 CAN 总线高
8	DC_CHARGE_CANH	直流充电 CAN 总线高
9	PCAN_H	整车 CAN 总线高
10	VBAT_GND	电池搭铁
11	POWER_GND	电源搭铁
12	CC2	直流充电连接信号
13	—	—
14	CARSH_HAPPEN	碰撞硬线检测信号

序号	低压线束端口	定义
15	—	—
16	ICAN_L	内网 CAN 总线低
17	DC_CHARGE_CANL	直流充电 CAN 总线低
18	PCAN_L	整车 CAN 总线低

3. BMS 结构原理

（1）高压回路绝缘管理

绝缘性能检测是保障用电安全的重要措施，绝缘监测电路通过绝缘监测电阻组成的电桥，通过 BMS 时刻监测高压电路的绝缘状况，如果绝缘阻值下降，BMS 切断总正接触器和总负接触器，防止产生漏电意外，同时通过仪表报警。

（2）高压母线继电器控制

动力电池高压系统工作原理如图 4-2-9 所示。

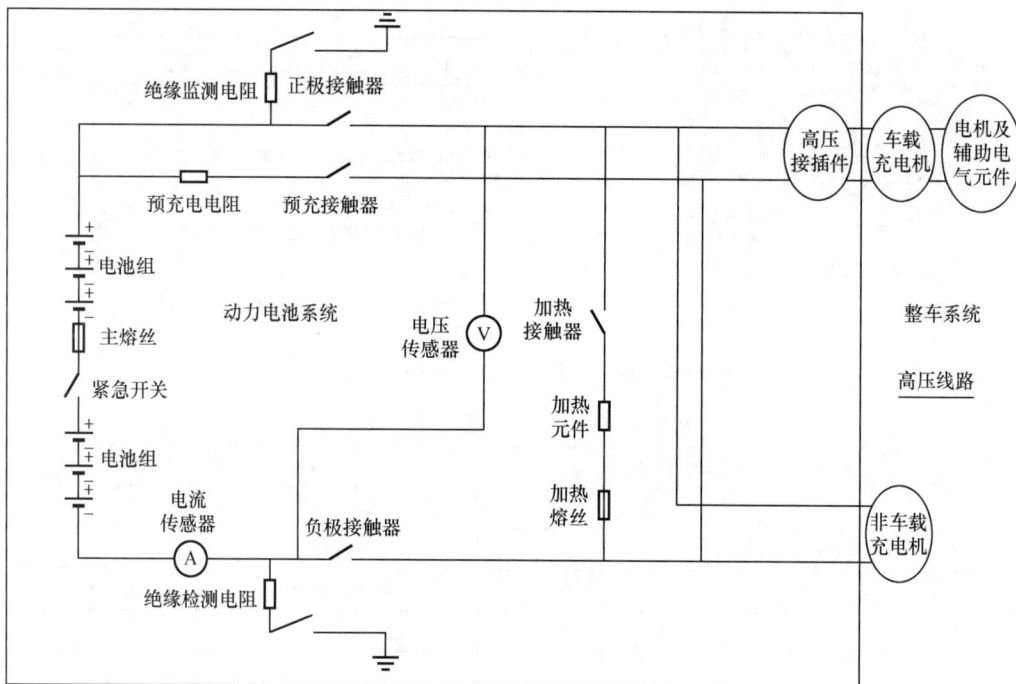

图4-2-9　动力电池高压系统工作原理

动力电池高压电路的控制关键在于接通或切断高压电路输出，也就是对总正接触器、总负接触器的控制，这可通过控制正极接触器和负极接触器的通断来实现。维修开关安装在动力电池的中间位置，在维修高压电路前，先断开维修开关，切断高压电路，保障维修人员的安全。

接通上电时，BMS 先控制接通负极接触器，再接通预充接触器，等预充后电压接近总电压，BMS 再控制接通正极接触器，这个过程往往需要几秒时间。下电时，BMS 先控制切断正极接触器，然后切断负极接触器。下电后，电机控制器通过电机线圈对高压电路释放电量，防止电容储存的残余高压电造成触电事故。

4．电池加热方式

因为动力电池内部电池单体对工作温度非常敏感，温度过低会影响电量的输出，所以在动力电池底部设计了加热电路，以便于在冬季起动纯电动汽车。

动力电池加热一般采用电热丝通电的方式，充电时闭合加热继电器，接通电热丝，用从车载充电机或快充桩来的电流进行加热，加热至 5 ℃时，BMS 接通总正高压电路、总负高压电路，对电池单体进行充电。充电时电池单体能产生热量，此时切断加热继电器也能保持正常的温度。所以在低温天气时，纯电动汽车耗费的电量会比气温高的时候增多。

因为电池单体温度过低时无法输出电量，动力电池关闭高压电源的输出，无法起动车辆，所以冬季时应该在温暖的车库为纯电动汽车充电，在动力电池温度正常时驾驶汽车才能保证纯电动汽车正常工作。

（1）加热垫

在动力电池底部铺设有加热垫，其内部的发热材料是电热丝，外部采用毡毯包裹，既保证了电热丝的绝缘，也可保护电热丝不被压断或损坏。

（2）加热继电器控制

动力电池内部加热继电器用于在充电前检测箱体内部温度，保障电池单体的温度范围在 0～55 ℃（慢充）或 5～55 ℃（快充）才可以充电。加热继电器与加热熔丝如图 4-2-10 所示。

5．风冷系统

电池箱内不同电池模块之间的温度差异，会加剧电池内阻和容量的不一致性，如果长时间积累，会造成部分电池过充电或者过放电，进而影响电池的寿命与性能，造成安全隐患。电池箱内电池模块的温度差异与电池组布置有很大关系，一般情况下，中间位置的电池容易积累热量，边缘的电池散热条件要好一些。所以在进行电池组结构布置和散热设计时，要尽量保证电池组散热的均匀性。以风冷散热为例，通风方式般有串行和并行两种，如图 4-2-11 所示。

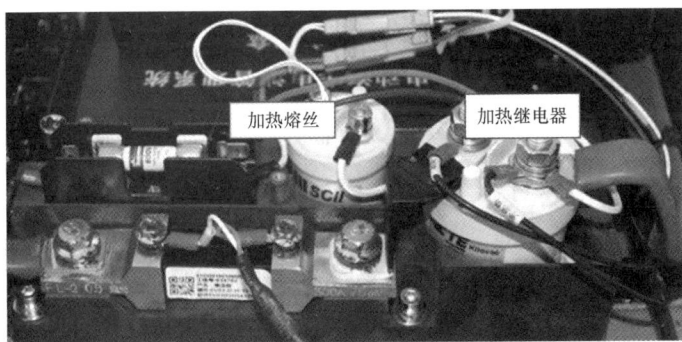

图4-2-10 加热继电器与加热熔丝

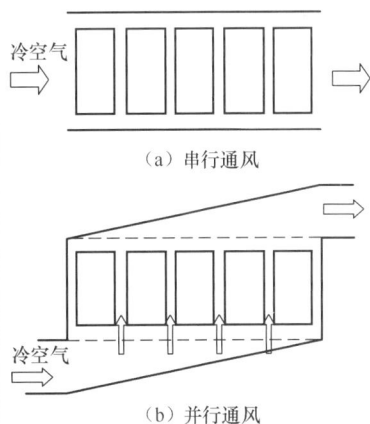

（a）串行通风

（b）并行通风

图4-2-11 动力电池风冷系统

串行通风方式下，冷空气从左侧吹入、从右侧吹出，空气在流动过程中不断地被加热，所以右侧的冷却效果比左侧的要差，电池箱内电池组温度从左到右依次升高。并行通风方式使得空气流量在电池模块间更均匀地分布。并行通风方式需对进排气通道和电池布置位置进行很好的设计，其楔形的进排气通道使得不同电池模块间缝隙上下的压力差基本保持一致，确保吹过不同电池模块的空气流量的一致性，从而保证电池组温度场分布的一致性。

三、基本诊断思路

1. 故障原因分析

仪表显示剩余电量异常是指在仪表盘上没有正确地将电池的信息显示出来。正常情况下仪表盘可以显示动力电池的剩余电量、总里程、续驶里程等。当电池状态显示异常时，一般不能正常显示剩余电量，而会点亮一些和动力电池相关的指示灯或警告灯。一般这类故障是 BMS 故障、VCU 故障、绝缘故障以及总线故障等导致的。

由图 4-2-12 可以看出来，首先 VCU 唤醒 BMS，电池的信息通过 BMS 的收集处理，通过新能源 CAN 总线传递给网关控制器，网关控制器将信息通过仪表控制单元进行显示，因此可以看出，如果仪表盘没有正确地将电池信息显示出来，则故障点包含于以上信息所传递的环节。

如图 4-2-13 所示，通过电池剩余电量异常的故障点分析，动力电池的 BMS 故障主要包含 BMS 供电异常、BMS 插接器故障、BMS 通信故障和 BMS 自身损坏。BMS 供电异常往往是指 BMS 供电线路故障，例如供电线路断路、短路、熔丝熔断等，当出现这类故障时，需要对 BMS 供电线路进行进一步的检查以确定故障点。BMS 插接器故障一般是指进水氧化、维修时没有插接到位、车辆发生碰撞时插接器损坏等，对于这类故障主要检查插接器外观及内部来确定故障部位。BMS 通信故障主要是指 BMS 与低压控制盒通信故障及 BMS 与 VCU 的通信故障，主要检查 CAN 总线是否异常。BMS 自身损坏一般是指由外部原因导致的 BMS 内部元器件损坏、内部线路故障等，该类故障一般不好进行判断，一种办法是如果对其他故障进行排除后，仍不能解决故障，则可认为是 BMS 损坏，另一种方法是直接更换一个完好的 BMS，如果故障排除就可以确定是 BMS 损坏故障。

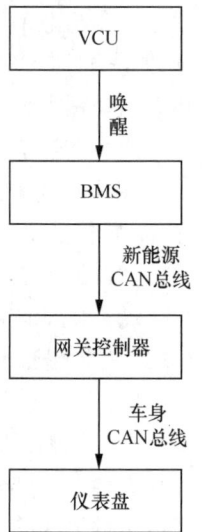

图4-2-12 电池信息传递

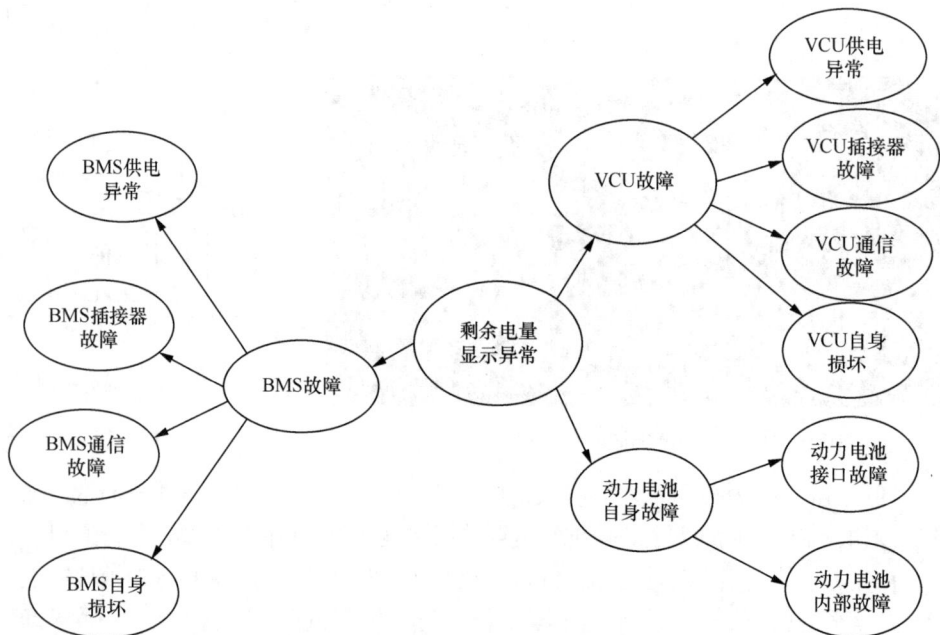

图4-2-13 故障点分析

VCU 出现故障时，也会出现动力电池剩余电量显示异常。当 VCU 供电异常时，电池状态也不能正常显示。另外，VCU 插接器故障一般是指进水氧化、维修时没有插接到位、车辆发生碰撞时插接器损坏等，对于这类故障主要检查插接器外观及内部来确定故障部位。VCU 通过唤醒线唤醒 BMS，当唤醒出现异常时，电池状态也不能正常显示，BMS 通过网关控制器与仪表通信，当通信出现异常时，仪表也不能正常显示动力电池信息。

动力电池自身出现故障时，其剩余电量也会显示异常。故障点主要包括动力电池低压接口故障和动力电池内部故障。动力电池内部故障又可以分为电池本体故障和传感器故障两类。

2. 故障诊断流程

当车辆发生电池状态显示异常故障时，一般遵循图 4-2-14 所示的故障诊断流程进行排除。

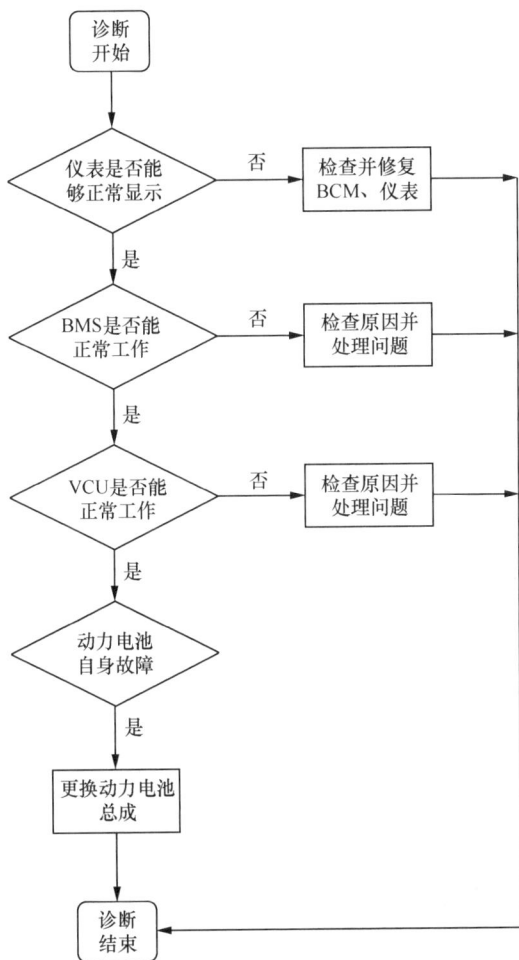

图4-2-14　故障诊断流程

首先要判定仪表是否能正常显示，如果仪表能正常显示，说明 BCM 没有发生故障且和仪表盘之间通信正常，然后判定是否为 BMS 供电异常和通信线路导致的故障，如果 BMS 工作正常，则可以对 VCU 供电和通信进行检查。若 BMS 和 VCU 工作都正常，可以怀疑是动力电池自身故障导致的。

四、任务实施

1. 实施要求

本操作任务为完成仪表显示剩余电量异常诊断与排除，包括以下内容。

（1）电池电量显示逻辑。

（2）诊断流程图的绘制。

（3）故障诊断仪的使用。

（4）线路测量。

2. 实施准备

（1）防护装备：绝缘防护装备。

（2）长安 EV460 整车一辆。

（3）专用工具、设备：故障诊断仪、万用表及其他适用设备。

（4）手动工具：新能源汽车维修组合工具。

（5）辅助材料：诊断与维修所必需的熔丝等耗材。

3. 实施步骤

下面利用前述诊断流程，完成任务导入仪表显示剩余电量异常故障的检测、诊断与修复。

（1）试车

经过试车，故障现象与客户描述一致。初步分析车辆高压系统没有上电，仪表显示剩余电量异常。

（2）检查组合仪表和中控的故障提示

打开起动开关，仪表盘显示剩余电量异常，不显示续驶里程，READY 指示灯不亮；系统故障灯点亮；将换挡旋钮旋至 D 挡，车辆不能正常行驶，如图 4-2-15 所示。中控无故障提示。

（3）车辆功能检查

① 反复踩下制动踏板，能听到电动真空泵工作的声音，电动真空泵工作正常，说明 VCU 能正常工作。

② 关闭起动开关，插上充电枪（慢充枪），仪表盘上充电连接指示灯不亮，不能充电，如图 4-2-16 所示。

图4-2-15　组合仪表故障提示

图4-2-16　连接充电枪时的车辆状态

（4）车辆基本检查

关闭起动开关，拆下低压蓄电池负极，打开前机舱盖，穿戴好个人防护用具。检查控制单元及线束插头是否存在松动、破损、进水、受潮等现象。经检查，控制单元及线束插头无松动、破损、进水和受潮现象。

（5）连接故障诊断仪读取故障码

安装低压蓄电池负极，将故障诊断仪连接至车辆，读取故障码。故障诊断仪显示无法与车辆 ECU 通信，如图 4-2-17 所示。

（6）查阅电路图，分析故障范围

故障码显示无法进入电池管理系统，那可能是由于电池管理系统本身故障、电池管理系统通信故障、电池管理系统电源故障、电池管理系统搭铁故障，首先查看易检查的位置，查阅电池管理系统供电熔丝。由图 4-2-18 可知，电池管理系统的供电熔丝是 EF12，首先检查 EF12 熔丝线路，再检查其他问题。

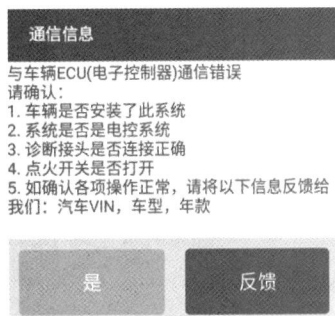

通信信息

与车辆ECU(电子控制器)通信错误
请确认：
1. 车辆是否安装了此系统
2. 系统是否是电控系统
3. 诊断接头是否连接正确
4. 点火开关是否打开
5. 如确认各项操作正常，请将以下信息反馈给我们：汽车VIN，车型，年款

是　　反馈

图4-2-17　故障诊断仪无法与
车辆ECU通信

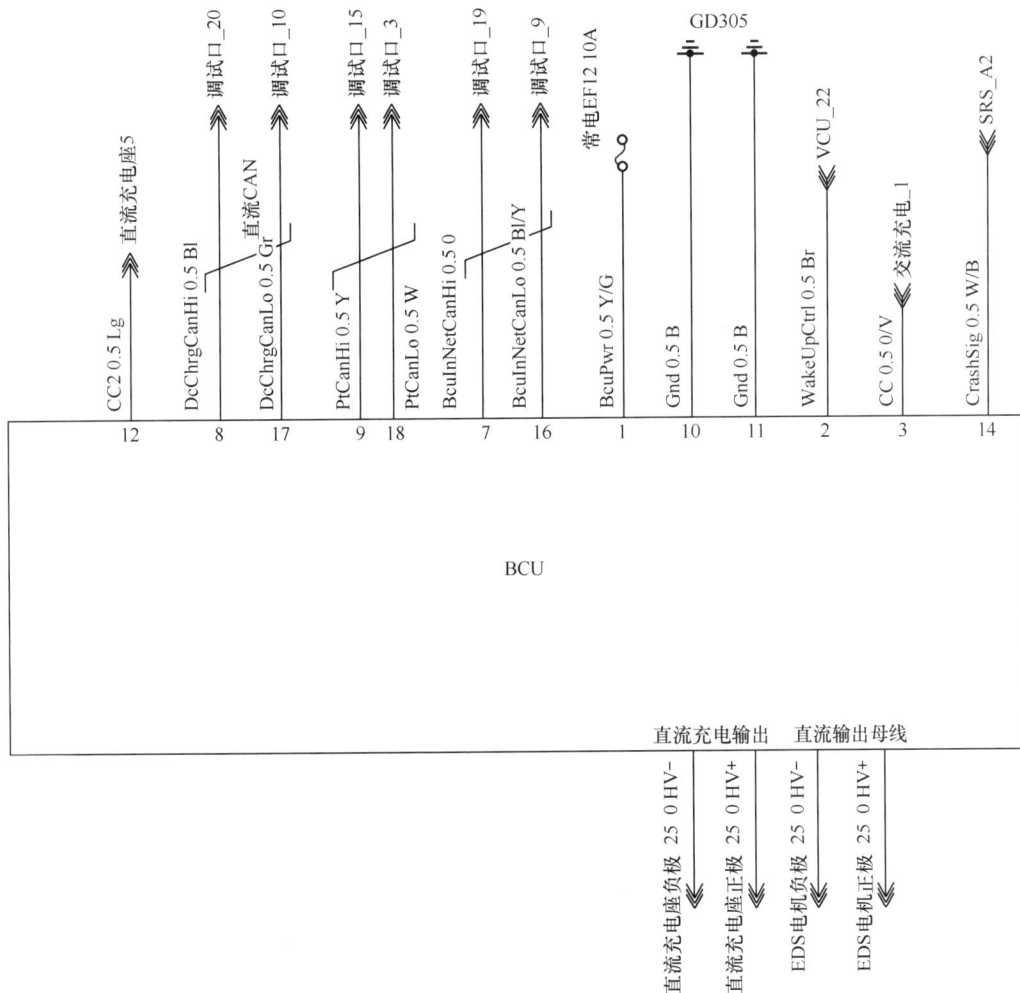

图4-2-18　电池管理系统电路图

（7）检查电池管理系统供电线路

检查电池管理系统 EF12 熔丝，用万用表电阻挡检查熔丝的电阻值，如果实测值小于 1 Ω，说明熔丝正常；如果实测值为无穷大，说明熔丝损坏，如图 4-2-19 所示。

图4-2-19　实际测试情况

（8）处理该故障

更换熔丝，再次试车，故障现象消失，车辆恢复正常。

五、任务考核

任务工单4-2-1　仪表显示剩余电量异常故障诊断与排除

任务名称	仪表显示剩余电量异常故障诊断与排除		学时		班级	
学生姓名			学生学号		任务成绩	
实训设备	长安EV460纯电动汽车、故障诊断仪、示波器、车间防护用具、个人防护用具、绝缘工具、常用检测设备（万用表、绝缘电阻表）、故障检测线		实训场地	新能源汽车理实一体化教室	日期	
任务描述	一辆长安EV460纯电动汽车，客户反映起动车辆后，READY指示灯没有点亮，车辆无法行驶，经维修技师上电查看后，除了发现客户说的故障现象以外，还发现了蓄电池充电警告灯点亮，动力电池故障警告灯点亮，仪表上没有显示动力电池的剩余电量					
任务目的	以行动为导向，引导学生制订计划，按照正确诊断流程诊断和修复故障，在此过程中学习相关理论和实践操作技能					

1. 资讯

（1）电池的信息首先通过_____发送到BMS，然后经过BMS的_____，将信息通过_____传递给_____处理后将信息通过_____传递给BCM，BCM通过CAN总线将信息传递给_____进行显示，因此可以看出，如果仪表盘没有正确地将电池信息显示出来，则故障点包含以上信息所传递的环节。

（2）BMS的故障主要包括_____、_____、_____和BMS自身损坏。

（3）BMS供电异常往往是指BMS供电电路故障，例如供电电路_____、_____熔丝熔断等，当出现这类故障时，需要对BMS供电电路进行进一步的检查，以确定故障点位置。

（4）BMS通信故障主要是指BMS与低压控制盒通信及_____与_____的通信，对于一般的通信故障主要检查_____线是否异常。

（5）BMS损坏一般是指由外部原因导致的BMS_____、_____等，对于该类故障一般不好进行判断，一种办法是，如果对其他故障进行排除后，仍不能解决故障，则可认为是BMS_____。

（6）VCU出现故障时，也会出现动力电池_____显示异常。当VCU供电异常时，电池状态也不能正常显示。

2. 计划与决策

请根据故障现象和任务要求，确定所需要的检测仪器、工具，并对小组成员进行合理分工，制订详细的诊断和修复计划。

（1）需要的检测仪器、工具及防护用具。

（2）小组成员分工。

（3）诊断和修复。

3. 实施

（1）填写车辆信息。

整车型号：＿＿＿＿＿＿＿＿。工作电压：＿＿＿＿＿＿＿＿。电池容量：＿＿＿＿＿＿＿＿。

车辆识别代码：＿＿＿＿＿＿＿＿。电机型号：＿＿＿＿＿＿＿＿。里程表读数：＿＿＿＿＿＿＿＿。

（2）故障现象确认。

根据客户描述的故障现象，检查组合仪表的故障提示，发现＿＿＿＿＿＿＿＿指示灯没有点亮，车辆无法行驶，＿＿＿＿＿＿＿＿故障警告灯点亮，仪表上没有显示动力电池的＿＿＿＿＿＿＿＿，等待 4 min 后＿＿＿＿＿＿＿＿。

（3）连接故障诊断仪。

关闭点火开关，将故障诊断仪与车辆＿＿＿＿＿＿＿＿诊断口连接。

（4）故障码及数据流的读取。

① 车辆上电，使用故障诊断仪对长安 EV460 纯电动汽车进行故障码和数据流的读取，读取后发现故障诊断仪不能进入＿＿＿＿＿＿＿＿。

② BMS 无法进入，更换 VCU 系统进行读取故障码和数据流，读取故障码为＿＿＿＿＿＿＿＿。

③ 通过仪表显示的信息和故障诊断仪所读取的信息，初步判断为＿＿＿＿＿＿＿＿可能出现故障，故障部位可能是动力电池 BMS 的＿＿＿＿＿＿＿＿，按照由简入难的故障诊断思路，可以先对动力电池的供电进行检查。

（5）确定故障范围。

查阅长安 EV460 纯电动汽车动力电池 BMS 电路图，确定故障范围为动力电池 BMS 自身及其供电线路＿＿＿＿＿＿＿＿、＿＿＿＿＿＿＿＿、＿＿＿＿＿＿＿＿等，根据故障范围找到 BMS 模块供电熔丝为＿＿＿＿＿＿＿＿。

（6）基本检查。

断开蓄电池负极，等待＿＿＿＿＿＿＿＿min，进行基本检查，插接器＿＿＿＿＿＿＿＿及连接情况是否正常。

（7）部件/电路测试。

检查 EF12 熔丝，目测熔丝熔断，再用＿＿＿＿＿＿＿＿检查，发现熔丝两侧针脚电阻为 OL，确定 EF12 熔丝＿＿＿＿＿＿＿＿。

（8）确认故障已排除。

车辆上电，仪表显示剩余电量正常，使用故障诊断仪对长安 EV460 进行＿＿＿＿＿＿＿＿＿＿＿读取，动力电池 BMS 显示无故障码。

（9）诊断结论。

综合上述检测结果，判断故障点为：＿＿＿＿＿＿＿＿＿＿＿＿＿＿。

4. 检查

故障排除后，用故障诊断仪清除故障码，并进行如下检查。

续表

    （1）检查仪表是否还有故障提示：＿＿＿＿＿＿＿＿＿＿＿＿＿＿＿＿＿＿＿。

    （2）检查高压上电情况：＿＿＿＿＿＿＿＿＿＿＿＿＿＿＿＿＿＿＿＿＿。

    （3）检查充电情况：＿＿＿＿＿＿＿＿＿＿＿＿＿＿＿＿＿＿＿＿＿＿＿。

5. 评估

    （1）请根据自己任务完成的情况，对自己的工作进行自我评估，并提出改进意见。

    ①＿＿＿＿＿＿＿＿＿＿＿＿＿＿＿＿＿＿＿＿＿＿＿＿＿＿＿＿＿＿＿＿＿＿。

    ②＿＿＿＿＿＿＿＿＿＿＿＿＿＿＿＿＿＿＿＿＿＿＿＿＿＿＿＿＿＿＿＿＿＿。

    ③＿＿＿＿＿＿＿＿＿＿＿＿＿＿＿＿＿＿＿＿＿＿＿＿＿＿＿＿＿＿＿＿＿＿。

    （2）工单成绩（总分为自我评价、组长评价和教师评价得分值的平均值）。

自我评价	组长评价	教师评价	总分

任务4.2.2　车辆充电异常故障诊断与排除

一、任务导入

    一辆长安 EV460 纯电动汽车，客户反映充电时插上充电枪，仪表上无充电连接符号，无充电电流，无法正常充电。主管要求进行故障诊断与排除，你能完成这个任务吗？

    以下以长安 EV460 为例，介绍纯电动汽车充电异常故障诊断与排除的基本思路及注意事项，其他车型可以参考。

二、知识储备

    通常，纯电动汽车充电可分为快充电（简称快充）和慢充电（简称慢充）。慢充是纯电动汽车补充电能常见的方法，慢充桩将外部的民用交流电通过车载充电机转化成高压直流电并充入动力电池，因为充电电流较小，充电时间比快充长，故被称为慢充。

    由于纯电动汽车慢充充电时间较长，影响日常使用，为了满足人们对纯电动汽车快速充电的期望，近年来快充日益成为纯电动汽车的常见配置。快充要满足 30 min 充到80%的电量，1 h 基本充满的指标，所以快充过程中需要采用高电压、大电流直接对动力电池快速充电，为此，快充设计比慢充设计应更为可靠，才能确保充电过程的高效和安全。

    为了方便个人用户对纯电动汽车充电，乘用车都配置慢充接口，使得用户可以使用家中的民用电为纯电动汽车慢充，部分乘用车则既有慢充接口，又有快充接口。

    1. 快充桩

    （1）快充桩简介

    快充桩与慢充桩的不同在于快充桩代替了车载充电机。由于快充功率大，对应的元器件体积大且价格高，配备在车上会造成成本大幅上升并且整车布置困难。但是快充充电时间短，设备周转率较高，目前快充桩集成了车载充电机的功能，可以直接将高压直流电源通过快充接口连接到车辆。

    直流快充桩（见图4-2-20）基本为公共充电桩，一般由国家电网有限公司（简称国家电网）、中国南方电网有限责任公司这类电力企业建设并维护经营。直流快充桩接入的是 380 V 三相电压,常见的功率为 15 kW、30 kW、45 kW、60 kW、90 kW、120 kW、180 kW、240 kW、360 kW 等,目前主流产品为直流壁挂式充电桩(15 kW),直流便携式充电桩(15 kW),直流落地式充电桩(30 kW、60 kW、120 kW)。以国家电网直流快充桩为例,其输出直流电压为 380 V,电流可达 50 A,输出功率可达 19 kW,不过,为保护电池,在充电至电池容量的 80%以后,充电电流会慢慢降到 10 A 左右,这时,若换到直流慢充桩继续将电充满,会提高充电效率。直流快充桩充电非常迅速,充电时间短,可以大功率充电,但相对于常规充电模式,快速充电的充电器充电效率较低,且相应的安装成本较高;由于采用快速充电,充

图4-2-20 直流快充桩

电电流大,这就对充电技术方法以及充电的安全性提出了更高的要求,同时计量收费设计也需特别考虑。随着电池技术的不断提升,对于直流快充的充电倍率也从 1C~6C 提高到 3C~10C。近几年内主流纯电动汽车性能要求应该达到以下几方面要求。

① 电池容量:20~50 kW·h。

② 续驶里程:200~500 km。

③ 百公里耗电:10~15 kW·h。

④ 充电倍率:3C~10C。

按照这个方面的要求,40 kW 充电桩要做到充电倍率 3C 的话要使充电功率达到 120 kW。这就意味着,在未来,要同时满足 400 km 续驶里程及短时间(充电时间在 10 min 左右)充电的话,对于充电桩的充电功率将要求很高。

(2)快充接口电路与线束

快充接口是快充枪与车身连接的输电接口,它通过直流充电桩将高压直流电通过直流充电口给动力电池充电,直接关系到充电质量。因为充电电流大,充电枪与车身的连接阻值必须很小,且连接可靠,防止突然拔枪导致断电拉弧,防止充电时开车,防止过充电、接口温度过高等,所以快充时会考虑多项安全因素,快充过程会更复杂。

① 快充接口电路(见图 4-2-21):快充接口是车身与快充枪连接的部位,快充接口电路反映快充枪各端与车身各电路的连接关系。

② 快充接口端子:快充接口有 9 个端子,如图 4-2-21 所示。

快充接口各端子功能见表 4-2-2。

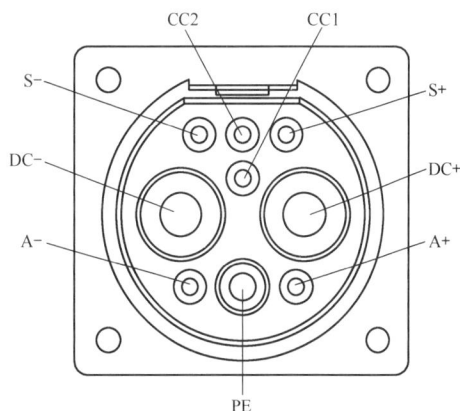

图4-2-21 快充接口电路和快充接口端子

表 4-2-2 快充接口各端子功能

端子号	功能
DC-	直流电源负
DC+	直流电源正
PE	车身地(搭铁)
A-	低压辅助电源负极

端子号	功能
A+	低压辅助电源正极
CC1	充电连接确认
CC2	充电连接确认
S+	充电通信 CAN-H
S-	充电通信 CAN-L

其中，DC+、DC-通过高压配电后与动力电池正、负极母线相连；CC1 为充电桩的充电连接确认信号（充电口端有 1 kΩ 电阻），即充电桩确认充电枪是否插好；CC2 连接 VCU，为快充接口连接确认信号（充电枪端有 1 kΩ 电阻），即车辆确认充电枪是否插好；A+、A-接 12 V 低压辅助电源；S+、S-接快充 CAN 信号线。

2. 慢充桩

慢充充电电流比较小，充电时间较长，是纯电动汽车常规的充电方式。常见慢充充电方式主要有便携充电、壁挂式充电和交流慢充桩充电。

（1）便携充电

便携充电是指使用随车附带的便携充电线（见图 4-2-22）连接家用插座充电。这种充电方式非常方便，只要有插座，就

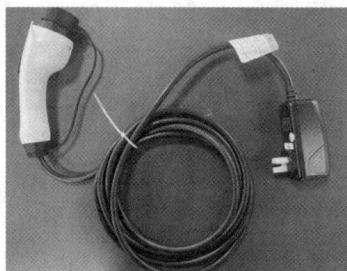

图4-2-22　便携充电线

可以充电。一般来说，家用插座电压为 220 V，电流为 10 A，理论功率为 2.2 kW，而在实际使用中，充电功率一般只有 1.5 kW。

使用这种充电方式，充电速度很慢。举例来说，北汽 EV200（续驶里程 200 km，电池容量 30.4 kW·h）若采用此种充电方式，充满电需要 20 h；比亚迪 E6（续驶里程 300 km，电池容量 57 kW·h）若采用此种充电方式，充满电需要近 40 h。因而，这种充电方式大多为续驶里程短、电池容量小的纯电动汽车充电采用，或者作为其他充电方式的一种补充，方便补电使用。

（2）壁挂式充电

有较多类型的车辆配备了壁挂式充电装置，如图 4-2-23 所示。

因每个厂商提供的充电装置规格不一，故充电速度不尽相同，但采用的大多是 220 V 交流电，常用的有输出电流 16 A、功率 3.3 kW 和输出电流 32 A、功率 7 kW 两种规格。例如宝马 i3 所配备的壁挂式充电装置功率为 7.4 kW，启辰晨风配有 3.6 kW 和 6.6 kW 两种规格的壁挂式充电装置。基本上，不同型号的

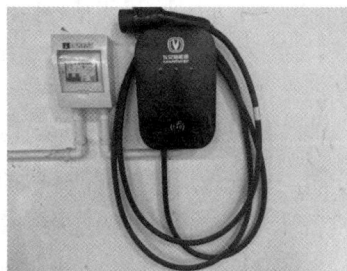

图4-2-23　壁挂式充电装置

壁挂式充电装置虽然输出功率有差异，但都能保证 6~8 h 将动力电池充满，满足用户使用要求。

（3）交流慢充桩充电

交流慢充桩一般由国家电网等电力企业建设、维护并经营。不同于直流快充桩，交流慢充桩由于成本方面有较大优势，因而数量较多。交流慢充桩一般采用两头充电枪（见图 4-2-24）和电桩自带充电枪（见图 4-2-25）两种类型。

充电枪输入的仍然是 220 V 交流电源，输出功率和电流同壁挂式充电装置，亦因安装提供规格不同而有差异。国家电网交流慢充桩的常见电压为 220 V，电流为 25 A 左右，输出功率为

5.5 kW，比较适合用于在夜间或上班时充电。

（4）慢充接口端子

慢充接口端子如图 4-2-26 所示，各端子功能见表 4-2-3。

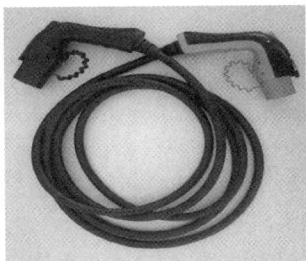

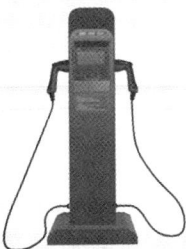

图4-2-24 两头充电枪   图4-2-25 交流慢充桩（电桩自带充电枪）   图4-2-26 慢充接口端子

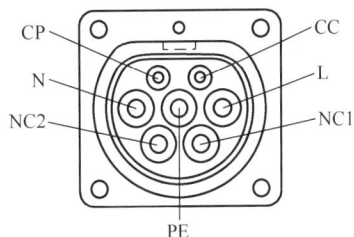

表 4-2-3 慢充接口各端子功能

端子号	功能
CP	充电控制确认线
CC	充电连接确认线
N	交流电源中性线
L	交流电源 A 相
NC1	交流电源 B 相
NC2	交流电源 C 相
PE	车身地（搭铁）

其中，PE 为搭铁线，车身搭铁端通过 PE 线与外部电源的接地端相连。CP 为充电控制确认线，充电桩通过 CP 信号确认充电枪与车辆的连接状况并通过 CP 接收来自车辆的充电请求信号。CC 为充电连接确认线，车辆通过监测 CC 的电阻值 R_C 来确定充电枪提供的最大充电电流。具体对应关系见表 4-2-4。

表 4-2-4 充电枪 R_C 阻值与最大充电电流

R_C 阻值/Ω	最大充电电流/A
100	63
220	32
680	16
1500	10

3. 车载充电机功能与接口定义

（1）车载充电机功能

车载充电机也称为交流充电机，具有为纯电动汽车动力电池安全、自动充满电的能力。车载充电机能依据 BMS 提供的数据，动态调节充电电流或电压参数，执行相应的动作，完成充电过程。车载充电机工作不良或损坏会导致车辆不能充电，或导致动力电池充不满电，它具有以下功能。

① 具备通过高速 CAN 总线与 BMS 通信的功能，判断电池连接状态是否正确，获得电池系统参数及充电前和充电过程中整组和单体电池的实时数据。

② 可通过高速 CAN 总线与车辆监控系统通信，上传车载充电机的工作状态、工作参数和故障警告信息，接收起动充电或停止充电控制命令。

③ 完备的安全防护措施。

a. 交流输入过电压保护功能。

b. 交流输入欠电压警告功能。

c. 交流输入过电流保护功能。

d. 直流输出过电流保护功能。

e. 直流输出短路保护功能。

f. 输出软起动功能，防止电流冲击。

g. 在充电过程中，车载充电机能保证动力电池的温度、充电电压和电流不超过允许值；具有单体电池电压限制功能，自动根据 BMS 的电池信息动态调整充电电流。

h. 自动判断充电插接器、充电电缆是否正确连接。当车载充电机与充电桩和电池正确连接后，车载充电机才能允许起动充电过程；当检测到车载充电机与充电桩或电池连接不正常时，立即停止充电。

i. 充电联锁功能。保证车载充电机与动力电池连接分开以前车辆不能起动。

j. 高压互锁功能。当有危害人身安全的高电压时，模块锁定无输出。

k. 具有阻燃功能。

（2）车载充电机外形

车载充电机外形如图 4-2-27 所示（以北汽 EV200 为例）。车载充电机一般安装在车辆的前部，与高压分配盒、电机控制器、DC/DC 变换器等总成安装在机舱内，带有散热片和散热风扇，上面有 3 个连接接口，分别是交流输入端、直流输出端、低压通信端。

图4-2-27　车载充电机外形

长安 EV460 车载充电机和 DC/DC 变换器集成在一起形成电源补给系统（PDU），与电机控制器、PTC 加热器、空调压缩机等总成安装在机舱内，其中 PDU 外形如图 4-2-28 所示。上面也有 3 个连接接口，分别是交流输入端、直流输出端、低压通信端。下面就以长安 EV460 为例讲解 PDU 各端子功能。

（3）PDU 接口各端子功能

① 直流输出接口端子。直流输出有两个接插件，如图 4-2-29 所示。图 4-2-29（a）中，端子 A 为 PTC 正极输出，端子 B 为 PTC 负极输出，端子 C 为 ACP 正极输出，端子 D 为 ACP 负极输出，端子 1、2 为高压互锁。图 4-2-29（b）中，端子 1 为动力电池电源正极输出/输入，端子 2 为动力电池电源负极输出/输入，端子 A、B 为高压互锁。

② 交流输入接口端子。交流输入接口如图 4-2-30 所示。端子 A 与慢充接口的 L 端（火线）相连接；端子 B 与慢充接口的 N 端（零线）相连接；端子 C 与慢充接口的 PE 端（搭铁线）相连接；端子 1、2 为高压互锁，具体见表 4-2-5。

图4-2-28　PDU外形　　图4-2-29　直流输出接口　　图4-2-30　交流输入接口

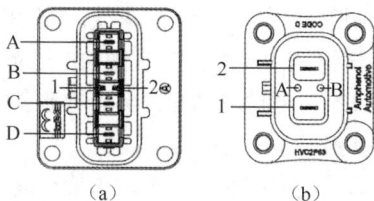

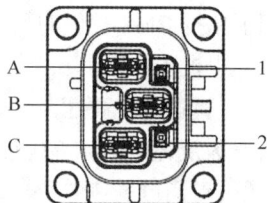

表 4-2-5　交流输入接口各端子功能

端子号	功能
A	火线（L）
B	零线（N）
C	搭铁线（PE）
1	高压互锁
2	高压互锁

③ 低压通信控制接口端子。低压通信控制接口共 23 个端子，如图 4-2-31 所示。

低压通信控制接口各端子功能见表 4-2-6。

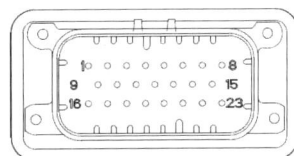

图4-2-31　低压通信控制接口端子

表 4-2-6　低压通信控制接口各端子功能

端子号	功能
1	OBC 低压输入正
2	OBC 低压输入正
3	DC/DC 低压输入正
4	CAN_H
5	CAN_L
6	DC/DC 硬线唤醒
7	指示灯输出/LED1～12V
8	wakeup 硬线唤醒输出
9	OBC 低压输入负
10	OBC 低压输入负
11	DC/DC 低压输入负
12	指示灯输出 GND
13	指示灯输出 GND
14	CAN_GND
15	CAN_GND
16	高压互锁正 HVIL+
17	高压互锁负 HVIL−
18	预留
19	预留
20	CP 信号输入
21	预留
22	预留
23	预留

4. 动力电池与车载充电机的通信控制

（1）慢充充电通信

① 充电的条件。

动力电池的 SOC 值低于 100%，高压互锁没有检测到打开，高压系统绝缘检测电阻超过 500 MΩ，检测电池处于正常工作环境（电池温度处于 0~55 ℃）。充电桩及充电枪性能正常，连接良好。

② 慢充充电的控制。

电动汽车充电系统主要用低压电进行控制，充电枪连接慢充接口后，充电枪的 CC 与 PE 端子之间有 12 V 直流电作为充电连接信号输入充电机，并把该信号传输给 VCU，表示充电枪正确接入车辆慢充接口。在接收到来自 CC 的信号后，车载充电机产生 12 V 慢充唤醒信号传输给 BMS、VCU 和仪表，其实是给这些部件供电，保证 BMS、VCU 和仪表的正常工作，此时 VCU 传输信使信号（又称指令信号）给 DC/DC 变换器，DC/DC 变换器被激活并给低压电池充电。

在点火开关置于"OFF"位置的情况下，车载充电机已经处于正常工作状态，输出高压直流电。BMS、VCU 和仪表虽然已经处于通电状态，但 BMS、VCU 仍需检测车辆及动力电池是否处于允许充电状态，如果条件允许，BMS 接通动力电池正负极母线控制继电器，接通车载充电机输出端子，车载充电机为动力电池充电，车辆进入充电状态。充电时 BMS 通过 CAN 总线控制车载充电机工作状态，包括工作模式指令、动力电池允许最大电压、充电允许最大电流、加热状态电流值，保证充电时电压、电流由 BMS 监控，从而保护电池的充电安全。电池检测充电完成后，BMS 给车载充电机发送停止充电指令，车载充电机停止工作，关闭 12 V 慢充唤醒电源，VCU 发出指令使 DC/DC 变换器停止工作，BMS 切断动力电池正负极母线控制继电器，充电结束。

在气候寒冷的地区充电时，需要对动力电池加热。加热状态下，BMS 将闭合负极继电器和加热继电器，通过 PTC 加热器给动力电池包内的电池单体进行加热。此时，PTC 加热器相当于电阻负载，车载充电机对负载直接供电，且车载充电机不判断其输出端电压就闭合继电器开始工作时，BMS 将闭合正极继电器及负极继电器，车载充电机将先判断其输出端电压值，当检测到电压值满足充电条件后，车载充电机将闭合其输出端继电器，并开始工作。

③ 慢充系统充电流程。

慢充系统充电流程如图 4-2-32 所示。在充电过程中，高压系统由低压系统检测和控制，除高压部件外，BMS、VCU、信号采集器、DC/DC 变换器等部件也会被唤醒参与充电过程的监测和控制。

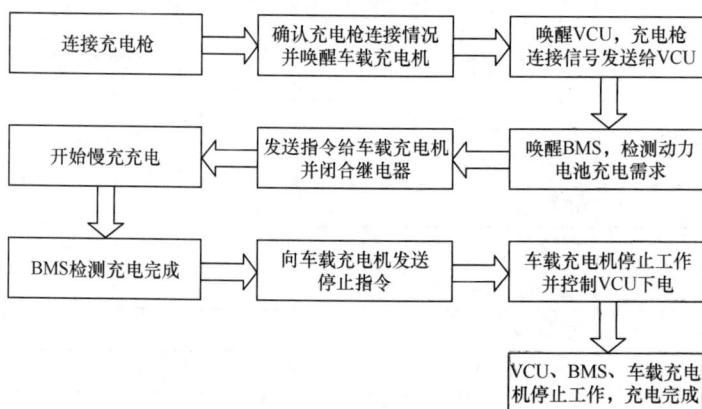

图4-2-32　慢充系统充电流程

（2）快充充电通信

① 快充系统充电过程。

a．充电枪的连接过程。快充桩通过充电枪与快充接口（车端）连接，如图 4-2-33 所示。充电枪插入车辆快充接口后，快充桩通过快充接口的 CC1 信号判断充电枪与车辆是否连接，而车辆则根据 CC2 信号进行判断，只有当车辆和充电桩都判定充电枪已连接才能判断为充电连接确认无误。

b．快充唤醒信号。快充唤醒是为了配合快充完成，车辆其他相关系统从原来的休眠状态转入充电状态。相应的唤醒信号如图 4-2-34 所示。快充充电枪与车身快充接口连接后，快充桩低压电源继电器 K3、K4 闭合，12 V 辅助电压输入车身 VCU、RMS（数据采集终端）和仪表，唤醒各部件并通电工作，为车与充电桩的信息交换做准备。VCU 输出 BMS 唤醒信号，BMS 进入充电准备状态；VCU 输出快充使能信号，DC/DC 变换器进入工作状态，保障充电中所需要的辅助电能；VCU 输出快充唤醒信号，保障快充过程握手和双方数据通信。

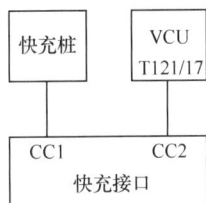

图4-2-33　快充桩与车的
快充连接模块

图4-2-34　快充唤醒控制

c．快充 CAN 总线。快充 CAN 总线由 RMS、BMS、诊断接口和快充桩组成，如图 4-2-35 所示，在快充时完成 BMS、快充桩的信息传输，RMS 只检测数据。

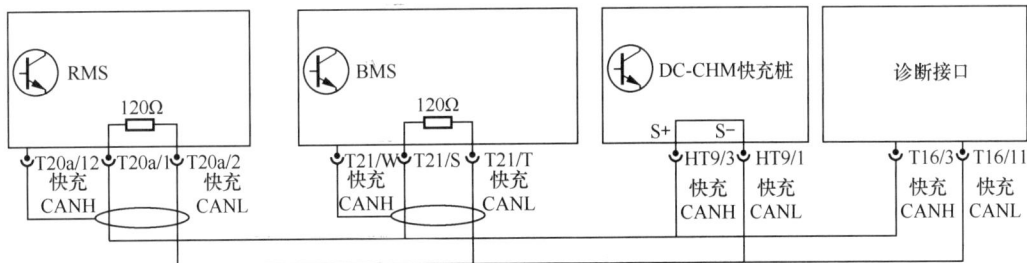

图4-2-35　快充CAN电路组成

在快充的整个过程中，充电桩与车辆不断交换信息，包括充电枪刚连接时的数据交换等，进入充电状态时，车辆仍然需要向充电桩传输允许充电电流、电池温度、SOC 值等信息，充电桩向车辆传输的最大电流、电压、充电终止等信息，大量的信息通过快充 CAN 总线传输，从而保障充电过程大量信息传输的需求。

② 快充系统结构原理。快充系统结构原理如图 4-2-36 所示，S 是充电枪常闭开关，按下时

S 断开。通过快充系统结构原理可以发现，快充系统充电并没有通过车载充电设备，动力电池（电池包）正负极通过 K5、K6 直接与输入电源正负极相连，而车载充电机利用 CC1 与 PE 之间的电阻值来确认充电枪是否正确连接，车辆则通过 CC2 信号来完成。在快充系统中：所有的充电需求与信号传输都是通过 S+、S- 的 CAN 总线来完成的。此外，充电桩还提供了 A+、A- 的 12 V 低压来保证车辆低压控制单元的运行。

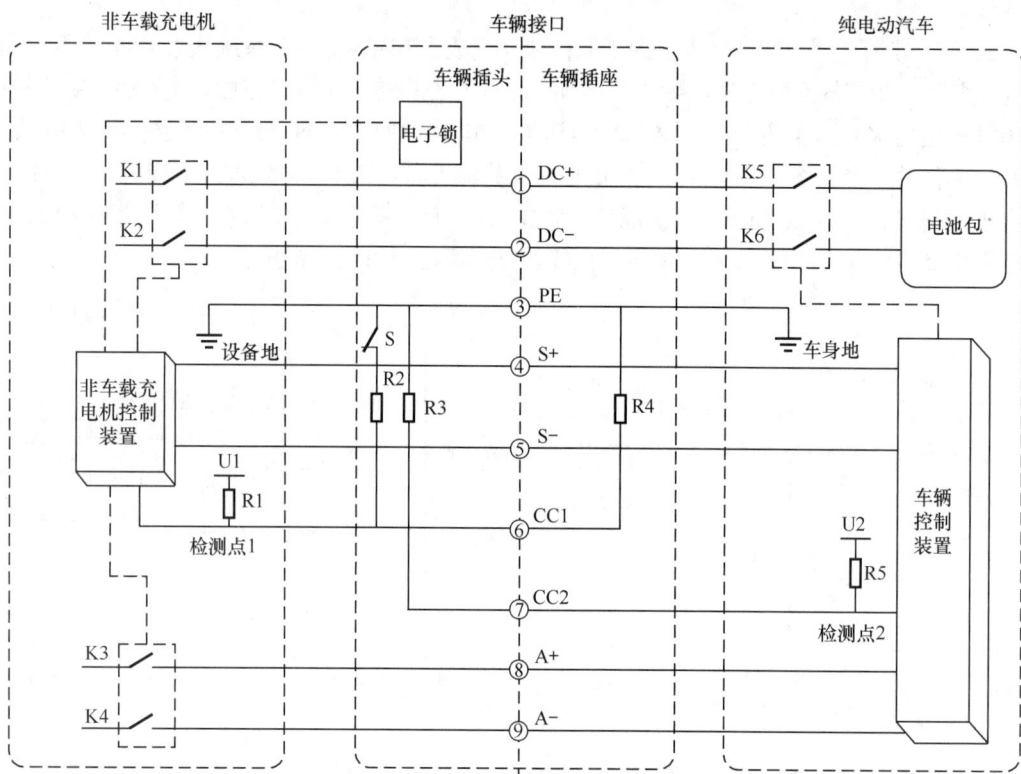

图4-2-36 快充系统结构原理

其中检测点 1（CC1）的电压是充电桩确认点，充电桩采集该点电压作为连接正确与否的依据；检测点 2（CC2）的电压是车辆确认点，车辆采集该点电压作为连接正确与否的依据。

③ 快充系统连接流程。快充系统连接流程如图 4-2-37 所示。检测 CC1 和 CC2 电压的变化，完成充电桩和车身的连接确认。

在快充的过程中，唤醒电源由快充桩直接提供，12 V 唤醒信号唤醒 VCU、仪表、数据采集器，VCU 唤醒 BMS 与 DC/DC 变换器转入快充状态。

④ 快充桩与车身通信。充电枪插入充电接口，在完成连接确认后，充电枪与车通过 CAN 总线进行通信，充电枪主要完成 BMS、车辆辨识、动力电池充电参数、充电需求等信息采集，车辆主要完成车载充电机辨识、车载充电机最大输出能力等信息采集，满足双方协议后，充电桩开始输送电量，车上动力电池接受充电。在充电过程中，充电枪和充电桩互相交换信息，保障充电安全，包括动力电池 SOC 值、电池温度、充电电压、充电电流、绝缘状况、连接状态等参数，当重要参数出现问题时，充电桩、充电枪终止充电，保护动力电池和整车不受损坏，保障充电过程的快速和安全。

将充电枪插入快充接口，CC1参考电压由12V变为4V（充电枪未插入或按下开关插入状态时电压为6V），充电桩确认充电枪连接正确。车辆通过CC2信号确认充电枪连接状态

↓

充电桩闭合K3、K4，提供低压辅助电源，激活车辆各单元

↓

充电桩与车辆控制单元通过CAN总线通信完成识别工作

↓

充电桩与车辆控制单元通过CAN总线通信完成充电参数的配置，VCU闭合K5、K6，充电桩闭合K1、K2

↓

开始充电，在充电过程中，充电桩与车辆互相通过CAN总线发送状态信号

↓

当车辆完成充电后，发送充电完成信号，VCU与充电桩断开K5、K6、K1、K2

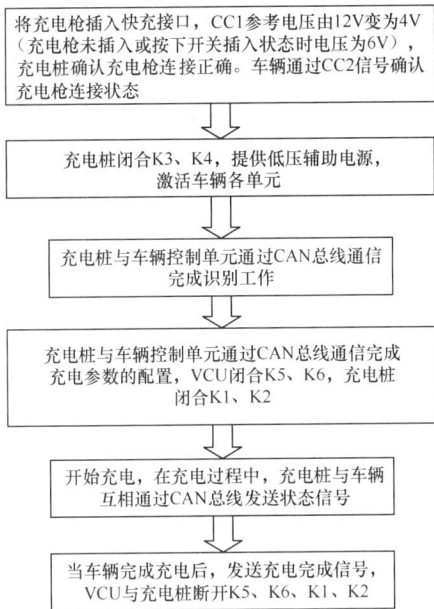

图4-2-37　快充系统连接流程

三、基本诊断思路

1. 故障原因分析

车辆充电异常是指纯电动汽车正确连接充电枪或充电桩后不能正确对车辆进行充电。车辆充电异常故障现象可以分为两类：车辆仪表不显示充电和车辆仪表显示充电电流小。

车辆充电异常的原因可以分为 4 类：车辆外部设备故障、车辆 VCU 故障、电池自身故障以及通信故障，如图 4-2-38 所示。

（1）车辆外部设备故障。车辆需要利用外部设备进行充电。充电的方式有两大类：充电桩充电和家用插座充电。采用充电桩充电时，充电异常可能是充电桩及线路故障，具体故障原因包括充电桩故障、充电连接线故障、充电枪故障；采用家用插座充电时，充电异常主要故障原因则包括充电插座故障、充电连接线故障、充电枪故障等。

（2）车辆 VCU 故障。车辆 VCU 发生故障也会使车辆产生充电异常现象。当车辆充电时，无论采用快充还是慢充，都需要 VCU 接收到充电连接信号和充电确认信号，VCU 确认连接好后，通过 CAN 总线和 BMS 进行通信，如果是快充，还需要快充继电器闭合后才能正常充电。因此，当 VCU 发生故障时，车辆是不能正常充电的。车辆 VCU 发生故障的主要原因有 VCU 没有正常上电、VCU 通信故障和 VCU 损坏。

（3）电池自身故障。电池是电能的载体，充电的过程就是将电能转化为化学能的过程。当电池自身发生故障时，也会发生充电异常现象。充电异常的主要原因可能是 BMS 故障、电池接口故障、电池内部传感器故障，或者电池的硬件故障等，这时需要对电池进行进一步的检查。

（4）通信故障。新能源汽车上采用总线通信，当新能源 CAN 总线发生故障时，会导致充电不能唤醒，因此不能正常充电。

2. 故障诊断流程

当车辆发生充电异常故障时，一般需采用简单到复杂的诊断流程，但一定要注意，排除故障时首先判断车辆是否有绝缘故障，确定没有绝缘故障后再进行后续检查。

当故障发生时，要判断故障是在车外还是在车辆自身。因此，首先检查外部充电设备是否正常，如果外部设备正常则检查车辆自身故障。

当采用家用 220 V 插座进行充电时，具体诊断流程如图 4-2-39 所示。可以看出，当车辆充电异常时，首先进行车外的检查。检查插座是否正常供电，可用 220 V 供电的试灯（修车灯）等进行测试，如果灯正常点亮，则说明供电正常，否则更换电源。

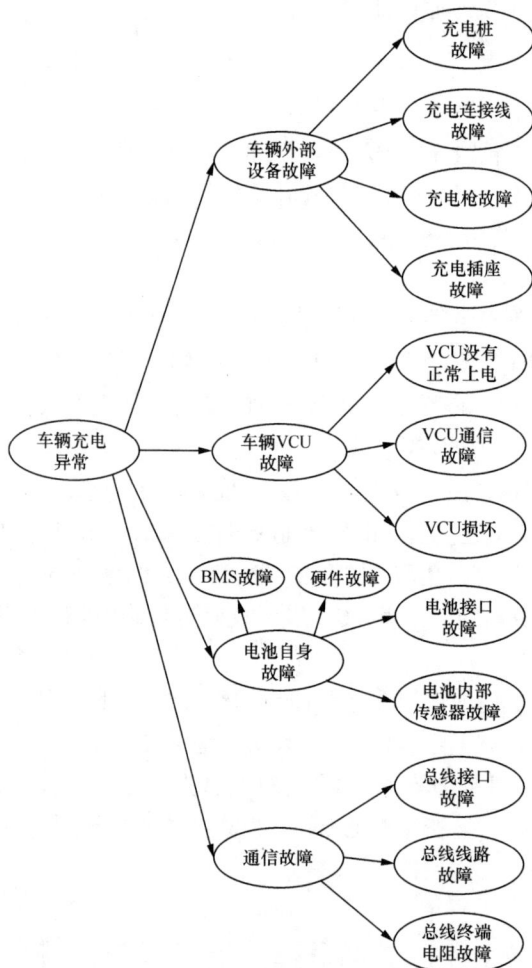

图4-2-38 车辆充电异常的原因

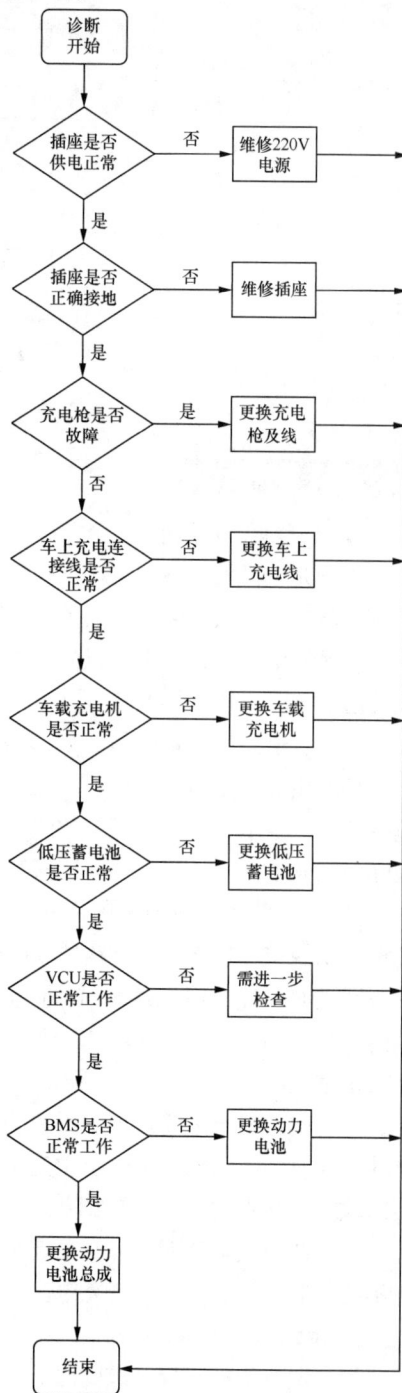

图4-2-39 诊断流程

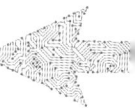

如果供电正常，则需要检查插座接地是否正常，可用万用表测量接地情况，接地不良则需更换插座后重新进行测试。

排除插座故障后，需要检查交流充电枪是否有故障。充电枪接口中，CC 端子即连接确认信号端子，当充电枪正常连接 220 V 插座后，该端子电压为 0 V；按下充电枪上蓝色按钮，该端子电压也为 0 V；当充电枪和车上充电接口连接后，该端子电压为 3 V。CP 端子为充电控制确认信号端子，当充电枪连接 220 V 插座后，该端子电压应为 12 V，充电枪和车上充电接口连接后，该端子电压为 6 V 脉冲信号。3 号端子为火线端子。N 端子为零线端子，充电枪和车上充电接口连接前，无电压，当正常连接后，电压为 220 V。PE 端子为接地端子，该端子电压一直为 0 V。因此，通过检查以上端子的情况，可以判断充电枪是否正常工作。如果充电枪有故障，则需要进行更换；如果充电枪无故障，则需要检查连接车载充电机的线束和车载充电机是否正常。充电连接线可以采用测通断的方式来检查。

如果车载充电机正常但仍不能正常充电，则检查是否低压蓄电池亏电导致车上低压控制不能实现。

以上检查完成后，若仍不能进行充电，则可检查 VCU 是否有故障。VCU 故障检查较为复杂，需要专业人员来检查。

确定 VCU 无故障后，故障仍不能排除，则可怀疑是 BMS 故障或电池内部有故障，此类故障需进行专业检查。

四、任务实施

1. 实施要求

本操作任务为完成充电异常故障诊断与排除，包括以下内容。

（1）充电电路图的简化。

（2）充电低压线路的测量。

（3）故障诊断仪的使用。

2. 实施准备

（1）防护装备：绝缘防护装备。

（2）长安 EV460 整车一辆。

（3）专用工具、设备：故障诊断仪、万用表及其他适用设备。

（4）手动工具：新能源汽车维修组合工具。

（5）辅助材料：诊断与维修所必需的熔丝等耗材。

3. 实施步骤

下面利用前述诊断流程，完成任务导入充电异常故障的检测、诊断与修复。

（1）试车

经过试车，故障现象与客户描述一致。车辆无法充电。

（2）检查组合仪表和中控的故障提示

打开起动开关，仪表盘显示剩余电量，显示续驶里程，READY 指示灯点亮，如图 4-2-40 所示。中控无故障提示。

（3）车辆功能检查

① 打开起动开关，操作空调控制面板，空调控制面板所有按钮都能工作。

② 反复踩下制动踏板，能听到电动真空泵工作的声音，电动真空泵工作正常，说明 VCU 能正常工作。

③ 关闭起动开关，插上慢充枪，仪表盘上无显示，如图 4-2-41 所示。

图4-2-40　组合仪表故障提示

图4-2-41　连接慢充枪时的车辆仪表盘状态

（4）车辆基本检查

关闭起动开关，拆下低压蓄电池负极，打开前机舱盖，穿戴好个人防护用具。检查控制单元及线束插头是否存在松动、破损、进水、受潮等现象。经检查，控制单元及线束插头无松动、破损、进水和受潮现象。

（5）连接故障诊断仪，读取故障码

安装低压蓄电池负极，将故障诊断仪连接至车辆，读取故障码。故障诊断仪显示 CP 在车载充电机的内部 6 V 测试点电压异常（S2 关闭以后，CP 内部 6 V 电压异常），如图 4-2-42 所示。

（6）查阅电路图，分析故障范围

由故障码（见图 4-2-42）分析可知，CP 线束可能出现了虚接、短路（对正极或对负极短路）、断路故障。如图 4-2-43 所示，CP 线为交流充电桩 6 号口与 PDU 3A 口连接线束，应重点检查该线束。

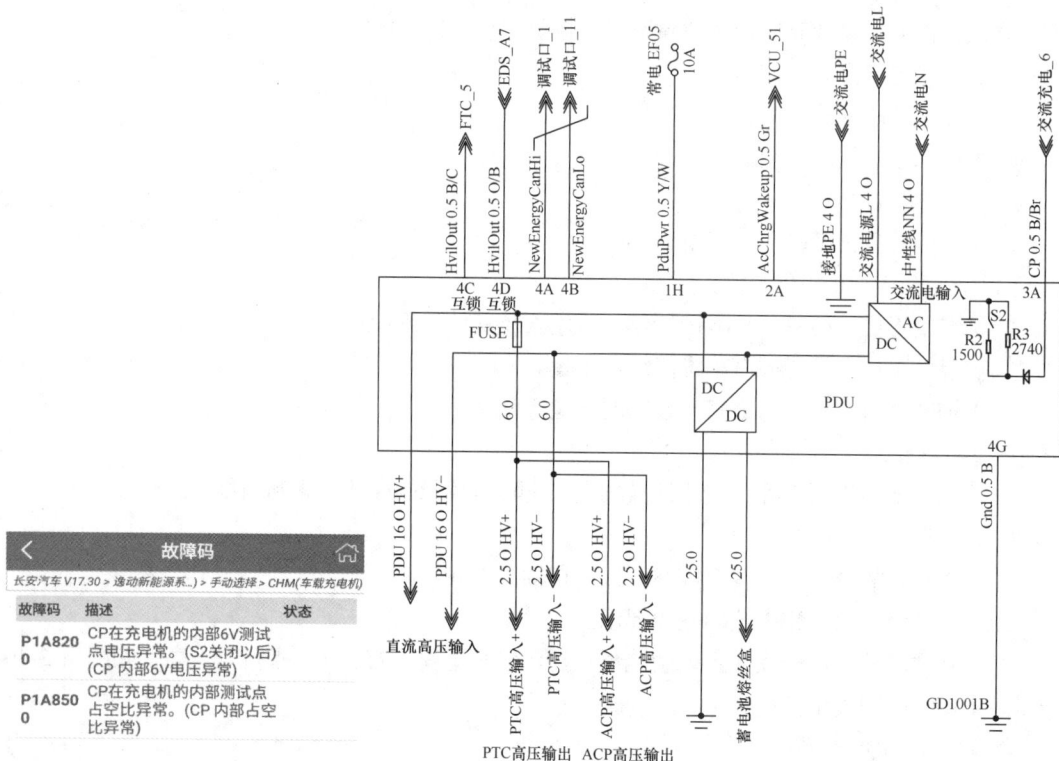

图4-2-42　故障码显示

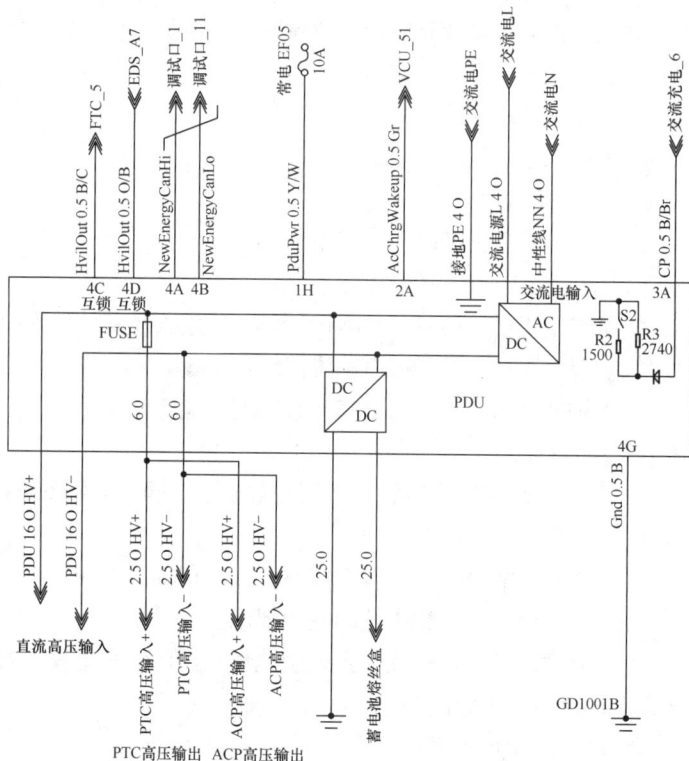

图4-2-43　电源补给系统电路图

（7）检查 CP 线束

用万用表检查交流充电桩 6 号端口与 PDU 3A 端口之间的电阻，万用表显示电阻为无穷大，如图 4-2-44～图 4-2-46 所示。根据以上分析，交流充电桩 6 号端口与 PDU 3A 端口存在断路故障。

图4-2-44　交流充电桩6号端口

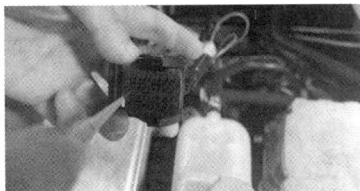

图4-2-45　PDU的3A端口

（8）处理该故障

处理该故障，再次试车，故障现象消失，车辆恢复正常，如图 4-2-47 所示。

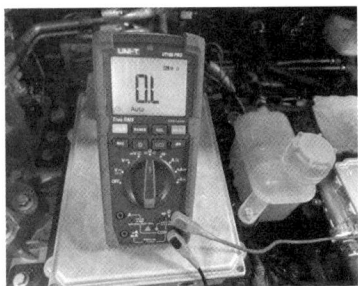

图4-2-46　万用表检测结果

图4-2-47　修复正常

五、任务考核

任务工单 4-2-2　车辆充电异常故障诊断与排除

任务名称	车辆充电异常故障诊断与排除		学时		班级	
学生姓名			学生学号		任务成绩	
实训设备	长安 EV460 纯电动汽车、车间防护用具、个人防护用具、绝缘工具、常用检测仪器设备（万用表、绝缘电阻表、专用故障诊断仪等）、测试线、充电连接线		实训场地	新能源汽车理实一体化教室	日期	
任务描述	一辆长安 EV460 纯电动汽车，客户反映充电时插上充电枪，仪表上无反应，无法正常充电					
任务目的	以行动为导向，引导学生制订计划，按照正确诊断流程诊断和修复故障，在此过程中学习相关理论知识和实践操作技能					

1. 资讯

（1）车辆充电异常是指_____。车辆充电异常故障现象可以分为 3 类：车辆 READY 指示灯不亮、_____和_____。

（2）车辆不能正常充电的原因主要有 4 个：_____、_____、电池自身故障以及_____。

（3）采用充电桩充电，充电异常可能是_____，具体故障原因包括充电桩自身故障、_____、_____。

（4）采用家用 220 V 插座充电，充电异常主要故障原因包括_____、充电连接线故障、_____等。

（5）当车辆充电时，无论采用快充还是慢充，都需要_____接收到充电连接信号和 VCU 确认连接好后，通过_____和 BMS 进行通信，如果是快充，还需要_____闭合后才能正常充电。

2. 计划与决策

请根据故障现象和任务要求，确定所需要的检测仪器、工具，并对小组成员进行合理分工，制订详细的诊断和修复计划。

（1）需要的检测仪器、工具及防护用具。

（2）小组成员分工。

（3）诊断和修复计划。

3. 实施

（1）试车。

进行试车，故障现象与客户描述是否一致：_____初步分析_____，导致车辆无法正常充电。

（2）检查组合仪表和中控的故障提示。

仪表盘显示情况：_____。

中控显示情况：_____。

声音警告情况：_____。

操作换挡旋钮，车辆运行状态：_____。

（3）车辆功能检查。

① 打开起动开关，操作空调控制面板，空调控制面板所有按钮_____。

② 反复踩下制动踏板，能听到电动真空泵工作的声音，电动真空泵工作正常，说明_____能正常工作。

③ 关闭起动开关，插上慢充枪，仪表盘_____。

（4）车辆基本检查。

关闭起动开关，拆下低压蓄电池负极，打开前机舱盖，穿戴好个人防护用具。检查控制单元及线束插头是否存在松动、破损、进水、受潮等现象。

（5）连接故障诊断仪读取故障码。

有无故障码_____，有故障码，故障码是_____。

（6）查阅电路图，分析故障范围。

综合以上检查及分析，判定故障范围为_____。

（7）检查 CP 线束。

用万用表检查交流充电桩 6 号端口与 PDU 3A 端口之间的电阻为_____，综合以上分析，故障为_____。

4. 检查

故障排除后，进行如下检查。

（1）检查仪表及中控是否还有故障提示：_____。

（2）检查充电情况：_____。

（3）充电完成后检查车辆行驶情况：_____。

5. 评估

（1）请根据自己任务完成的情况，对自己的工作进行自我评估，并提出改进意见。

① _____

_____。

② _____

_____。

③ _____

_____。

（2）工单成绩（总分为自我评价、组长评价和教师评价得分值的平均值）自我评价

自我评价	组长评价	教师评价	总分

任务4.2.3　动力电池异常断开故障诊断与排除

一、任务导入

一辆长安 EV460 纯电动汽车，客户反映起动开关置于"ON"位时，仪表显示剩余电量为 0%，不显示续驶里程，READY 指示灯不亮，高压无法上电。主管要求进行故障诊断与排除，你能完成这个任务吗？

以下以长安 EV460 为例，介绍纯电动汽车动力电池异常断开故障诊断与排除的基本思路与注意事项，其他车型可以参考。

二、知识储备

1. 电池管理系统的功能和工作原理

动力电池模组放置在密封的动力电池箱里面，通过可靠的高低压接插件与整车的用电设备和控制系统连接。动力电池系统内的电池管理系统实时采集各电池单体的电压值、各温度传感器的温度值、动力电池系统的总电压值和总电流值、动力电池系统的绝缘电阻值等数据，根据电池管理系统中设定的阈值来判定电池工作是否正常，并对故障实时监控。此外，动力电池系统还通过电池管理系统使用 CAN 总线与 VCU 或车载充电机进行通信，进行充放电等综合管理，如果电池管理系统控制电池组正极接触器和负极接触器断开，那么高压将会断开，全车无高压电，如图 4-2-48 所示。

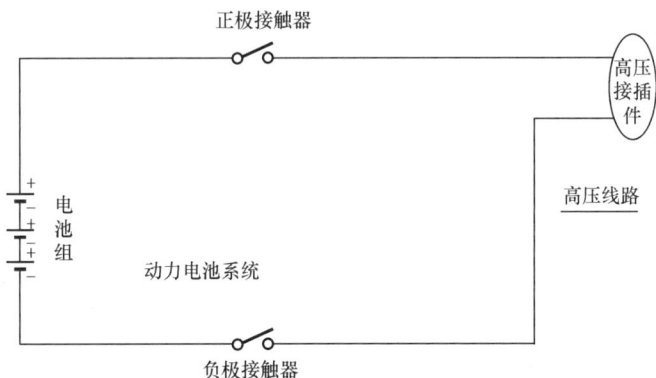

图4-2-48　电池管理系统控制正负极接触器充放电

（1）电池管理系统的功能

电池管理系统的作用是提高电池的利用率，防止电池出现过充电和过放电，延长电池的使用寿命，监控电池的状态。电池管理系统的主要功能有数据采集、电池状态计算、能量管理、安全管理、热管理、均衡管理，以及提供通信功能和人机接口等。

① 数据采集。电池管理系统的所有算法都以采集的动力电池数据作为输入，采样速率、精度和前置滤波特性是影响动力电池系统性能的重要指标，纯电动汽车电池管理系统的采样频率一般要求大于 200 Hz（50 ms）。

② 电池状态计算。电池状态包括 SOC 和电池组健康状态（SOH）两方面。SOC 用来提示动力电池组剩余电量，是计算和估计纯电动汽车续驶里程的基础。SOH 是用来提示电池技术状态、预计可用寿命等健康状态的参数。

③ 能量管理。能量管理主要包括以电流、电压、温度、SOC 和 SOH 为输入进行充电过程控制，以 SOC、SOH 和温度等参数为条件进行放电功率控制两个部分。

④ 安全管理。安全管理包括监控电池电压、电流、温度是否超过正常范围，防止电池组过充电、过放电。目前，在对电池组进行整组监控的同时，多数电池管理系统已经发展到对极端电池单体进行过充电、过放电、过热等安全状态管理。

⑤ 热管理。热管理包括在电池工作温度超高时进行冷却，低于适宜工作温度下限时进行电池加热，使电池处于适宜的工作温度范围内，并在电池工作过程中总保持电池单体间温度均衡。对于大功率放电和高温条件下使用的电池，电池的热管理尤为必要。

⑥ 均衡控制。电池的一致性差异导致电池组的工作状态是由最差的电池单体决定的，在电池组各个电池之间设置均衡电路，实施均衡控制是为了使各电池单体充放电的工作情况尽量一致，提高电池组整体的工作性能。

⑦ 通信功能。通过电池管理系统实现电池参数和信息与车载设备或非车载设备的通信，为充放电控制、整车控制提供数据依据是电池管理系统的重要功能。

⑧ 人机接口。根据设计的需要设置显示信息以及控制按键、旋钮等。

（2）电池管理系统的工作原理

电池管理系统的主要工作原理可简单归纳为，数据采集单元采集动力电池状态信息数据后，由电子控制单元（ECU）进行数据处理和分析，然后电池管理系统根据分析结果对系统内的相关功能模块发出控制指令，并向外界传递参数信息。

2. 动力电池的电量管理和均衡管理

（1）动力电池的电量管理

SOC 管理是电池管理的核心内容之一，对于整个电池状态的控制、电动车辆续驶里程的预测和估计具有重要的意义。由于 SOC 具有非线性，并且受到多种因素的影响，电池电量预测和估计方法复杂，因此准确估计 SOC 比较困难。

① SOC 估算精度的影响因素

a. 充放电电流。当充放电电流大于额定充放电电流时，可充放电容量低于额定容量；反之，当充放电电流小于额定充放电电流时，可充放电容量大于额定容量。

b. 温度。不同温度下电池组的容量存在着一定的变化，温度段的选择及校正因素直接影响到电池性能和可用电量。

c. 电池容量衰减。电池的容量在循环过程中会逐渐减少，因此对电量的校准条件，就需要

不断变化，这也是影响模型精度的一个重要因素。

d．自放电。自放电电量大小主要与环境温度有关，具有不确定性，需要按试验数据进行修正，这就会影响对 SOC 的估算。

e．一致性。电池组的一致性对电量的估算有重要的影响。电池组的电量是按照总体电池的电压来估算和校正的，如果电池单体差异较大，将导致估算的误差很大。

② 精确估计 SOC 的作用

a．保护动力电池。过充电和过放电都会对动力电池造成永久性的损害，严重缩短电池的使用寿命。因此准确控制 SOC 范围，可避免电池过充电和过放电。

b．提高整车性能。若 SOC 不准确，则电池性能不能充分发挥，整车性能降低。

c．降低对动力电池的要求。准确估算 SOC，则电池性能可充分使用，可降低对动力电池性能的要求。

d．提高经济性。选择较低容量的动力电池可以降低整车制造成本，同时，由于提高了系统的可靠性，因此后期维护成本也得到降低。

③ SOC 估计常用的算法

a．开路电压法。开路电压法的测量方法较简单，其主要根据电池组开路电压来判断 SOC 的大小。由电池特性可知，电池组的开路电压和电池的剩余量存在着一定的对应关系。随着放电电池容量的增加，电池的开路电压降低，可以根据一定的充放电倍率时电池组的开路电压和 SOC 的对应曲线，通过测量电池组开路电压的大小，插值估算出 SOC 的值。

相比电池组来说，开路电压法更适用于对电池单体的估计，当电池组中出现电池单体不均衡，会导致电池组的可用容量降低时电压仍很高，因此该方法不适合用于个体差异大的电池组。

b．容量积分法。容量积分法是指通过对单位时间内流入流出电池组的电流进行累积，从而获得电池组每一轮放电能够放出的电量，确定 SOC 的变化。

容量积分法存在着一定的误差，多次循环之后会出现误差积累，使误差越来越大，因此需要校正。目前的方法大多是利用电池组电压来校正电流积分导致的累积误差，由于电压和容量的对应关系受到温度、放电电流、电池组均衡性的影响，仅仅通过该方法校正 SOC，精度仍然较低，还需要做进一步的改进。

c．电池内阻法。电池内阻有交流内阻（常称交流阻抗）和直流内阻之分，它们都与 SOC 有密切关系，但交流内阻是复数变量，难以测量，所以一般测量直流内阻。准确测量电池单体内阻比较困难，这是电池内阻法的缺点。在某些电池管理系统中，常采用电池内阻法与容量积分法组合的方式提高 SOC 估算的精度。

d．模糊逻辑推理和神经网络法。模糊逻辑接近人的形象思维方式，擅长定性分析和推理，具有较强的自然语言处理能力。它们共同的特点：均采用并行处理结构，可从系统的输入、输出样本中获得系统输入、输出关系。

神经网络法适用于各种电池，其缺点是需要大量的参考数据进行训练，估计误差受训练数据和训练方法的影响很大。

e．卡尔曼滤波法。卡尔曼滤波法的核心思想是对动力电池系统的状态做出最小方差意义上的最优估算，适用于各种电池，不仅给出了 SOC 的估计值，还给出了 SOC 的估计误差；缺点是要求 SOC 估计精度越高，电池模型越复杂，涉及大量矩阵运算，工程上难以实现。该方法对于温度、自放电率以及放电倍率对容量的影响考虑得不够全面。

（2）动力电池的均衡管理

为了平衡电池单体的容量和能量差异，提高电池组的能量利用率，在电池组的充放电过程中需要使用均衡电路。

根据均衡过程中所传递能量的处理方式不同，均衡电路可以分为能量耗散型均衡和非能量耗散型均衡，现又分别称为被动均衡和主动均衡。

能量耗散型均衡主要让电池组内能量较高的电池，利用其旁路电阻进行放电的方式损耗部分能量，以期达到电池组能量状态的一致，这种均衡结构以损耗电池组能量为代价，并且生热问题导致均衡电流不能过大，适用于小容量电池系统，以及能量能够及时得到补充的系统，如混合动力汽车。

非能量耗散型均衡的电路拓扑结构已经出现很多种，本质上是利用储能元件和均衡旁路构建能量传递通道，将其从能量较高的电池直接或间接转移到能量较低的电池。

① 能量耗散型均衡管理。能量耗散型电路通过电池单体的并联电阻进行充电分流从而实现均衡，电路结构简单，均衡过程一般在充电过程中完成，对容量低的电池单体不补充能量。能量耗散型充电电路一般分为以下两种类型。

a．恒定分流电阻均衡充电电路。每个电池单体上都始终并联一个分流电阻，其优点是可靠性高，分流电阻大，通过固定分流来减小自放电导致的电池单体差异；缺点是无论是电池充电过程还是电池放电过程，分流电阻始终消耗功率，能量损失大，该类型一般在能够及时补充能量的场合适用。

b．开关控制分流电阻均衡充电电路。分流电阻通过开关控制，在充电过程中，当电池单体电压达到截止电压时，均衡装置能阻止其过充电并将多余的电量转换为热量。此类型的优点是可以对充电时电池单体电压偏高者进行分流，缺点是均衡时间的限制，导致分流时产生大量的热量，需要及时通过热管理系统散热，在容量较大的电池中更加明显。

能量耗散型电路结构简单，但均衡电阻在分流的过程中，不仅消耗了能量，而且会由于电阻的发热引起电路的热管理问题，因为其实质是通过能量消耗的办法，限制电池单体出现过高或过低的端电压，所以该方法只适合在静态均衡中使用，不适用于动态均衡。该方式仅适用于容量较小的电池组。

② 非能量耗散型均衡管理。非能量耗散型电路的耗能相对于能量耗散型电路小很多，但电路结构相对复杂，可分为能量转换式均衡和能量转移式均衡两种方式。

a．能量转换式均衡。能量转换式均衡是指通过开关信号，用电池组整体能量对电池单体进行能量补充，或者将电池单体能量向整体电池组进行能量转换。

单体能量向整体能量转换，一般是在电池组充电时进行的，电路如图 4-2-49 所示。检测该电路中各个电池单体的电压值，当电池单体电压达到一定值时，均衡充电模块开始工作，把电池单体中的充电电流进行分流从而降低充电电压，分出的电流经模块转换把能量反馈给充电总线，达到均衡的目的。有的能量转换式均衡可以通过续流电感完成单体到整体的能量转换。这种方式也称为补充式均衡，即在充电过程，首

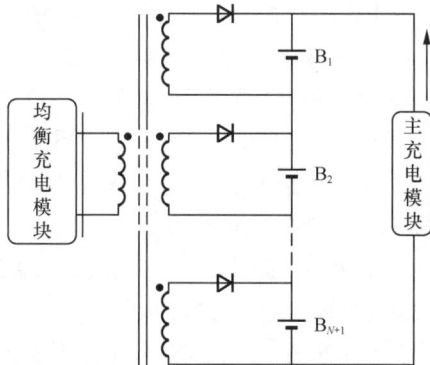

图4-2-49 能量转换式均衡电路

先通过主充电模块对电池组进行充电，电压检测电路对每个电池单体进行监控，当任意一个电池单体的电压过高，主充电电路就会关闭，然后补充式均衡充电模块开始对电池组充电。

能量转换式均衡电路是一种通过开关电源来实现能量转换的电路，相对于能量转移式均衡电路来说，它的电路复杂程度和成本更低。但对于同轴线圈，绕组到各单体之间的导线长度和形状不同，变压比有差异，导致对每一个电池单体的均衡不一致，有均衡误差，另外同轴线圈本身由于电磁泄漏的问题，也消耗了一定的能量。

b．能量转移式均衡。能量转移式均衡是指利用电感或电容等储能元件，把电池组中容量高的电池单体中的能量，通过储能元件转移到容量比较低的电池上，如图 4-2-50 所示。该电路通过切换电容开关，传递相邻电池间的能量，从而达到均衡的目的，另外，也可以通过电感储能的方式在相邻电池间进行双向传递。此电路的能量损耗很小，但是均衡过程中必须有多次传输，均衡时间长，不适用于多串联的电池组。

能量转移式均衡是一种电池能量补偿的方法，就是从能量高的电池取一些电量来补偿能量低的电池，这种方法虽然可行，但是由于在实际电路中需要对各个电池单体电

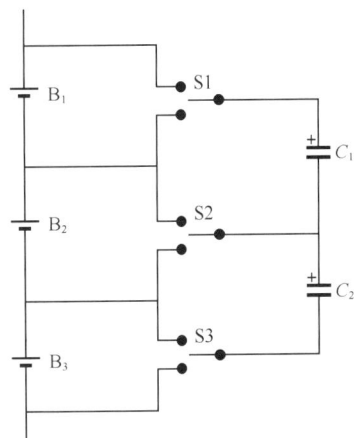

图4-2-50　能量转移式均衡电路

压进行检测判断，电路会很复杂，且体积大、成本高，另外能量的转移是通过一个储能媒介来实现的，存在一定的消耗及控制问题。该均衡方式一般应用于中大型电池组中。

③ 均衡管理系统应用中存在的问题。

现有的电池均衡方案中，基本上以电池电压来判断电池的容量，是一种电压均衡方式。要达到对电池组均衡的目的，对电压检测的准确性和精度要求很高，而电压检测电路漏电流的大小，直接影响电池组的一致性，因此设计出简单高效的电压检测电路是均衡电路需要解决的一个问题。

另外，电压不是电池容量的唯一量度指标，电池内阻及连接方式的接触电阻也会导致电池电压的变化，因此，如果一味按照电压进行均衡，将会导致过度均衡，从而浪费能量，极端情况下有可能导致能量均衡的电池组出现不均衡。

3．动力电池的热管理、安全管理和通信管理

（1）动力电池的热管理

动力电池使用热管理系统将电池温度保持在正常范围内，镍氢电池和锂电池最好在 20 ~ 40 ℃的温度区间内工作，这与人类感觉舒适的温度恰好一致。电性能在冰点以下温度时变差。温度高于 40 ℃会导致充电效率降低，并加速各类失效模式的进程，缩短电池寿命。过高的温度也可能导致发生安全问题。

目前纯电动汽车自燃事件频出，究其原因主要与电池管理系统的热管理有关。过高或过低的温度都将直接影响动力电池的使用寿命和性能，并有可能导致电池系统的安全问题，并且，电池箱内温度场的长久不均匀分布将造成各电池模块、电池单体间性能的不均衡，因此电池热管理系统对于纯电动汽车动力电池系统而言是必需的。可靠、高效的电池热管理系统对于纯电动汽车的可靠性、安全性意义重大。

① 电池热管理系统的功能。

a．电池温度的准确测量和监控。

b．电池组温度过高时的有效散热和通风。

c．低温条件下的快速加热。

d．有害气体产生时的有效通风。

e．保证电池组温度场的均匀分布。

② 电池内传热的基本方式。

电池内热传递方式有辐射换热、热传导、对流换热 3 种，电池和环境交换的热量也是通过辐射换热、热传导和对流换热 3 种方式进行的。

辐射换热主要发生在电池表面，与电池表面材料的性质相关。热传导指物质与物体直接接触而产生的热传递，电池内部的电极、电解液、集流体等都是热传导介质。对流换热指电池表面通过环境介质（一般为流体）的流动交换热量，它和温差成正比，温差越大，交换的热量也越多。

对于电池单体内部而言，辐射换热和对流换热的影响很小，热量的传递主要是由热传导决定的，电池自身吸热的大小与材料的比热有关，比热越大，散热越多，电池的温升越小。如果散热量大于或等于产生的热量，则电池温度不会升高；如果散热量小于所产生的热量，电池体内就会产生热积累，电池温度升高。

③ 电池组热管理系统设计实现。

按照采用的传热介质，可将电池组热管理系统分为空冷系统、液冷系统和相变材料系统 3 种，目前最有效且最常用的散热系统采用空气作为散热介质。

空冷系统又有串行通风和并行通风两种方式，如图 4-2-51 和图 4-2-52 所示。串行通风气流会将先流过的地方的热量带到后流过的地方，从而导致两处温度不一致，且温差较大。而并行通风气流都是直立上升型气流，这样可更均匀地分配气流，从而保证电池包各处散热的一致性。

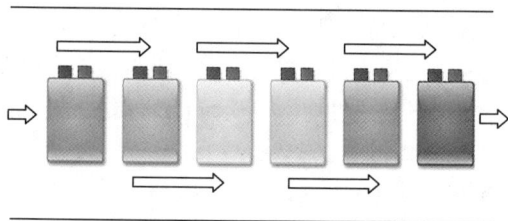

图4-2-51　串行通风

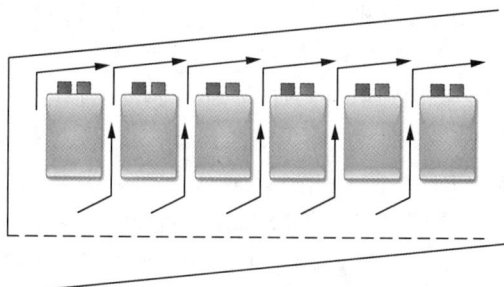

图4-2-52　并行通风

热管理系统按照是否有内部加热或制冷装置可分为被动和主动两种。被动系统成本较低，采取的设施相对简单；主动系统相对复杂，并且需要更大的附加功率，但效果好。

加热系统中，除了采用将热空气引入动力电池中的方式外，还可以采用其他方式。

（2）动力电池的安全管理

纯电动汽车动力电池系统电压常用的有 288 V、336 V、384 V 以及 544 V 等，已经大大超过了人体可以承受的安全电压，因此纯电动汽车动力电池系统电气绝缘性能是电安全管理的重要内容，绝缘性能的好坏不仅关系到电气设备和系统能否正常工作，还关系到人的生命财产安全。

① 动力电池安全管理系统的功能。

动力电池安全管理系统的功能主要包括烟雾报警、绝缘检测、自动灭火、过电压和过电流控制、过放电控制、防止温度过高、在发生碰撞的情况下断开电源等。

动力电池安装在纯电动汽车上，因此必须满足车辆部件的耐振动、耐冲击、耐跌落、耐盐雾等强度要求，保证可靠应用。此外，为满足防水、防尘要求，动力电池应满足一定的 IP 防护等级，一般 IP 防护等级不低于 IP55。

在极端工况下，通过电池安全管理系统应能实现动力电池的高压断电保护、过电流断开保护、过放电保护、过充电保护等功能。

② 烟雾报警。

在车辆行驶过程中由于路况复杂及电池本身的工艺问题，过热、挤压和碰撞等可能导致电池出现冒烟或着火等极端恶劣的事故，若不能及时发现并有效处理，势必导致事故的进一步扩大，对周围电池、车辆以及车上人员构成威胁，严重影响车辆运行的安全性。为防患于未然，近年来烟雾检测被引入电池管理系统和监测中，并越来越受到重视。

烟雾传感器种类繁多，从检测原理上可分为 3 类：一是利用物理化学性质的烟雾传感器，如半导体烟雾传感器、接触燃烧烟雾传感器等；二是利用物理性质的烟雾传感器，如热导型烟雾传感器、光干涉烟雾传感器、红外传感器等；三是利用电化学性质的烟雾传感器，如电流型烟雾传感器、电势型烟雾传感器等。但由于烟雾的种类繁多，一种类型的烟雾传感器不可能检测所有的气体，通常只能检测某一种或两种特定性质的烟雾。

电池管理系统中烟雾报警装置应安装于驾驶员控制台，在接收到报警信号时，迅速发出声光报警和故障定位，保证驾驶员能够及时接收报警器发出的报警信号。

在动力电池上应用烟雾传感器，需要在了解电池燃烧产生的烟雾构成的基础上进行烟雾传感器的选择。一般电池燃烧会产生大量的 CO 和 CO_2，因此可以选择对这两种气体敏感的烟雾传感器。烟雾传感器的结构需要适应车辆长期应用的振动工况，防止由于路面灰尘、振动引起的烟雾传感器误报警。

③ 绝缘检测。

a．漏电直测法。将万用表打到电流挡，串在电池组正极与设备外壳（或者地）之间，可检测到电池组负极与壳体之间的漏电流。将万用表打到电流挡，串在电池组负极与壳体之间，可检测电池组正极与壳体之间的漏电流。该方法简单易行，在现场故障检测、车辆例行检查中常用。

b．电流传感法。将动力电池系统的正极总线和负极总线一起同方向穿过电流传感器，当没有漏电流时，从正极流出的电流等于返回到电源负极的电流，因此，穿过电流传感器的电流为零，电流传感器输出电压为零，当发生漏电现象时，电流传感器的输出电压不为零。根据该电压的正负可以进一步判断该漏电流是来自电源正极还是负极。

应用这种检测方法的前提是待测动力电池组必须处于工作状态，要有工作电流的流入和流出，它无法在系统空载的情况下评价电池系统对地的绝缘性能。

c．绝缘电阻表测量法。绝缘电阻表大多采用手摇发电机供电，故又称摇表。它的刻度是以绝缘电阻为单位的，它是电工常用的一种测量仪表，用绝缘电阻表可直接测量绝缘电阻的阻值。

在电池管理系统中常用的是在电路中测量直流电压绝缘电阻阻值的方法，此外还有平衡桥法、高频信号注入法和辅助电源法等。

（3）动力电池的通信管理

数据通信是电池管理系统的重要组成部分之一，主要涉及电池管理系统内部主控板与检测板之间的通信、电池管理系统与整车控制器、非车载充电机等设备间的通信。在有参数设定功能的电池管理系统上，还有电池管理系统主控板与上位机的通信。CAN 通信方式是现阶段电池管理系统通信应用的主流，RS-232、RS-485 总线等方式在电池管理系统内部通信中也有应用。

三、基本诊断思路

1. 故障原因分析

动力电池异常断开情况分为两种：一种是动力电池自身等发生故障导致电能不能从动力电池输出给用电设备（包括驱动电机以及高压附件等）；另一种是仪表故障、绝缘故障、BMS 故障、VCU 故障或通信故障等导致 VCU 不能正确获取电池状态，认为电池处于某种不正常情况下的动力电池断开，如图 4-2-53 所示。

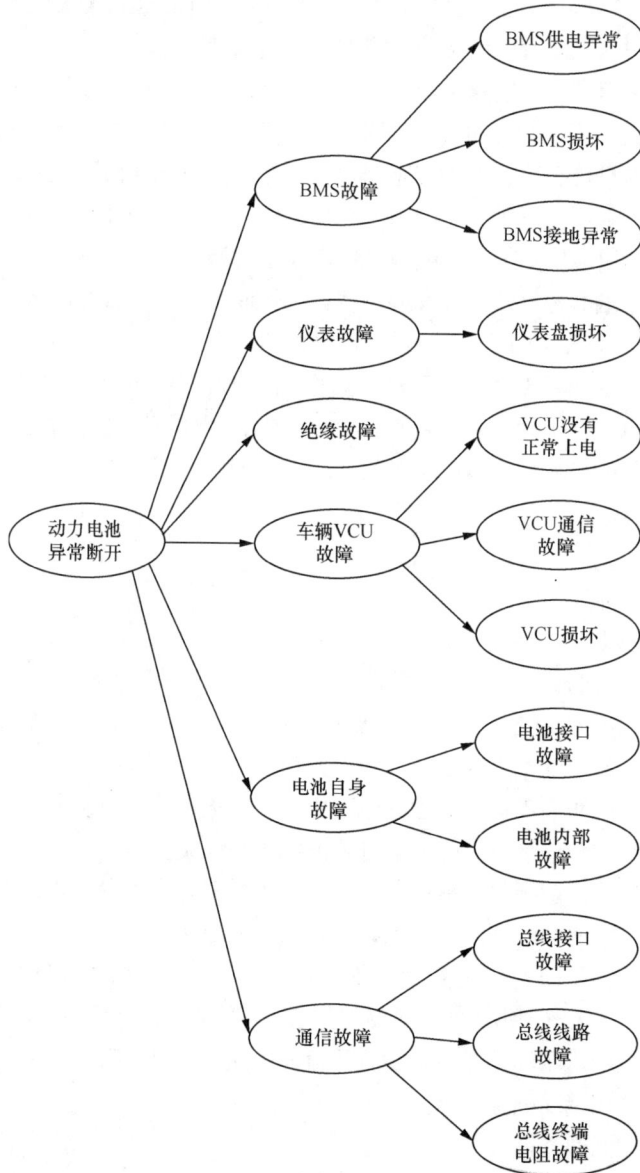

图4-2-53 故障原因分析

动力电池异常断开与电池状态显示异常相比较，它们的故障点是类似的，但前者的故障现象更为严重，这种情况下一般需要更深入地对故障进行分析和诊断。

当 BMS 发生故障时，VCU 不能正确获取动力电池的信息，VCU 会认为动力电池已经发生故障，从而在仪表上显示动力电池异常断开。动力电池状态显示异常时，一般情况下 VCU 和 BMS 会有部分通信，但是当通信全部中断时，VCU 就会报出动力电池异常断开，如果采用故障诊断仪进行诊断，会发现能够正常进入车辆 VCU 读取各类信息，但是不能进入 BMS 读取电池信息。

当仪表发生故障时，仪表不能正确接收 VCU 的信息，仪表显示初始设置信息，报出故障码，此时也会显示动力电池异常断开。但该情况下，动力电池、VCU 及总线都处于正常状态，因此这类故障需要谨慎判断。这类故障如果采用故障诊断仪进行诊断，会发现能够正常进入 VCU 和 BMS，各项指标都正常，但是仪表依然显示错误。

车辆 VCU 发生故障时，VCU 能够接收 BMS 信息，但是不能做出正确的处理，也不能向仪表盘传递正确的信息，仪表盘接收不到信息，也会按照自身的初始设置显示出故障码。这种情况下，用故障诊断仪进行诊断会发现不能进入 VCU，不能读取车辆的任何信息。

当电池自身发生故障时，特别是发生动力电池内部断路等故障时，采用故障诊断仪进行诊断会发现能够进入 VCU 读取整车信息，能够进入 BMS 读取部分信息，但是有些指标不正常，例如动力电池电压、电流等参数。

车辆的通信故障一般是指 CAN 总线故障。在纯电动汽车上一般采用 4 类总线：电池内部 CAN 总线、新能源 CAN 总线、快充 CAN 总线和传统 CAN 总线。当电池内部 CAN 总线出现故障时，电池的信息是不能正确传递到 VCU 的，此时进一步检查才能确定是不是发生了该类故障；新能源 CAN 总线连接了 BMS、VCU 及其他部件，新能源 CAN 总线出现故障时，动力电池的信息是不能传递到 VCU 等部件的，此时仪表会报动力电池异常断开的故障；传统 CAN 总线连接了 VCU 和仪表，当传统 CAN 总线出现故障时，仪表也不能正常显示，可能会报出动力电池异常断开故障。对于通信故障，一般可用故障诊断仪进行诊断。

2. 故障诊断流程

当车辆发生电池异常断开故障时，一般需遵循图 4-2-54 所示的故障诊断流程进行排除。

首先判断是否发生了绝缘故障，因为发生绝缘故障后很容易出现危险情况，因此需要检查仪表盘绝缘故障警告灯是否点亮。

检查仪表盘是否能够显示，如果仪表盘能够显示，说明 VCU 没有发生故障，且和仪表盘之间通信正常。

如果没有发现故障，则可以连接故障诊断仪进行诊断。

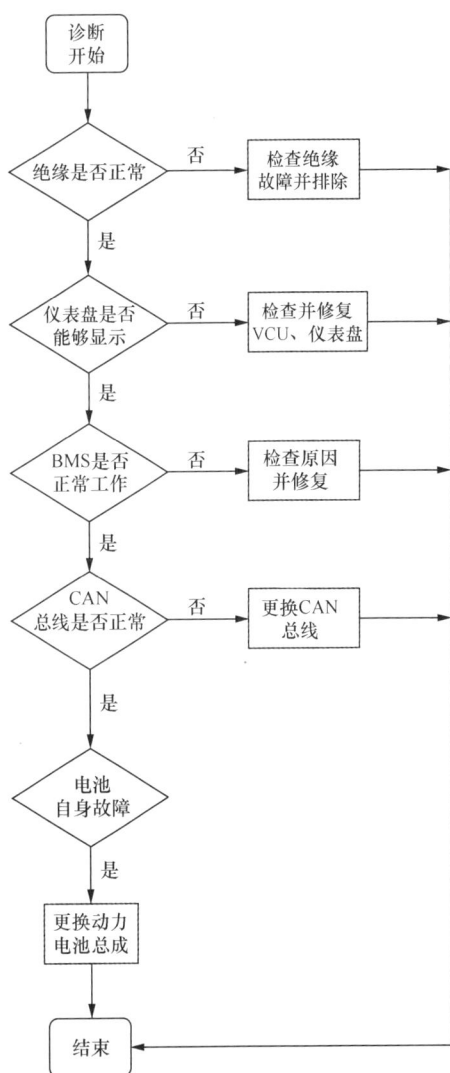

图4-2-54 故障诊断流程

173

四、任务实施

1. 实施要求

本操作任务为完成动力电池异常断开故障诊断与排除，包括以下内容。

（1）动力电池电路图的简化。

（2）动力电池低压线路的测量。

（3）故障诊断仪的使用。

2. 实施准备

（1）防护装备：绝缘防护装备。

（2）长安 EV460 整车一辆。

（3）专用工具、设备：故障诊断仪、万用表及其他适用设备。

（4）手动工具：新能源汽车维修组合工具。

（5）辅助材料：诊断与维修所必需的熔丝等耗材。

3. 实施步骤

下面利用前述诊断流程，完成任务导入动力电池异常断开故障的检测、诊断与修复。

（1）试车

经过试车，故障现象与客户描述一致。动力电池异常断开，车辆无法上高压电。

（2）检查组合仪表和中控的故障提示

检查组合仪表的故障提示，起动开关置于"ON"位时，仪表显示剩余电量为 0%，不显示续驶里程，READY 指示灯不亮，高压无法上电。将换挡旋钮旋至 D 挡，车辆不能正常行驶，仪表盘上挡位指示位置 N 挡灯点亮，如图 4-2-55 所示。中控无故障提示。

（3）车辆功能检查

① 打开起动开关，操作空调控制面板，空调控制面板所有按钮都能工作。

② 反复踩下制动踏板，能听到电动真空泵工作的声音，电动真空泵工作正常，说明 VCU 能正常工作。

（4）车辆基本检查

关闭起动开关，拆下低压蓄电池负极，

图4-2-55　组合仪表故障提示

打开前机舱盖，穿戴好个人防护用具。检查控制单元及线束插头是否存在松动、破损、进水、受潮等现象。经检查，控制单元及线束插头无松动、破损、进水和受潮现象。

（5）连接故障诊断仪，读取故障码

安装低压蓄电池负极，将故障诊断仪连接至车辆，读取故障码。故障诊断仪显示无法进入电池管理系统（BCU），进入 VCU，故障诊断仪显示电池管理系统的 CAN 信号丢失，如图 4-2-56 和图 4-2-57 所示。

（6）查阅电路图，分析故障范围

由故障码可知，无法与电池管理系统通信，且进入 VCU 显示电池管理系统的 CAN 总线数据异常，初步分析是电池管理系统的供电、搭铁、控制器本身、CAN 总线、VCU 到电池管理系统的唤醒线出现问题。电池管理系统电路图如图 4-2-58 所示。

174

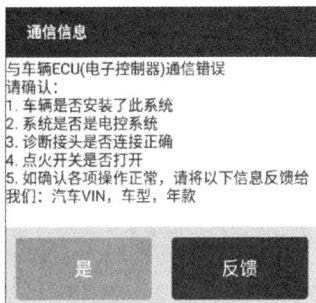

图4-2-56 故障诊断仪无法与车辆ECU通信

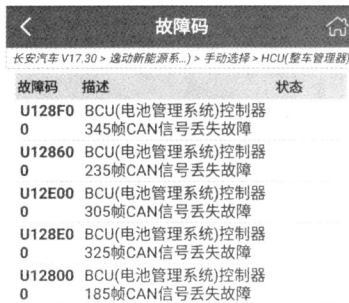

图4-2-57 故障诊断仪显示故障码

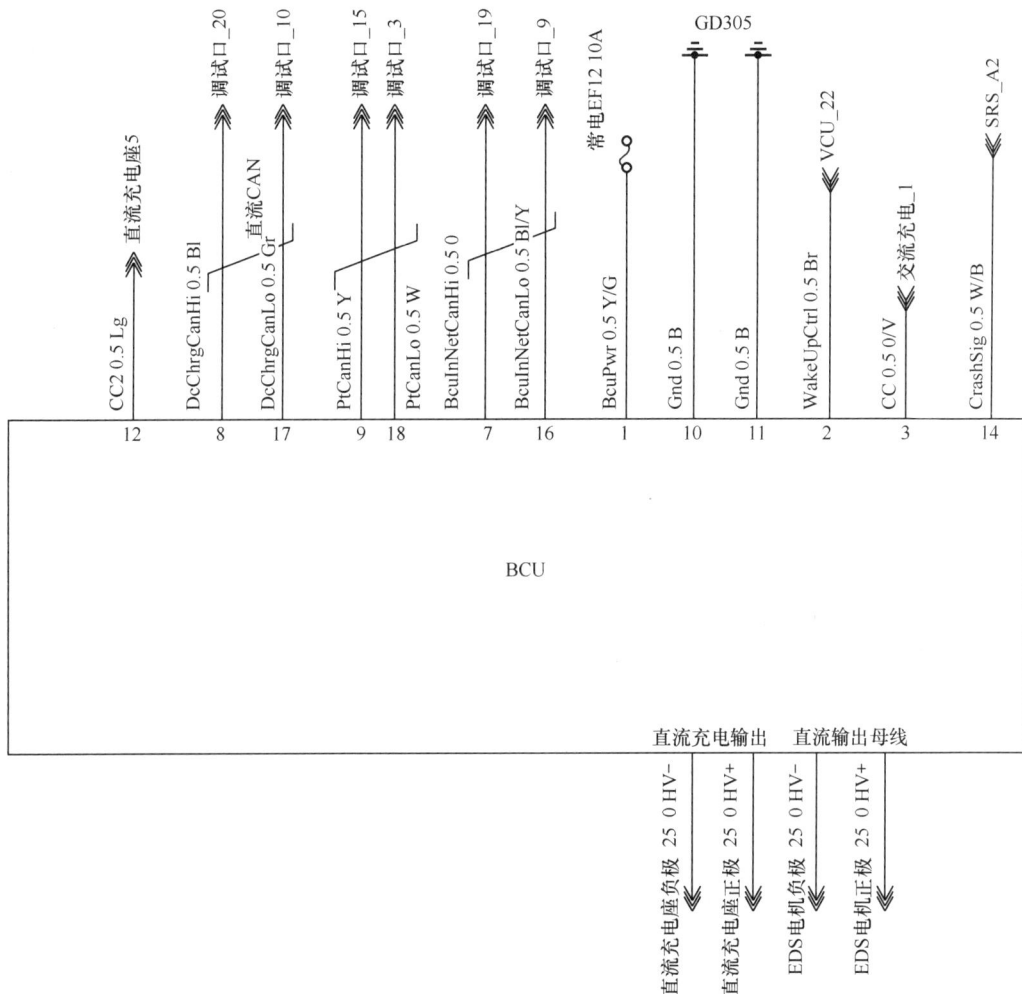

图4-2-58 电池管理系统电路图

（7）检查CAN线束、供电、搭铁、唤醒

断开电池管理系统插头，打开点火开关，用示波器测量7号端与16号端波形，测试结果正常。测量CAN总线电阻值，结果约为60 Ω，正常，如图 4-2-59~图4-2-61 所示。

用万用表检查电池管理系统1号端电压，红表笔接1号端，黑表笔搭铁，测试结果为12.29 V，正常，如图 4-2-62 和图4-2-63 所示。

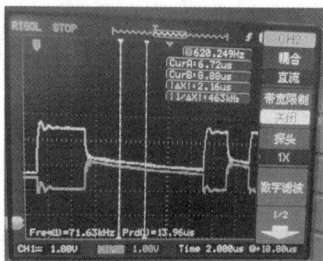

图4-2-59　电池管理系统的CAN总线波形

图4-2-60　电池管理系统的7号端与16号端

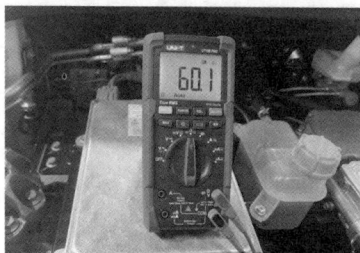

图4-2-61　电池管理系统的7号端与16号端CAN线电阻值

图4-2-62　电池管理系统的1号端

用万用表检查电池管理系统 10 号端、11 号端搭铁是否良好，断开蓄电池负极，红表笔接10 号端，黑表笔搭铁，测试电阻结果为 0.6 Ω，正常，如图 4-2-64 和图 4-2-65 所示。

图4-2-63　电池管理系统的
1号端搭铁电压

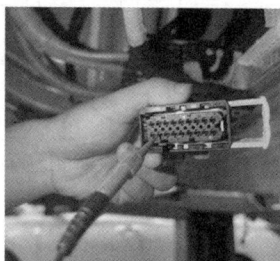

图4-2-64　电池管理系统
10号端

图4-2-65　10号端搭铁电阻

用万用表检查电池管理系统的唤醒线，判断 BMS 的 2 号端到 VCU 的 22 号端连接是否良好，断开蓄电池负极，红表笔接电池管理系统的 2 号端，黑表笔接 VCU 的 22 号端，正常值为小于 1 Ω，测试电阻结果为 OL，异常，根据数据分析可知，电池管理系统的 2 号端到 VCU 的 22 号端断路，造成 VCU 无法唤醒电池管理系统，电池管理系统没有工作，如图 4-2-66 ～图 4-2-68 所示。

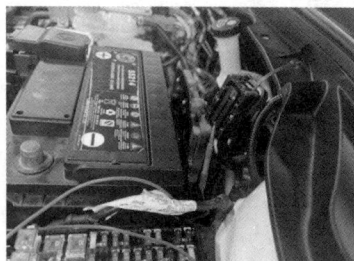

图4-2-66　VCU的22号端

图4-2-67　电池管理系统的2号端

图4-2-68　电池管理系统的
2号端到VCU的22号端电阻

（8）处理该故障

修复该条线束，再次试车，故障现象消失，车辆恢复正常。

五、任务考核

任务工单 4-2-3　动力电池异常断开故障诊断与排除

任务名称	动力电池异常断开故障诊断与排除	学时		班级	
学生姓名		学生学号		任务成绩	
实训室设备	长安 EV460 纯电动汽车、车间防护用具、个人防护用具、绝缘工具、常用检测仪器设备（万用表、绝缘电阻表等）、测试线、充电连接线	实训场地	新能源汽车理实一体化教室	日期	
任务描述	一辆长安 EV460 纯电动汽车，客户反映起动开关置于"ON"位时，仪表显示剩余电量为 0%，不显示续驶里程，READY 指示灯不亮，高压无法上电				
任务目的	以行动为导向，引导学生制订计划，按照正确诊断流程诊断和修复故障，在此过程中学习相关理论知识和实践操作技能				

1. 资讯

（1）动力电池异常断开情况分为两种：一种是_____等发生故障导致电能不能从动力电池输出给_____；另一种是_____、电池管理系统故障、VCU 故障或_____等导致的_____，认为电池处于某种不正常情况下的动力电池断开。

（2）动力电池异常断开相比较_____的情况，它们的故障点是类似的，但是故障现象较为严重，这种情况下一般需要深入地对故障进行分析和诊断。

（3）当电池管理系统发生故障时，_____不能正确获取动力电池的信息，VCU 会认为_____已经发生故障，从而在_____上显示动力电池异常断开。

（4）当仪表发生故障时，仪表不能正确接收_____的信息，仪表显示初始设置信息，报出故障码，此时也_____。

（5）车辆 VCU 发生故障时，VCU 能够接收_____信息，但是不能做出正确的处理，也不能向_____传递正确的信息，仪表盘接收不到信息，也会按照自身的初始设置显示出_____。

（6）在纯电动汽车上一般采用 4 类总线：_____、_____、_____、传统 CAN 总线。

（7）动力电池内部采用内部_____进行通信，将电池信息传输给_____，_____将其处理后，通过_____总线发送给 VCU，VCU 和仪表盘之间的通信采用_____。

2. 计划与决策

请根据故障现象和任务要求，确定所需要的检测仪器、工具，并对小组成员进行合理分工，制订详细的诊断和修复计划。

（1）需要的检测仪器、工具及防护用具。

（2）小组成员分工。

（3）诊断和修复计划。

3. 实施

（1）试车。

进行试车，故障现象与客户描述是否一致：_____。初步分析_____导致车辆高压无法上电。

（2）检查组合仪表和中控的故障提示。

仪表盘显示情况：_____。

中控显示情况：_____。

声音警告情况：_____。

操作换挡旋钮，车辆运行状态：_____。

（3）车辆功能检查。

空调系统工作是否正常：_____。

电动真空泵工作是否正常：_____。

（4）车辆基本检查。

关闭起动开关，拆下低压蓄电池负极，打开前机舱盖，穿戴好个人防护用具，检查车辆高压系统、控制单元及线束插头，有无松动、损坏等现象。

经检查：_____。

（5）连接故障诊断仪读取故障码。

控制单元可否访问：_____。

有、无故障码：_____。故障码：_____。

（6）查阅电路图，分析故障范围。

查阅电路图，疑似故障点有：_____。

（7）检查电池管理系统新能源 CAN 总线，按照操作过程进行下电操作；关闭点火开关，用示波器连接 BMS 的 7 号端与 16 号端，测试新能源 CAN 总线波形是否正常。

（8）用万用表测试电池管理系统新能源 CAN 总线的电阻，测试结果为_____。

（9）连接蓄电池负极，用万用表检查电池管理系统 1 号端供电端电压，检查结果为_____

（10）断开蓄电池负极，检查电池管理系统 10 号端、11 号端搭铁情况，检查结果为_____。

（11）断开蓄电池负极，检查电池管理系统 2 号端到 VCU 22 号端的电阻，标准值为_____，实测值为_____。

（12）诊断结论。

综合以上检查及分析，判定故障点为_____。

4. 检查

故障排除后，用故障诊断仪清除故障码，并进行如下检查：_____。

（1）检查仪表及中控是否还有故障提示：_____。

（2）检查高压上电情况：_____。

（3）检查车辆行驶情况：_____。

5. 评估

（1）请根据自己任务完成的情况，对自己的工作进行自我评估，并提出改进意见。

① _____

_____

② _____

_____

③ _____

续表

（2）工单成绩（总分为自我评价、组长评价和教师评价得分值的平均值）。

自我评价	组长评价	教师评价	总分

学习情境 4.3　纯电动汽车驱动电机控制器无法通信故障诊断与排除

【知识目标】

（1）掌握电机系统的构造及基本原理。

（2）能够根据电机系统的故障现象分析故障原因。

（3）能够制定电机系统的故障诊断流程。

【技能目标】

能通过与客户交流、查阅相关维修技术资料等方式获取车辆信息，能根据故障现象制定正确的诊断流程，能正确对电机控制器无法通信故障进行诊断，能正确对车辆高压不上电故障进行诊断，能根据故障选择正确的诊断和检测设备。

【职业素养要求】

（1）严格执行汽车检修规范，养成严谨科学的工作态度。

（2）具有积极进取、不断向上的敬业精神和诚实守信、吃苦耐劳的职业品质。

（3）严格执行 8S 现场管理。

一、任务导入

一辆长安 EV460 纯电动汽车，客户反映起动车辆后，车辆无法行驶，经检查 READY 指示灯没有点亮，蓄电池充电警告灯点亮，系统故障警告灯点亮。主管要求进行故障诊断与排除，你能完成这个任务吗？

以下以长安 EV460 为例，介绍纯电动汽车驱动电机控制器无法通信故障诊断与排除的基本思路和注意事项，其他车型可以参考。

二、知识储备

驱动电机是电动汽车三大核心部件之一，也是车辆行驶的主要执行机构，其特性决定了车辆的主要性能指标，对电动汽车整车行驶的动力性、经济性、安全性、操控稳定性等有着重要的影响。

在长安新能源车型中，基本都采用单驱动电机驱动。与传统工业驱动电机不同，纯电动汽车的驱动电机通常要求能够频繁地起动/停车、加速/减速，低速/爬坡时要求高转矩，高速行驶时要求低转矩并要求变速范围大。

1. 驱动电机系统组成

长安 EV460 纯电动汽车驱动电机系统组成如图 4-3-1 所示。通常驱动电机系统由驱动电机

（DM）、电机控制器（EDS）及机械传动装置构成，通过高低压线束、冷却管路，与其他系统进行电气和散热连接。

驱动电机系统主要通过有效的控制策略将动力电池提供的直流电转化为交流电，实现电机的正转和反转控制。在制动减速时将电机发出的交流电转化为直流电，将能量回收给动力电池。

（1）电机控制器的作用

整车控制器根据驾驶员意图发出各种指令，电机控制器响应并回馈，实时调整驱动电机输出，以实现整车的怠速、前行、倒车、停车、能量回收以及驻坡等功能。电机控制器另

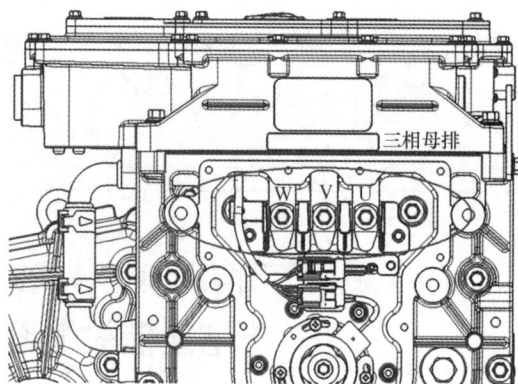

图4-3-1　长安EV460纯电动汽车驱动电机系统组成

一个重要功能是通信和保护，实时进行状态和故障检测，保护驱动电机系统和整车安全、可靠运行。

在长安新能源EV系列的纯电动汽车中，电机控制器通过CAN总线与整车控制器通信，通过电压传感器监测直流母线及相电流，并且能够采集IGBT和电机温度，通过控制电路和反馈给IGBT模块，为旋变传感器励磁供电，对旋变的信号进行检测与分析。

（2）电机控制器的组成及功能

电机控制器由功率变换器（IGBT）、控制主板、接口、冷却液管等组成，如图4-3-2和图4-3-3所示。

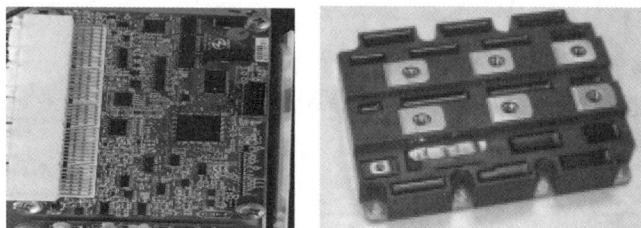

图4-3-2　控制主板和功率变换器

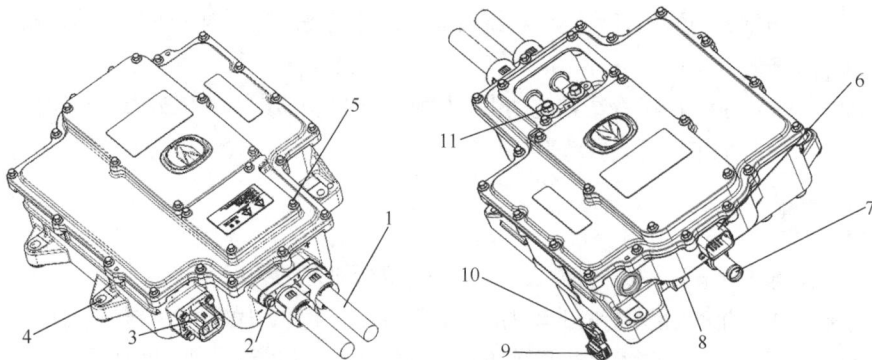

图4-3-3　长安EV460电机控制器结构图

1—直流母线　2—线束安装螺栓　3—高压分线　4—电机控制器安装孔　5—接线盒安装螺栓M5

6—14号低压接插件　7—冷却液管接口　8—搭铁线安装孔　9—8号端子低压接插件

10—4号低压接插件　11—直流母线固定螺栓装配M8螺栓

① 14 号低压接插件接口定义（见图 4-3-4、表 4-3-1）。

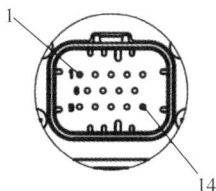

图4-3-4　电机控制器14号低压接插件776267-1（TE）接口

表 4-3-1　14 号低压接插件接口定义

序号	定义	
1	预留	—
2	KL15	唤醒信号
3	预留	—
4	预留	—
5	KL30	12 V+
6	高压互锁	高压互锁输入
7	高压互锁	高压互锁输出
8	预留	—
9	KL31	12 V-
10	CAN-H_1	通信 CAN 高
11	CAN-L_1	通信 CAN 低
12	CAN_shield	—
13	预留	—
14	预留	—

② 8 号低压接插件接口定义（见图 4-3-5、表 4-3-2）。

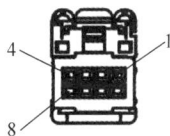

图4-3-5　电机控制器8号低压接插件1456987-3（TE）接口

表 4-3-2　8 号低压接插件接口定义

序号	定义	
1	预留	—
2	SUPPLY	旋变激励信号
3	REFERENCE	旋变激励信号地
4	SINE+	旋变 SIN 信号
5	预留	—
6	SINE-	旋变 SIN 信号地
7	COSINE-	旋变 COS 信号地
8	COSINE+	旋变 COS 信号

③ 4 号低压接插件接口定义（见图 4-3-6、表 4-3-3）。

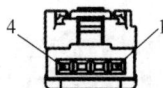

图4-3-6　电机控制器4号低压接插件1456983-1（TE）接口

表 4-3-3　4 号低压接插件接口定义

序号	定义	
1	TH/NTC1	电机温度传感器信号
2	TL/NTC1	电机温度传感器地
3	预留	—
4	预留	—

④ 控制主板（中央控制模块）主要包括控制芯片及外围电路、A/D 采样电路、IGBT 驱动和保护电路、位置检测电路等几部分。中央控制模块：对外，通过对外接口，得到整车上其他部件的指令和状态信息；对内，把翻译过的指令传递给逆变器驱动电路，并检测控制效果。

⑤ 使用以下传感器提供驱动电机的工作信息。

温度传感器用以检测电机控制器的工作温度（包括 IGBT 模块温度、电机控制器板载温度）。

位置传感器安装在驱动电机内部，用以检测转子磁极位置，为逆变器提供正确换向信息。位置传感器主要包括电磁式（旋转变压式）、光电式（光电编码器）、磁感应式（霍尔位置传感器）几种。

⑥ 功率变换器模块主电路采用三相全桥逆变电路，对电机电流、电压进行控制，其功率开关器件一般采用 IGBT（见图 4-3-7）。

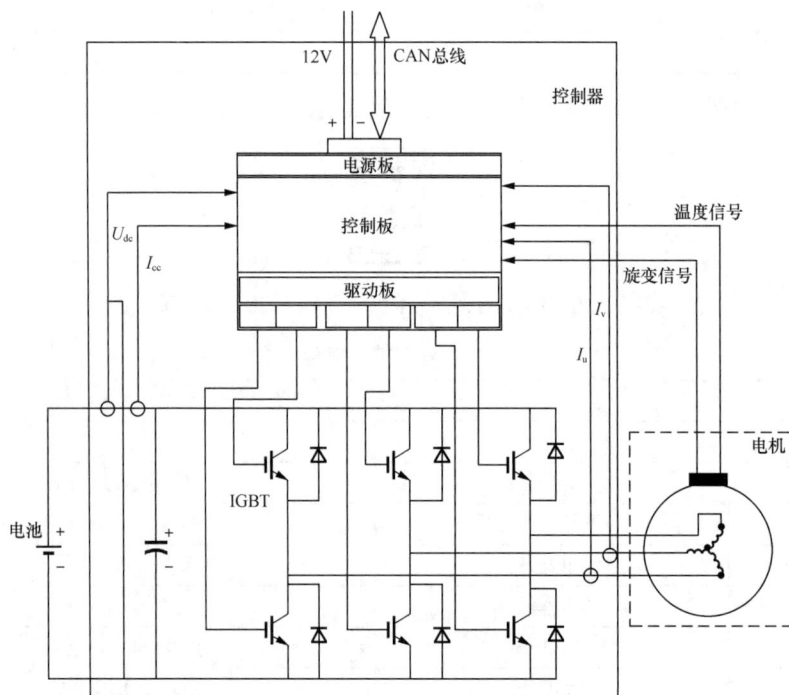

图4-3-7　IGBT模块

IGBT 在功率 MOSFET 工艺技术基础上发展起来，它兼有功率 MOSFET 高输入阻抗、开关速度快和电子晶体管（GTR）的大电流密度的特点。IGBT 自投入市场以来，已成为中、大功率电子电力设备的主导器件。

⑦ 驱动控制模块将中央控制模块的指令转换成对逆变器中可控硅的通断指令，并作为保护装置，具备过电压、过电流等故障的监测保护功能。驱动控制模块通过矢量控制的方式控制电机输出转矩，通过控制 IGBT 开关管的顺序实现电机正转、反转和制动能量回收。

2. 电机控制器的工作原理

（1）指令和响应

对于电机控制器，其调速指令的触发信号来自整车控制器。整车控制器一方面体现驾驶员的意图，另一方面从安全和车辆电气系统运行状态出发，评估对驾驶员的响应是否合理，最后全部执行或部分执行指令。驾驶员的意图通过加速踏板和制动踏板表达并传递给整车控制器。

整车控制器给到电机控制器与动力系统相关的具体指令有加速、减速、制动、停车。电机控制器做出的响应为改变电源电流、电压、频率等参数，使得电机的运行状态符合整车控制器的需要。

（2）闭环

电机控制器自身是一套闭环控制系统，可调节目标参数，检测受控函数值是否到达预期，若不相符，反馈给控制器，再次调整目标参数。经过反复的闭环反馈，实现高精确度的控制。整车控制器采集车速传感器信号及各个电气部件温度、电压等重要状态参数，判断整车的综合情况是否符合驾驶员提出的需求，同时不妨碍整个系统的健康状况。这个过程是整车层面的闭环控制。

图 4-3-8 所示是一个典型的纯电动汽车动力系统电气图，其中细线是低压通信线，粗线为高压动力线，与电机控制器有强电连接关系的部件是电机和动力电池包；电机控制器连接到整车的 CAN 总线上，可以与中央控制单元、数字仪表、电池管理单元通信，接收指令，交换数据。

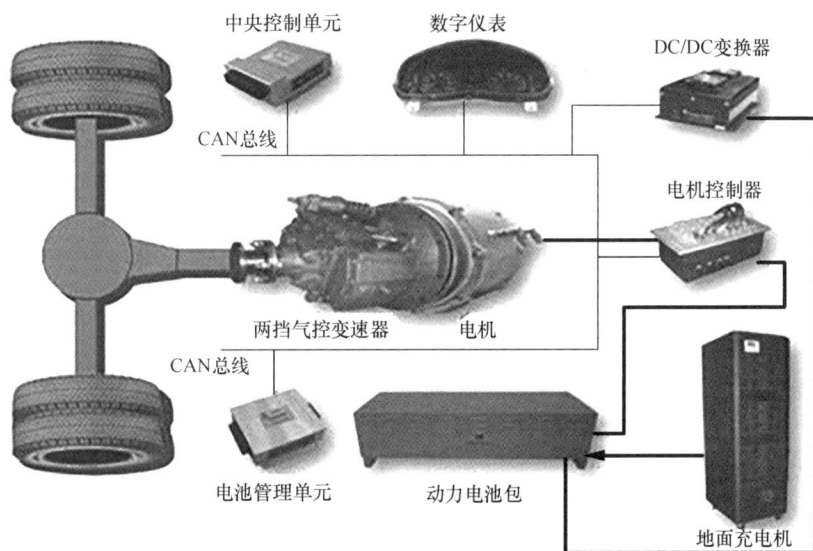

图4-3-8 电动汽车动力系统电气图

3. 驱动电机控制策略

根据纯电动汽车的 P、R、N、D 这 4 个挡位以及加速踏板和制动踏板信号的不同组合，将纯电动汽车的运动状态分为 5 种运行模式，分别是起车模式、正常驱动模式、失效保护模式、制动能量回收模式和空挡模式。整车控制器采集钥匙信号、加速踏板、制动踏板、挡位信号和其他传感器信号，然后提取出有效值，整车控制策略通过对这些有效值进行判断、计算，选择相应的驱动模式，然后向电机控制器发送整车期望转矩指令。

如图 4-3-9 所示，驱动使能标志位（Drive_Enable_Flag）置"1"则进入整车驱动状态，它置"1"的条件是点火开关转到"START"位置，整车控制器通过自检，电机控制器通过自检，BMS 通过自检，无严重故障，挡位处于 R/N/D 挡。然后整车控制器根据加速踏板、制动踏板、挡位和车速信号分别进入对应的驱动状态。5 种运行模式的具体内容如下。

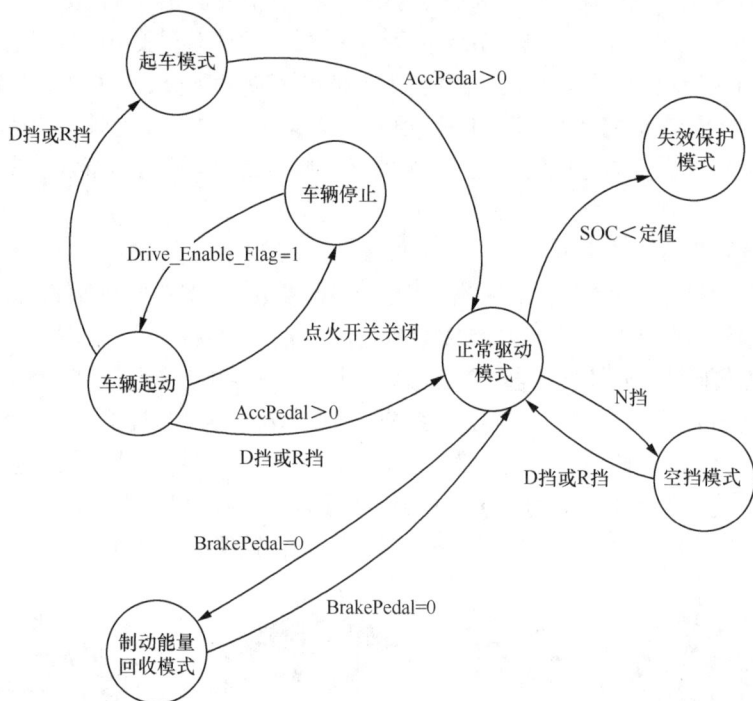

图4-3-9　运行模式

（1）起车模式

起车模式是指车辆已经起动，挡位挂在驱动挡，加速踏板开度为零的运行模式。此时整车控制器发送给电机控制器的转矩指令为起车小转矩。该转矩的主要功能是：如果在平直路面上行驶，可以使车辆保持一个恒定起车速度前行，如果在坡道上，则防止起车时车辆倒溜。在起车模式下，车辆最终以恒定速度行驶，并且车速有一个最大值，若车速超过这个值，则电机控制器停止转矩的输出。

（2）正常驱动模式

正常驱动模式（见图 4-3-10）是指车辆处于驱动使能状态下，整车动力系统能够无故障运行，保障车辆正常行驶。此时整车控制器根据加速踏板开度、车速和 SOC 值来确定发送给电机控制器的转矩指令，当电机控制器从整车控制器得到转矩输出的指令时，将动力电池提供的直流电转化成三相交流电，驱动电机输出转矩，通过机械传输来驱动车辆。正常驱动模式下有一个最大行驶车速。

图4-3-10　正常驱动模式

（3）制动能量回收模式

制动能量回收模式（见图 4-3-11）也称为发电模式，在此模式下，若车辆在运行时制动信号有效，并且车速大于一定值，则对车辆的动能进行回收。由于电机既可以作驱动电动机，又可以作发电机，根据电机的这一特点，纯电动汽车除具备传统燃油汽车制动系统的基本功能外，还可在制动时调整载荷分配比例系数，在电机控制器从整车控制器得到发电指令后，使电机处于发电状态。此时电机输出制动转矩，有效地吸收车辆制动时的动量，电机将车辆的动能转化为电能，然后三相正弦交流电通过电机控制器转化为直流电，产生的电能给动力电池充电，增加能量的利用率，故纯电动汽车具有制动能量回收的功能。

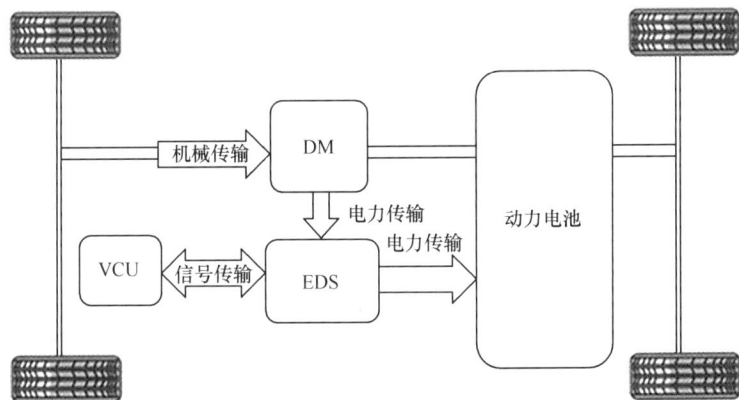

图4-3-11　制动能量回收模式

（4）空挡模式

空挡模式是指挡位在 N 挡时，整车控制器发送给电机控制器的转矩指令为 0，电机处于自由状态，电机随着驱动轮转动。传统的燃油汽车由于发动机不能带负载起动，在堵车或等候交通信号灯时，需要让发动机怠速转动。这部分燃油是不做功的，降低了整车的能量利用率，同时怠速时，燃油燃烧不充分，还会造成比较大的环境污染，而纯电动汽车就不存在这方面的缺点。

（5）失效保护模式

失效保护模式（也称为跛行回家模式）是指整车动力系统出现非严重的故障时，车辆还可以继续行驶而不需要紧急停车。整车控制器根据故障等级，对需求转矩进行限制，输出转矩维持车辆慢行到附近维修站。

起车模式和正常驱动模式下电机输出的转矩为驱动力矩，制动能量回收模式下电机输出的转矩为制动力矩，空挡模式下电机不输出转矩，失效保护模式下电机输出的转矩为驱动力矩，它和起车模式、正常驱动模式的区别在于电机输出转矩的大小、变化率有限制。整车驱动控制策略主要包括起车模式和正常驱动模式，因为在这两个模式下车辆将实现前进、倒车基本的驾驶功能。

三、基本诊断思路

1. 故障原因分析

仪表上 READY 指示灯没有点亮，蓄电池充电警告灯点亮，系统故障警告灯点亮，故障提醒警告灯点亮，EPB 故障警告灯点亮，ESC 故障警告灯点亮，电机控制系统发生故障时一般会出现这几个故障警告灯点亮。根据故障指示灯初步可以判断为电机控制器及其熔丝、继电器、电路出现故障。电机控制器出现故障，如果是其电源或新能源 CAN 总线故障，电机控制器无法与其他系统进行通信，故障诊断仪无法读取电机控制器的故障码和数据流；如果不是电源或新能源 CAN 总线故障，那么故障诊断仪就可以读取电机控制器的故障码和数据流。电机控制器电路如图 4-3-12 所示。

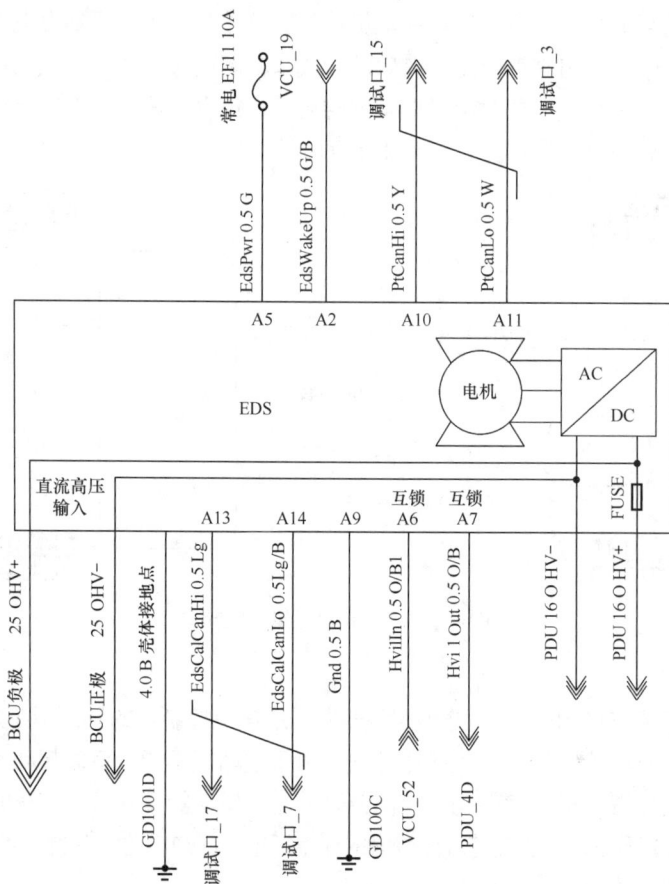

图4-3-12　电机控制器电路

电机控制器无法通信的故障主要部位有电机控制器、整车控制器等，如图 4-3-13 所示。

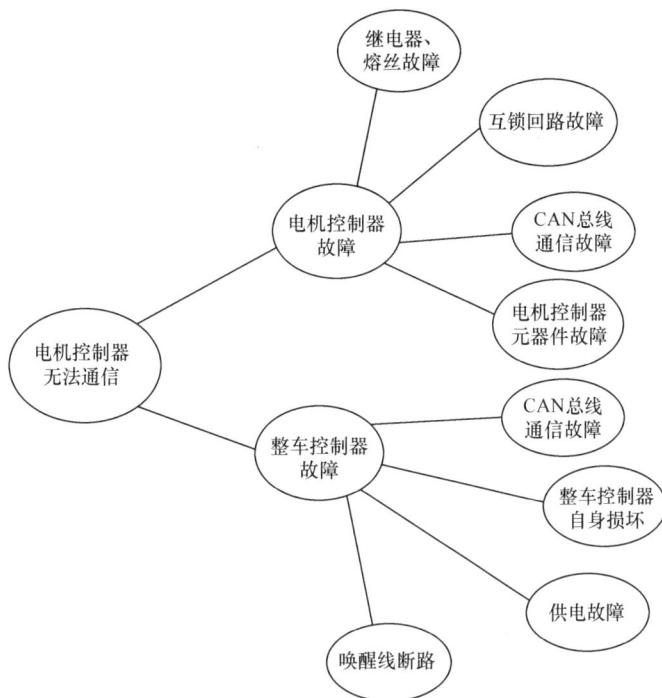

图4-3-13　电机控制器无法通信的故障点分析

电机控制器电源出现故障，电机控制器无法正常工作，电机控制器本身负责车辆的任务也无法进行，这样就使得车辆无法上高压电以及正常行驶。电机控制器的电流是由蓄电池提供的，经过 EF11 熔丝、插接器最终到达电机控制系统。

电机控制器新能源 CAN 总线出现故障，电机控制器可以正常工作，但是电机控制器向外传递的所有信号都无法传递到整车控制器，这时整车控制器就会认为电机控制器出现故障，不允许全车上高压电，同时整车控制器还要向 BCM 发送电机控制器故障信息，BCM 会将故障信息显示在仪表上。

电机控制器其他线束出现故障或多或少与其电源和新能源 CAN 总线的故障现象有所区别，排除故障一定要由简入难。分析出是电机控制器故障，那么首先要检测的故障应该是电机控制器的电源线，汽车在工作时，电路和元件不易损坏，但熔丝比较容易出现故障。

电机控制器上也有高压线束，因高压线束不负责电机控制器的工作，所以电机控制器出现故障时不用考虑高压线束。

电机控制器要正常工作，需要整车控制器的唤醒信号，如果整车控制器有问题，那么电机控制器将接收不到唤醒信号，电机控制器也就无法通信。所以当出现电机控制器无法通信故障时，也要检查整车控制器的供电熔丝和搭铁问题。

2. 故障诊断流程

当车辆发生电机控制器无法通信故障时，一般遵循图 4-3-14 所示的故障诊断流程进行排除。长安 EV460 纯电动汽车发生电机控制器无法通信故障时，故障是上电后出现的，与客户沟通后，进行故障确认，然后从电机控制器电源、新能源 CAN 总线、搭铁、电机控制器本身等方面进行故障分析。

根据客户的描述、现场的故障再现，初步分析故障位置，使用故障诊断仪检查故障码和数据流，分析、判断故障位置，制定故障维修流程，进行故障检测。

图4-3-14 电机控制器无法通信故障诊断流程

四、任务实施

1. 实施要求

本操作任务为完成电机控制器无法通信故障诊断与排除，包括以下内容。

（1）电机控制器电路图的简化。

（2）电机控制器线路的测量。

（3）故障诊断仪的使用。

2. 实施准备

（1）防护装备：绝缘防护装备。

（2）长安 EV460 整车一辆。

（3）专用工具、设备：故障诊断仪、万用表及其他适用设备。

（4）手动工具：新能源汽车维修组合工具。

（5）辅助材料：诊断与维修所必需的熔丝等耗材。

纯电动汽车驱动电
机控制器无法通信
故障诊断与排除

3. 实施步骤

下面利用前述诊断流程，完成任务导入电机控制器无法通信故障的检测、诊断与修复。

（1）试车

经过试车，故障现象与客户描述一致。初步分析车辆高压系统没有上电，导致车辆无法行驶。

（2）检查组合仪表和中控的故障提示

打开起动开关，仪表盘显示剩余电量，显示续驶里程，READY 指示灯未点亮，系统故障警告灯点亮，蓄电池充电警告灯点亮；将换挡旋钮旋至 D 挡，车辆不能正常行驶，仪表盘上挡位指示 N 挡，如图 4-3-15 所示。中控无故障提示。

图4-3-15　组合仪表故障提示

（3）车辆功能检查

① 打开起动开关，操作空调控制面板，空调控制面板所有按钮不起作用。

② 反复踩下制动踏板，能听到电动真空泵工作的声音，电动真空泵工作正常，说明 VCU 能正常工作。

③ 关闭起动开关，插上充电枪（慢充枪），仪表盘上充电连接指示灯正常点亮，充电显示 371 V、0 A，说明电池管理系统没有问题，显示续驶里程为 306 km，没有充电，如图 4-3-16 所示。

图4-3-16　连接充电枪时的车辆状态

（4）车辆基本检查

关闭起动开关，拆下低压蓄电池负极，打开前机舱盖，穿戴好个人防护用具。检查控制单元及线束插头是否存在松动、破损、进水、受潮等现象。经检查，控制单元及线束插头无松动、破损、进水和受潮现象。

（5）连接故障诊断仪，读取故障码

安装低压蓄电池负极，将故障诊断仪连接至车辆，读取故障码。故障诊断仪显示无法与车辆 ECU 通信，即无法与电机控制器通信，如图 4-3-17 所示。

（6）查阅电路图，分析故障范围

造成故障诊断仪无法进入电机控制器的原因有，电机控制器供电异常、电机控制器搭铁异常、电机控制器 CAN 总线异常、电机控制器本身损坏。按照先易后难的检测顺序，分别检测搭铁、供电、CAN 总线、电机控制器本身。

（7）检查电机控制器供电与搭铁线束

如图 4-3-12 所示，电机控制器搭铁线束 A9 端是搭铁端，检查该端子对地电阻。关闭点火开关，断开蓄电池负极，测量 A9 端对地阻值，正常值应该小于 1 Ω，实测值为 0.56 Ω，如图 4-3-18 所示，正常。接下来测供电端，查阅电路图，A5 端是供电端，搭上蓄电池负极，测量 A5 端电压，正常值应大于等于 12 V，实测值为 0 V，如图 4-3-19 所示。说明供电端线路异常，查阅电路图发现该供电线束是 EF11 熔丝，检查 EF11 熔丝电阻，电阻值小于 1 Ω，说明正常，实测值为无穷大，如图 4-3-20 所示，说明熔丝损坏，熔丝损坏造成电机控制器 A5 端没有电，电机控制器无法工作，故障诊断仪也无法与电机控制器通信。

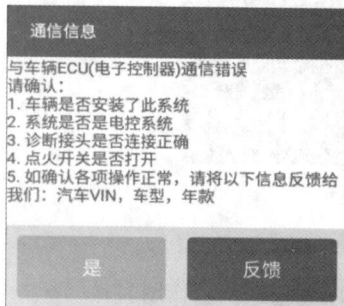

图4-3-17　故障诊断仪诊断结果

图4-3-18　A9端对地电阻值

图4-3-19　A5对地电压

图4-3-20　熔丝电阻值

（8）处理该故障

处理该故障，再次试车，故障现象消失，车辆恢复正常。

五、任务考核

任务工单 4-3-1　电机控制器无法通信故障诊断与排除

任务名称	电机控制器无法通信故障诊断与排除	学时		班级	
学生姓名		学生学号		任务成绩	
实训设备、工具及仪器	长安 EV460 纯电动汽车、故障诊断仪、示波器、车间防护用具、个人防护用具、常用检测设备（万用表、绝缘电阻表）、故障检测线	实训场地	新能源汽车理实一体化教室	日期	

续表

任务描述	一辆长安 EV460 纯电动汽车，客户反映起动车辆后，车辆无法行驶，经维修技师上电查看发现，READY 指示灯没有点亮，蓄电池充电警告灯点亮，系统故障警告灯点亮
任务目的	以行动为导向，引导学生制订计划，按照正确诊断流程诊断和修复故障，在此过程中学习相关理论和实践操作技能

1. 资讯

（1）仪表上 READY 指示灯没有点亮，蓄电池充电警告灯点亮，_____故障警告灯点亮，电机控制器发生故障一般会出现这几个故障警告灯点亮。

（2）根据故障警告灯初步可以判断为电机控制器及其熔丝、_____。电机控制器出现故障，如果是其电源或 CAN 总线故障，_____无法与其他系统进行通信，故障诊断仪无法进入读取故障码和数据流。

（3）电机控制器电源出现故障，电机控制器_____工作，电机控制器本身负责车辆的任务也无法进行，这样就使得车辆无法上高压电以及_____。电机控制器的电流是由蓄电池提供的，经过 EF11 熔丝最终到达电机控制器的_____。

（4）电机控制器_____出现故障，电机控制器可以正常工作，但是电机控制器向外传递的所有信号都无法传递到_____，这时整车控制器就会认为电机控制器出现故障，不允许全车上高压电。

（5）电机控制器其他线束出现故障或多或少与_____和 CAN 总线的故障现象有所区别，排除故障一定要由简到难，分析出是电机控制器故障，那么首先要检测的故障应该是_____，汽车在工作时，电路和_____不易损坏，但_____比较容易出现故障。

2. 计划与决策

请根据故障现象和任务要求，确定所需要的检测仪器、工具，并对小组成员进行合理分工，制订详细的诊断和修复计划。

（1）需要的检测仪器、工具及防护用具。

（2）小组成员分工。

（3）诊断和修复计划。

3. 实施

（1）填写车辆信息。

工作电压：_____。电池容量：_____。整车型号：_____。

车辆识别代码：_____。电机型号：_____。里程表读数：_____。

（2）故障现象确认。

根据客户描述的故障现象，检查组合仪表的故障提示，发现 READY 指示灯没有点亮，车辆无法行驶，_____和系统故障警告灯点亮。

（3）连接故障诊断仪。

关闭点火开关，将故障诊断仪与车辆_____诊断口连接。车辆上电，使用故障诊断仪对长安 EV460 纯电动汽车进行故障码和数据流的读取，读取后发现故障诊断仪不能进入_____。通过仪表显示的信息和故障诊断仪所读取的信息，初步判断为电机控制器可能出现故障，故障部位可能是电机控制器的供电方面和通信方面，按照由简入难的故障诊断思路，可以先对电机控制器供电进行检查。

（4）确定故障范围。

查阅长安 EV460 纯电动汽车电机控制器电路图，确定故障范围为电机控制器自身及其相关电路_____、_____插接器等，根据故障范围找到电机控制器模块供电熔丝为 EF11，供电电路为 B+至_____号端子。

（5）基本检查。

断开蓄电池负极，等待_____min，进行基本检查。

（6）部件/电路测试。

检查 EF11 熔丝。目测熔丝熔断，再用_____万用表检查，发现熔丝两侧端子电阻为 OL，确定 EF11 熔丝_____。

（7）部件/电路复查。

更换_____A 的 EF11 熔丝，测量_____号端子电压为当前蓄电池电压。

（8）确认故障已排除。

车辆上电，使用故障诊断仪对长安 EV460 纯电动汽车进行故障码和数据流的读取，电机控制器显示确认故障已排除。

（9）诊断结论。

综合上述检测结果，判断故障点为_____。

4. 检查

故障排除后，用故障诊断仪清除故障码，并进行如下检查。

（1）检查仪表是否还有故障提示：_____。

（2）检查高压上电情况：_____。

（3）检查充电情况：_____。

5. 评估

（1）请根据自己任务完成的情况，对自己的工作进行评价，并提出整改意见。

① _____

_____

② _____

_____

③ _____

_____

（2）工单成绩（总分为自我评价、组长评价和教师评价得分值的平均值）。

自我评价	组长评价	教师评价	总分

学习情境 4.4　空调系统故障诊断与排除

【知识目标】

（1）掌握纯电动汽车空调系统的使用与操作方法。

（2）熟知纯电动汽车空调系统制冷和制热的基本原理。

（3）掌握纯电动汽车空调系统不出风、不制冷、不制热等常见故障原因及排除方法。

【技能目标】

能通过与客户交流、查阅相关维修技术资料等方式获取车辆信息，能根据故障现象制定正确的诊断流程，能正确对空调系统不制冷、不制热等故障进行诊断与排除。

【职业素养要求】

（1）严格执行汽车检修规范，养成严谨科学的工作态度。

（2）养成良好的思想品德和职业道德。

（3）严格执行 8S 现场管理。

任务4.4.1 空调不制冷故障诊断与排除

一、任务导入

一辆长安 EV460 纯电动汽车，客户反映当空调制冷功能开启时，无论如何调节制冷出风大小或切换各出风模式，均无制冷效果。主管要求进行故障诊断与排除，你能完成这个任务吗？

以下以长安 EV460 为例，介绍纯电动汽车空调不制冷故障诊断与排除的基本思路和注意事项，其他车型可以参考。

二、知识储备

1. 送风功能的使用与操作

（1）空调送风操作

空调控制器的操作面板如图 4-4-1 所示，各操作键代表的具体含义如表 4-4-1 所示。

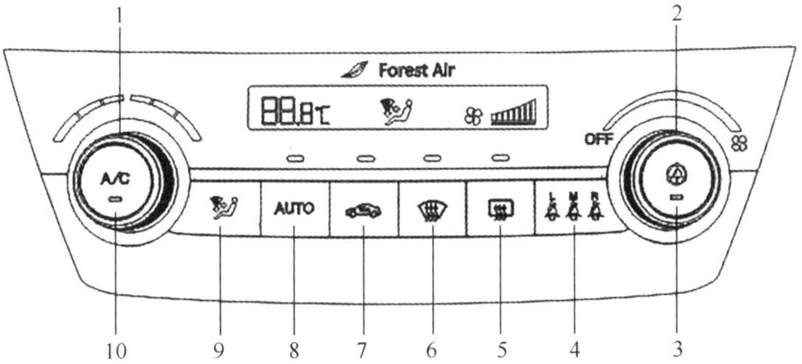

图4-4-1 空调控制器的操作面板

表 4-4-1 各操作键代表的具体含义

序号	含义	序号	含义
1	温度调节旋钮	6	前除霜开关
2	风量调节旋钮	7	内外空气循环开关
3	离子发生器开关	8	AUTO 开关
4	后排座椅安全带指示灯	9	模式调节指示灯
5	后除霜开关	10	制冷开关

① 温度调节旋钮。温度调节旋钮用于设定车内温度，控制通风口吹出空气的温度。逆时针旋转时制冷量通道逐渐加大，顺时针旋转时制热量通道逐渐加大，并符合空调系统正常工作的要求。

193

② 风量调节旋钮。风量调节旋钮用于手动设定 HVAC 鼓风机速度，通过旋转该旋钮，可以控制从系统中吹出的空气流量。风量调节旋钮有 8 个挡位，按顺时针旋转依次为 1~8 挡，可逐渐增大 HVAC 鼓风机速度，并符合空调系统正常工作的要求。

③ 离子发生器开关。点按该开关按钮，选择开启或关闭离子功能。若开启负离子功能，负离子发生器工作，净化空气。

④ 后排座椅安全带指示灯。这个指示灯用来提醒后排乘客系好安全带，以确保行车安全。

⑤ 后除霜开关。后除霜开关按钮用来启动后风窗玻璃除霜功能。按下该按钮，工作指示灯亮，开始后风窗玻璃的电加热除霜；再次按下该按钮，工作指示灯熄灭，后除霜结束。若在工作状态下不按该按钮，则由车身控制模块自行定时，结束后除霜工作状态。

⑥ 前除霜开关。前除霜开关用来启动前风窗玻璃除霜功能。按下该开关按钮，制冷开关指示灯点亮，可对前风窗玻璃除霜除雾，默认设置为风量 5 级，车外循环。可通过升高温度和增大风量来提高清除效率。

⑦ 内外空气循环开关。通过内外空气循环开关，可以选择空气内循环模式或空气外循环模式。内循环按钮上的工作指示灯亮时，表示空调系统处于内循环模式；外循环按钮上的工作指示灯点亮时，表示空调系统处于外循环模式。

a. 在外循环模式下，外循环风门打开，内循环风门关闭。

b. 在内循环模式下，内循环风门打开，外循环风门关闭。

⑧ AUTO 开关。AUTO 开关指汽车中的自动空调功能开关。当我们按下 AUTO 开关时，空调系统会根据车内的传感器来自动调节出风口的温度，以保持车内的舒适温度。

⑨ 模式调节指示灯。通过调节面/脚/风窗玻璃的风门可以控制出风模式，得到期望的气流流向，温度分配的范围将受到汽车空间大小的影响。在手动状态下，用户可以选择 4 种出风模式：吹面、吹面和吹脚、吹脚、吹脚和除霜。

⑩ 制冷开关。按压此开关按钮手动开启或关闭空调制冷功能，只有当电机和鼓风机运行时才能起作用。

送风系统通过风窗玻璃上的进气格栅向车辆内部提供新鲜的或加热、制冷后的空气，注意保持进气格栅清洁，应没有树叶、雪花或结冰。

同时针对出风的方向，通过移动百叶片中心的调节连杆（见图 4-4-2）来调整风向，向上或向下，或从一侧至另一侧。

（2）控制电路分析

长安 EV460 纯电动汽车空调的基本控制电路如图 4-4-3 所示。

空调控制器通过 CAN 总线实现与整车控制器等其他控制系统建立通信，而内部车厢送风风量的大小由鼓风机的调速模块来控制，鼓风机由鼓风机继电器来控制。

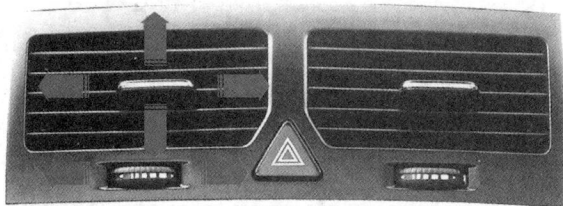

图4-4-2 百叶片中心调节连杆

当风量调节旋钮打开后，空调控制器控制鼓风机继电器闭合，鼓风机两端得电，鼓风机工作，空调控制器通过控制晶体管的信号来控制鼓风机的速度，在风量调节旋钮不断调节下，空调控制器控制晶体管的状态，从而使得鼓风机两端的电流不断变化，控制鼓风机转速，从而实现风速的调节。

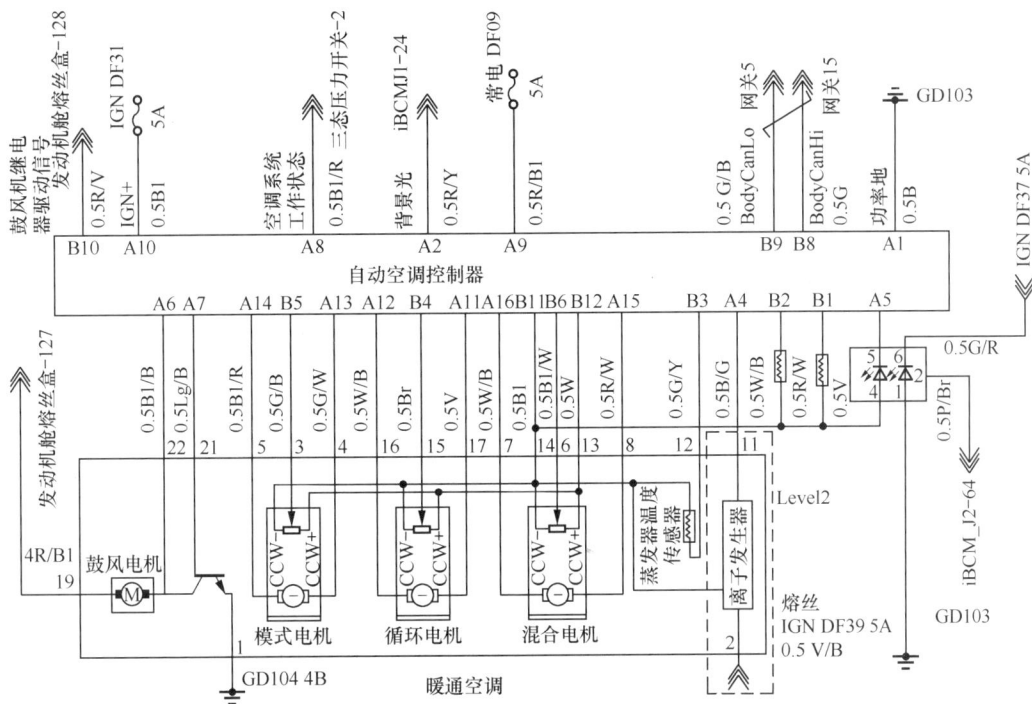

图4-4-3　长安EV460纯电动汽车空调的基本控制电路

汽车空调出风模式的调节主要由模式电机来控制，通过 MODE 按钮的切换操作控制电机停留在不同的挡位，从而使得电机开启在对应出风模式的送风管道。同样的，空气内外循环模式也类同，具体工作原理需结合不同的送风管路布置模式，如图4-4-4所示。

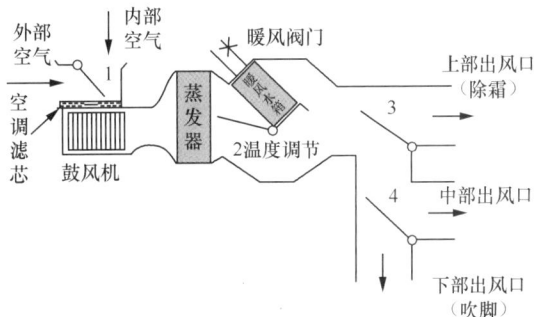

图4-4-4　汽车空调各模式送风调节原理

（3）送风管路

送风管路一般由 3 部分构成，第一部分为空气进入段，主要由用来控制新鲜空气和车内循环空气的切换风门、鼓风机和空调滤芯组成；第二部分为空气混合段，主要由蒸发器、空气混合风门和加热器组成；第三部分为空气分配段，主要由模式切换风门和各支路风道组成。

图4-4-4 中的1、2、3、4 分别代表内外循环控制风门、温度控制风门、除霜控制风门和中下部控制风门，汽车空调的内外循环及风向调节就是由这几个风门的开启和关闭来控制的，其控制方式有手动和电动两种。现在大部分汽车空调都使用电动控制，其中的1、3、4 使用普通电动机控制，而 2 常使用步进电动机控制，可以用于精确地调节温度和湿度。

汽车空调的外循环调节是非常重要的，车内与车外的空气始终是互通的，无论是否打开空调系统，空气都会不断流进流出；内循环与外循环完全相反，汽车内外的空气流通处于最小的状态，大部分空气都来自车内，不断重复利用，在夏天可以迅速降低车内温度，冬天能够发挥保暖恒温功能。但内循环还是有缺点的，车内空气不断循环利用，时间长了空气品质会下降。

当开启外循环时，会增大与外界空气的流通量，开启风扇，则会加快空气交换流通速度。

当外部环境非常好的时候，使用外循环模式，可让车内充满新鲜空气，提升车内空气品质；如果外部环境非常恶劣，比如在灰尘多的路段、在雾霾天气或在交通堵塞路段，若使用外循环模式，则会将汽车废气、沙尘等吸入车内，导致车内空气品质下降，影响乘坐的舒适性。因此当外部环境恶劣时，尽量不要使用外循环模式。

2. 制冷功能的操作与原理分析

（1）空调制冷操作

顺时针旋转温度调节旋钮开关到蓝色标识区域，空调开始制冷。制冷挡位通常显示为蓝色，随着蓝色显示量的增加，制冷强度也增加。

（2）制冷工作原理

纯电动汽车空调系统制冷的工作原理与传统汽油机汽车空调系统的原理类似，其结构原理如图4-4-5所示。汽车空调制冷系统主要由压缩机、膨胀阀、冷凝器、蒸发器和鼓风机等组成。使用泵气效率较高的涡旋式压缩机是纯电动汽车空调的共同特点，与其他诸多类型的空调压缩机（如斜盘式、曲柄连杆式、叶片式等压缩机）相比，涡旋式压缩机具有振动小、噪声低、使用寿命长、质量轻、转速高、效率高、外形尺寸小等多个优点，更符合纯电动汽车的空调使用要求。其各个部件之间采用高压橡胶管和钢管连接成一个密闭的系统，在制冷系统工作时，制冷剂会以不同的状态在这个空间里循环流动，而这样的循环又分为4个过程，具体如下。

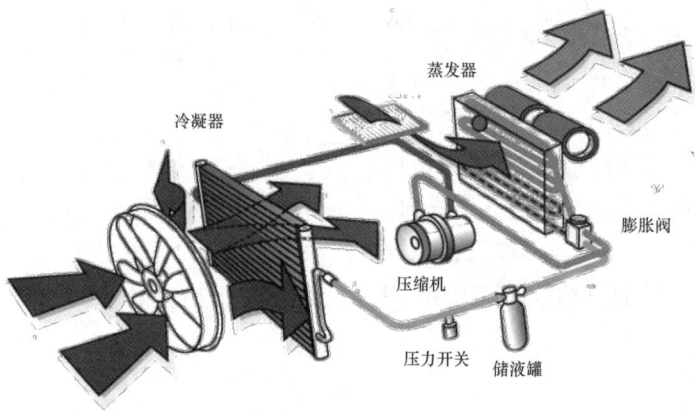

图4-4-5 空调系统的结构原理

① 压缩过程中压缩机吸入蒸发器出口处的低温、低压的制冷剂气体，把它压缩成高温、高压的气体并排出压缩机。

② 散热过程中高温、高压的过热制冷剂气体进入冷凝器，由于压力及温度的降低，制冷剂气体冷凝成液体，并放出大量的热量。

③ 节流过程中温度和压力较高的制冷剂液体通过膨胀阀后体积变大，压力和温度急剧下降，以雾状（细小液滴）排出膨胀阀。

④ 吸热过程中雾状制冷剂液体进入蒸发器，此时制冷剂沸点远低于蒸发器内温度，故制冷剂液体蒸发成气体。在蒸发过程中大量吸收周围的热量，而后低温、低压的制冷剂气体又进入压缩机。上述过程周而复始地进行，从而达到降低蒸发器周围空气温度的目的。

3. 涡旋式压缩机

（1）涡旋式压缩机结构。纯电动汽车的压缩机动力来源与传统汽车的不同，传统汽车压缩机由发动机传动带通过电磁离合器带动，而纯电动汽车采用电动压缩机，电动压缩机则由动力电池提供高压电来驱动。电动压缩机主要由驱动控制器、压缩机本体、压缩机排气口、压缩机吸气口、高压接插件、低压接插件等部分构成，如图 4-4-6 所示。这种结构形式灵活方便，可装置在前机舱的任何位置，而且电动机与压缩机可采取同轴驱动，不会出现传统驱动方式的传动带打滑、压缩机转速与发动机转速不同步的现象。由于电动机同轴驱动压缩机，可通过调节电动机转速改变压缩机转速，实现空调压缩机排量及制冷量的灵活控制。这种封闭式的驱动结构，只有电源线及进出气管与外部联系，泵气装置运行的可靠性较高，故障率较低。

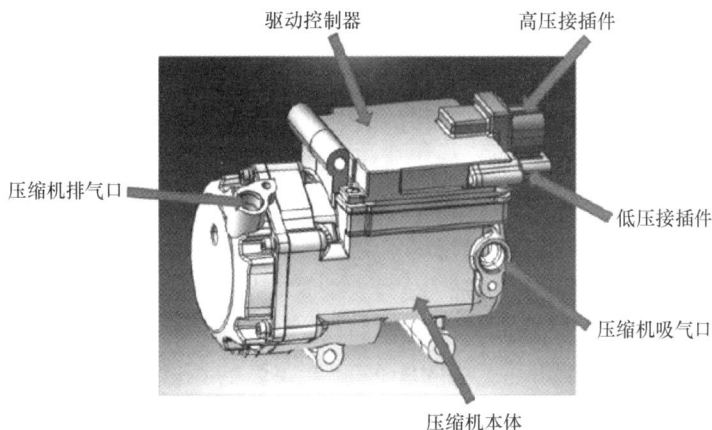

图4-4-6 电动压缩机主要部件

（2）涡旋式压缩机原理。涡旋式压缩机包括一个定涡盘和一个动涡盘，如图 4-4-7 所示。这两个相互啮合的涡盘，其线形是相同的，它们相互错开 180° 安装在一起，即相位角相差 180°。

涡旋式压缩机的工作原理如下。其定涡盘固定在机架上，而动涡盘由电动机直接驱动。动涡盘是不能自转的，只能围绕定涡盘做很小回转半径的公转运动。当驱动电机旋转带动动涡盘公转时，制冷气体通过滤芯吸入定涡盘的外围部分，随着驱动轴的旋转，动涡盘在定涡盘内按轨迹运转，使动涡盘、定涡盘之间形成由外向内、体积逐渐缩小的 6 个腔，即 A 腔、B 腔、C 腔、D 腔、E 腔和 F 腔，如图 4-4-8 所示。制冷气体在动涡盘、定涡盘所组成的月牙形腔内被逐步压缩，最后从定涡盘中心孔通过阀片将被压缩后的制冷气体连续排出，如图 4-4-9 所示。

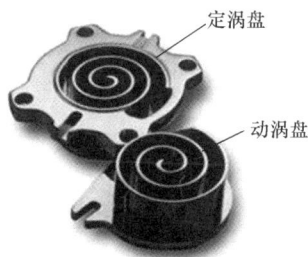

图4-4-7 涡旋式压缩机的动涡盘与定涡盘

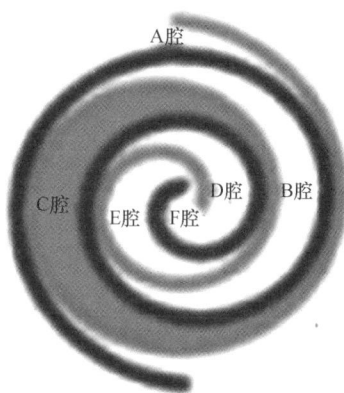

图4-4-8 涡旋式压缩机的动涡盘与定涡盘之间的腔

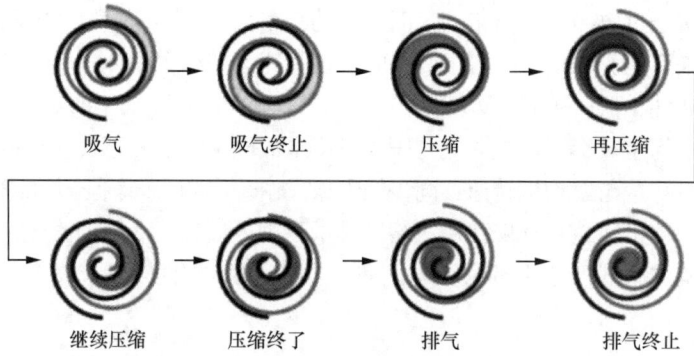

图4-4-9　涡旋式压缩机工作原理

在涡旋式压缩机整个工作过程中，所有腔均由外向内逐渐变小且处于不同的压缩状况，从而保证涡旋式压缩机能连续不断地吸气、压缩和排气。虽然涡旋式压缩机每次排出制冷剂的量较小，其排出量为 $27 \sim 30 \ cm^3$，但由于其动涡盘可做高达 $300 \sim 90000 \ r/min$ 的公转，所以它的总排量足够大，能满足车辆空调制冷的需求，当然压缩机的功耗也较大，可达 $4 \sim 7 \ kW$。

空调控制器采集到空调温度调节开关信号、空调压力开关信号、蒸发器温度信号、风速信号以及环境温度信号，经过运算处理形成控制信号，通过车身 CAN 总线传输给压缩机控制器，由压缩机控制器控制空调压缩机高压电路的通断，具体可参考图4-4-3。

汽车空调电动压缩机电路原理如图 4-4-10 所示，空调继电器控制压缩机控制器 12 V 低压电源（低压电源电压正常是空调压缩机控制器的通信信号传输及控制功能得以正常运行的可靠保证）。空调控制器通过车身数据总线 CAN-H、CAN-L 与空调压缩机控制器相连接，再由压缩机控制器控制空调压缩的高压电源线 DC+ 与 DC- 通断。

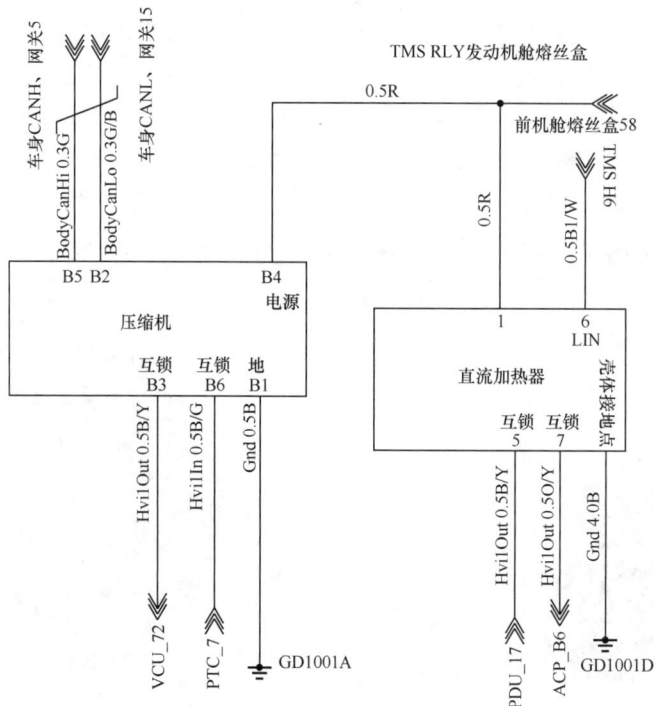

图4-4-10　汽车空调电动压缩机电路原理

高压互锁信号线在高压上电前确保整个高压系统的完整性，使高压电在一个封闭的环境下工作，提高安全性。空调压缩机的低压线束相互独立，低压线束的各个端子如图 4-4-11 所示。

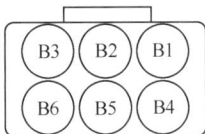

图4-4-11　空调压缩机控制器低压线束端子

三、基本诊断思路

1. 故障原因分析

（1）空调压缩机故障。空调压缩机是纯电动汽车空调制冷系统的重要部分，若空调压缩机发生故障，则空调系统无法制冷。其故障主要有以下几种类型。

① 空调系统继电器损坏。空调系统继电器控制压缩机控制器的供电。若继电器损坏，则控制器无法工作，空调无法制冷。应检查空调系统继电器及相关供电线路的好坏。

② 熔丝 EF03 损坏。当熔丝损坏，空调压缩机没有低压电，压缩机不工作，空调不制冷。

③ 高低压互锁故障。压缩机 B3 到 VCU 72 号端和 B6 到 PTC 7 号端分别是压缩机的高、低压互锁线路。若高、低压互锁线路故障，则高压电无法输出，压缩机无法制冷。应检查互锁线路的好坏。

④ CAN 通信线路故障。压缩机 B5 和 B2 分别是 CAN-H 和 CAN-L 线路。若压缩机通信线路故障，则 VCU 不能收到通信信号，压缩机不能工作。应检查 CAN 通信线路的好坏。

⑤ 压缩机、节流阀或膨胀阀元器件故障。关于空调压缩机，有一句口诀叫作"低压高、高压低，要换压缩机"。膨胀阀和节流阀出现故障会直接导致空调运行不良。若出现故障，更换元器件即可。

（2）空调控制器故障。空调控制器具有控制汽车空调制冷、制热、送风模式、送风速度等功能。若空调控制器发生故障，则可能引起空调系统无法制冷。空调控制器的故障主要有以下几种类型。

① 环境温度传感器故障。如果汽车空调的环境温度传感器出现故障，空调压缩机就不能正常工作，影响空调的调节能力，空调就会无序工作，导致空调频繁启动，甚至无法使用。

② 冷热转换电机故障。冷热转换电机控制温度调节风门，发生损坏时，冷热风门不能切换，因此无法将冷风送入驾驶室内。应检查冷热转换电机相关线路，以及检查风门元器件是否损坏。

③ 空调压力开关故障。长安 EV460 采用三态压力开关，其外形如图 4-4-12 所示。三态压力开关由双重压力开关（高压开关、低压开关）和中压开关组成，结构更为紧凑。三态压力开关安装在高压管路中。当压力过高或过低时，双重压力开关控制压缩机停止运转；当制冷剂压力达到某一中间值时，中压开关控制接通冷凝器风扇电路。若压力开关损坏，则压缩机无法正常工作，应及时更换。

图4-4-12　三态压力开关

④ CAN 总线线路故障。空调控制器有一组 CAN 总线，属于车身 CAN 总线。若通信线路故障，则空调制冷功能不能实现，应检查 CAN 通信线路的好坏。

空调不制冷可能原因如图 4-4-13 所示。

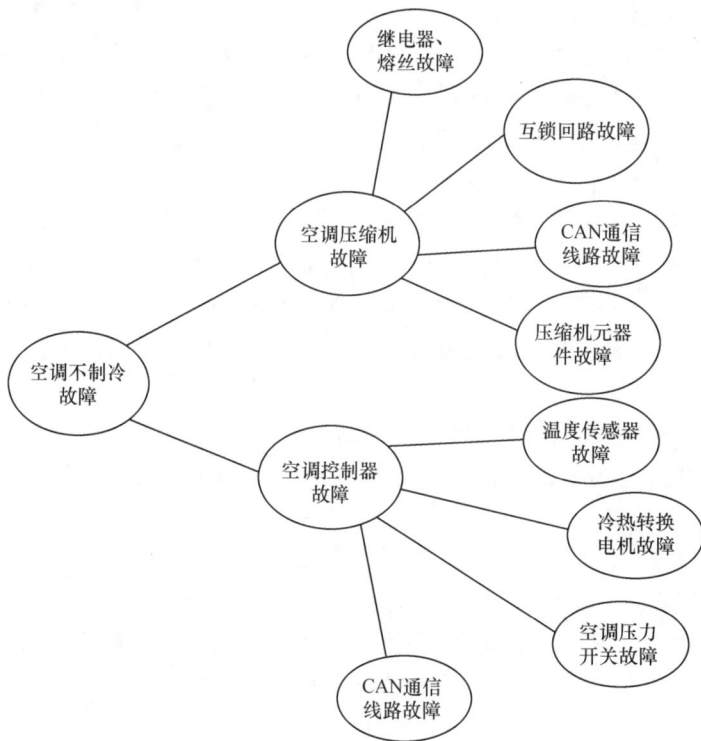

图4-4-13　空调不制冷可能原因

2. 故障诊断流程

当车辆发生空调不制冷故障时，一般遵循图 4-4-14 所示的故障诊断流程进行排除。长安 EV460 纯电动汽车空调不制冷故障出现后，与客户沟通，进行故障确认，并对电动压缩机、空调控制器进行故障分析与检测。

根据客户的描述、现场的故障再现，初步分析故障，使用故障诊断仪检查故障码和数据流，分析判断故障，通过分析判断制定故障维修流程，进行故障检测。

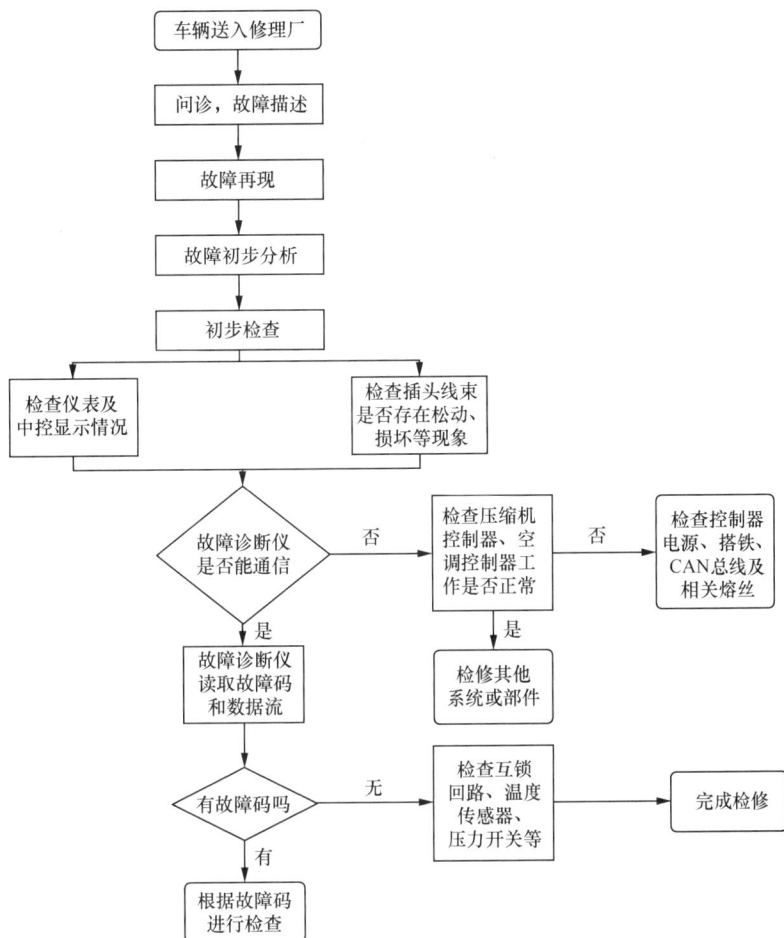

图4-4-14　故障诊断流程

四、任务实施

1. 实施要求

本操作任务为完成空调不制冷故障诊断与排除，包括以下内容。

（1）空调系统电路图的简化。

（2）空调系统线路的测量。

（3）故障诊断仪的使用。

2. 实施准备

（1）防护装备：绝缘防护装备。

（2）长安 EV460 整车一辆。

（3）专用工具、设备：故障诊断仪、万用表及其他适用设备。

（4）手动工具：新能源汽车维修组合工具。

（5）辅助材料：诊断与维修所必需的熔丝等耗材。

3. 实施步骤

下面利用前述诊断流程，完成任务导入空调不制冷的检测、诊断与修复。

（1）试车

经过试车，故障现象与客户描述一致。车辆能上高压电，但开空调不制冷，能上高压电排除互锁问题。

（2）检查组合仪表和中控的故障提示

打开起动开关，仪表盘显示剩余电量，显示续驶里程，READY 指示灯点亮；其他功能正常，如图4-4-15所示。

（3）车辆功能检查

打开起动开关，操作空调控制面板，能够调整出风量的大小，空调能够制热，说明空调控制器没有问题。

（4）车辆基本检查

关闭起动开关，拆下低压蓄电池负极，打开前机舱盖，穿戴好个人防护用具。检查控制单元及线束插头是否存在松动、破损、进水、受潮等现象。经检查，控制单元及线束插头无松动、破损、进水和受潮现象。

（5）连接故障诊断仪，读取故障码

安装低压蓄电池负极，将故障诊断仪连接至车辆，读取故障码。故障诊断仪显示故障码为B141013，如图4-4-16所示，查阅手册为压力开关故障。

图4-4-15　组合仪表故障提示

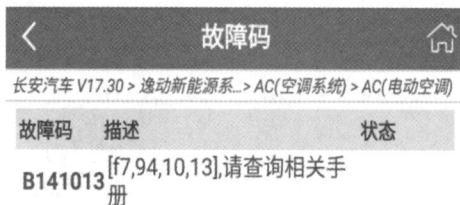

图4-4-16　故障诊断仪显示故障

（6）查阅电路图，分析故障范围

由图4-4-17可知，三态压力开关共4根线，包括两根搭铁线和两根信号线，一根信号线连接 TMS 的 B2 端，另一根信号线连接空调控制器的 A3 端，分别检查4根线束的连接情况。

（7）检查搭铁与两根信号线

检查1号端搭铁是否良好，测量1号端与搭铁线之间电阻，正常值应小于1Ω，实测值为0.5Ω，如图4-4-18所示，检查3号端搭铁是否良好，测量3号端与搭铁线之间电阻，正常值应小于1Ω，实测值为OL，如图4-4-19所示。根据以上分析，三态压力开关3号端搭铁不良，造成传感器信号丢失，空调无法制冷。

（8）处理该故障

修复该线束，再次试车，故障现象消失，车辆恢复正常。

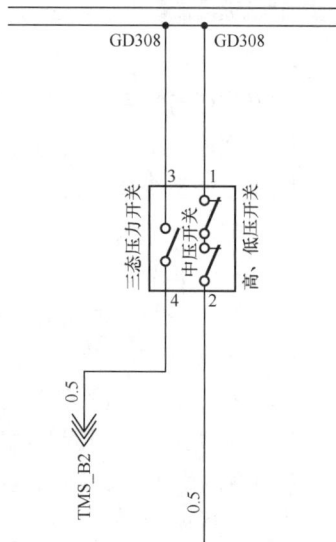

图4-4-17　三态压力开关

图4-4-18　1号端与搭铁线的电阻值

图4-4-19　3号端与搭铁线的电阻值

五、任务考核

任务工单 4-4-1　空调不制冷故障诊断与排除

任务名称	空调不制冷故障诊断与排除	学时		班级	
学生姓名		学生学号		任务成绩	
实训设备	长安 EV460 纯电动汽车、车间防护用具、个人防护用具、绝缘工具、常用检测仪器设备（万用表、绝缘电阻表、专用故障诊断仪等）、测试线	实训场地	新能源汽车理实一体化教室	日期	
任务描述	一辆长安 EV460 纯电动汽车，客户反映当空调制冷功能开启时，无论如何调节制冷出风大小或切换各出风模式，均无制冷效果				
任务目的	以行动为导向，引导学生制订计划，按照正确诊断流程诊断和修复故障，在此过程中学习相关理论知识和实践操作技能				

1. 资讯

（1）汽车空调系统主要由_____、_____和_____3 部分组成 。

（2）纯电动汽车的空调制冷系统主要由_____、_____、_____、_____及管路组成。

（3）冷凝器是对压缩机排出的_____制冷剂蒸气进行冷却，使之凝结成_____液体的热交换器。

（4）纯电动汽车空调系统的常见故障有_____和_____两大类。

（5）纯电动汽车空调与传统燃油汽车空调的区别是什么？

2. 计划与决策

请根据故障现象和任务要求，确定所需要的检测仪器、工具，并对小组成员进行合理分工，制订详细的诊断和修复计划。

（1）需要的检测仪器、工具及防护用具。

（2）小组成员分工。

续表

（3）诊断和修复计划。

3. 实施

  （1）试车。

  ① 进行试车，故障现象与客户描述是否一致：_____。

  ② 初步分析_____，导致车辆无法行驶。

  （2）检查组合仪表和中控的故障提示、仪表盘显示情况如下。

  中控显示情况：_____。

  声音警告情况：_____。

  操作换挡旋钮，车辆运行状态：_____。

  （3）车辆功能检查。

  车辆能否上电常：_____。

  鼓风机是否吹风：_____。

  （4）车辆基本检查。

  关闭起动开关，拆下低压蓄电池负极，打开前机舱盖，穿戴好个人防护用品，检查控制单元及线束插头，有无松动、损坏等现象。

  经检查：_____。

  （5）连接故障诊断仪读取故障码。

  控制单元可否访问：_____。

  有、无故障码：_____。故障码：_____。

  （6）查阅电路图，分析故障范围。

  （7）检查相关线路。

  （8）诊断结论，检查线束，发现：_____。

4. 检查

  故障排除后，用故障诊断仪清除故障码，并进行如下检查。

  （1）检查仪表及中控是否还有故障提示：_____。

  （2）检查高压上电情况：_____。

  （3）检查空调情况：_____。

5. 评估

  （1）请根据自己任务完成的情况，对自己的工作进行自我评估，并提出改进意见。

  ① _____。

  ② _____。

  ③ _____。

  （2）工单成绩（总分为自我评价、组长评价和教师评价得分值的平均值）。

自我评价	组长评价	教师评价	总分

任务4.4.2 空调不制热故障诊断与排除

一、任务导入

一辆长安 EV460 纯电动汽车，当空调制热功能开启时，无论如何调节制热出风大小或切换各出风模式，均无制热效果，导致车内空气无法有效升温，影响正常的驾驶体验。主管要求进行故障诊断与排除，你能完成这个任务吗？

以下以长安 EV460 为例，介绍纯电动汽车空调不制热故障诊断与排除的基本思路和注意事项，其他车型可以参考。

二、知识储备

1. 空调系统概述

国外电动汽车空调不乏有跟国内相似的模式，但在热泵式空调上已经有了一定的基础，日本本田纯电动汽车就采用了电驱动热泵式空调系统。此外，在特别寒冷的地区使用时，部分车型的客户可以选装一个燃油加热器采暖系统。

日本电装株式会社（DENSO）开发采用 R134a 制冷剂的电动汽车热泵式空调系统，其在热泵式空调系统的风道中采用了车内冷凝器和蒸发器的结构。该公司在近些年还开发了一套二氧化碳热泵空调系统，系统也采用了在风道内设置蒸发器和冷凝器两个换热器的方案，与采用 R134a 的系统不同的是，当系统为制冷模式时，制冷剂同时流经内部冷凝器和外部冷凝器。

当风道中仅用一个换热器时，在制冷模式下为蒸发器，在制热模式下为冷凝器。采用这种结构的热泵式空调系统，不仅需要开发允许双向流动的膨胀阀，并且在热泵工况下，系统融霜时，风道内换热器上的冷凝水将迅速蒸发，在风窗玻璃上结霜，不利于安全驾驶。因此，有必要在热泵式空调系统的风道中采用有内部冷凝器和蒸发器的结构，车外冷凝器和蒸发器共用一个热交换器。

为了减少空调对电池的电能消耗，美国 Gentherm 公司开发了空调座椅，这种空调座椅上装有电热泵，电热泵的作用就是通过向需要调温的空间之外的水箱转移热量，从而实现需要调温的空间制冷或制热。这种空调座椅除了能节能还可以改善驾驶、乘坐的舒适性，在纯电动汽车上配套使用比较适合。

纯电动汽车没有用来采暖的发动机余热，不能提供作为汽车空调冬天采暖用的热源，纯电动汽车的空调系统必须自身具有供暖的功能，即要求采用热泵式空调系统。同时，压缩机也只能采用电动机直接驱动，结构上与现有的压缩机类型不完全相同。由于用来给热泵式空调系统提供动力的电池（动力电池）主要是用来驱动汽车的，空调系统能量的消耗对汽车每充一次电的行程的影响很大。如果纯电动汽车仍采用现有能效比较低的空调系统，将耗费 10% 以上的电功率，这就意味着要在增加电池的制造成本和降低电动汽车的驱动性能指标之间进行选择。同燃油汽车相比，对纯电动汽车空调系统的节能高效提出了更高的要求。同时，纯电动汽车空调系统必须解决制冷、制热两大问题。

2. 纯电动汽车空调系统的制热方式

根据电动汽车特有性质，目前电动汽车空调制热方式有电动热泵式、PTC 加热式、燃油加热式等，其中，燃油加热式一般用于油电混合动力汽车（此处不介绍），电动热泵式空调是非常有发展前途的，可用于纯电动汽车。

（1）电动热泵式

电动热泵式空调系统是在原有燃油汽车空调系统的基础上进行改进的，压缩机由永磁直流无刷电动机直接驱动。该系统与普通的热泵式空调系统并无本质区别，在纯电动汽车上使用，压缩机等主要部件有其特殊性。国外热泵技术具备一定的基础，该技术的优点就是制冷、制热效率高。相关企业开发的全封闭电动涡旋式压缩机，由直流无刷电动机驱动，通过制冷剂回气冷却，具有噪声低、振动小、结构紧凑、质量轻等优点。在测试条件为环境温度 40 ℃、车内温度 27 ℃、相对湿度 50% 的工况下，系统稳定时能以 1 kW 的能耗获得 2.9 kW 的制冷量；当环境温度为 -10 ℃、车内温度 25 ℃时，系统稳定时能以 1 kW 的能耗获得 2.3 kW 的制热量。在 -10 ~ 40 ℃的环境温度下，均能以较高的效率为纯电动汽车提供舒适的驾乘环境。若能在零部件技术上得到改进，效率还可以得到提高。

目前纯电动汽车电动热泵式空调系统最大的瓶颈是低温制热问题，尤其是在我国的东北地区，这也是将来该行业的研究难题之一。为了使纯电动汽车电动热泵式空调系统更节能高效，一般从以下几个角度去着重解决：开发更高效的直流涡旋式压缩机；开发控制更精准、更节能的硅电子膨胀阀；采用高效的过冷式平行流冷凝器；改善蒸发器结构，使制冷剂蒸发更均匀。此外，纯电动汽车受开门的次数以及在行车中受车速、光照等因素的影响，空调湿热负载大，压缩机乃至整个空调系统都要适应这种多因素变化的工况，因此，纯电动汽车电动热泵式空调系统变工况设计尤为重要。而蒸发器风机的风量与车内温度、设定温度、环境温度、太阳辐射强度、蒸发器出风口温度之间的关系是非线性的。

汽车电动热泵式空调与普通的家用空调比较相近，是对家用空调使用场合的扩展。为防止制热时因除霜导致车内舒适性下降，采用热气旁通不间断制热除霜方式。除霜时，运行原理基本与制热原理相同，只是将融霜电磁阀打开，让从压缩机出来的高温、高压的气体有一部分被分流到室外换热器的入口，迅速把室外换热器的温度提高到 0 ℃以上，融掉室外换热器上的霜层，使室外换热器保持良好的换热效率。

（2）PTC 加热式

当纯电动汽车采用加热器的电制热方式时，加热器一般配置在驾驶席和副驾驶席之间的地板下方。加热器由可用电发热的 PTC 加热器元件、将加热器元件的热量传送至散热剂（冷却液）的散热扇、散热剂流路和控制底板等组成。因要求加热器要有较高的制热性，故电源使用的是高压动力电池。如果是纯电动汽车专用产品，也可以不使用冷却液，直接用鼓风机吹送经 PTC 加热器加热的暖风。

由于制造的加热单元要使用动力电池的高电压，用少量放热元件产生大量热量，故配置加热器需要丰富的设计和制造技术经验。加热器机身内部有板状加热器元件，通过在元件两侧通入冷却液提高散热性。加热器元件采用普通 PTC 元件，PTC 元件夹在电极中间，具有电阻随元件温度改变的性质。在低温区，电阻低，电流流通产生热量，随着温度的升高，电阻逐渐增大，电流难以流通，发热量降低。PTC 元件的特性符合汽车的制热性能要求，即具备在低温区有高制热性能。

3. 制热功能的操作与原理分析

（1）空调制热操作

空调制热操作用温度调节旋钮如图 4-4-20 所示。顺时针旋转温度调节旋钮到红色标识区域，空调开始制热。制热挡位通常显示为红色，随着红色显示量的增加，制热强度也增加。

（2）空调制热工作原理

电动汽车空调的制热系统热源，与传统燃油汽车的形式有所不同。例如，混合动力汽车虽然有发动机，但是车辆行驶时发动机可运行也可不运行，如强混电动汽车可单纯利用电力驱动行驶而不以发动机为动力，纯电动汽车没有发动机，所以有的混合动力汽车空调采用传统发动机循环冷却水作为热源，而当发动机不运转时，则由半导体 PTC 元件加热，或由储热水罐供热。

PTC 元件，是一种直热式电阻材料，通电时将会产生热量，可供空调制热。如有的纯电动汽

图4-4-20　温度调节旋钮

车空调内部有 8 条 PTC 发热元件，由空调驱动器用动力电池高压电源向每条元件供电，功率可达 300～600 W，用于对冷空气或冷却液加热。前期的制热装置采用 PTC 发热条，直接将冷空气加热为热空气，再用风机吹出热气。为提高制热器的效率，现在的制热多采用水为介质，将水加热后送到空调风道的散热器，再经风机吹向车厢内或风窗玻璃，用以提高车厢内温度和除去风窗玻璃的霜雾，纯电动汽车空调制热通常采用以 PTC 热敏电阻元件为发热源的一种加热器。PTC 热敏电阻通常是用半导体材料制成的，它的电阻值随温度变化而急剧变化。当外界温度降低时，PTC 电阻值随之减小，发热量反而会相应增加。PTC 实物如图 4-4-21 所示，工作原理如图 4-4-22 所示。

图4-4-21　PTC实物

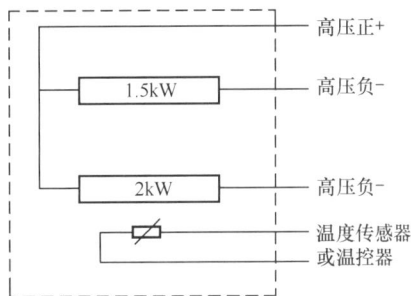

图4-4-22　PTC的工作原理

PTC 热敏电阻是一种具有正温度敏感性的典型半导体电阻，它可用作发热元件，也可用作热敏开关，还可用于检测温度，但是汽车上的温度传感器则用负温度系数的 NTC 材料。PTC

热敏电阻元件的温度与电阻的特性曲线如图 4-4-23 所示。当对元件通电时，其电阻会随着温度的升高而呈现缓慢增长的趋势，也就是其常温下的发热量较低。吹出气体的温度最高可达 85 ℃，完全可满足空调制热的要求，如果高于 85 ℃，则 PTC 电阻变得极大，实际表现为自动停止工作。加热用的陶瓷 PTC 元件，具有自动恒温的特性，可省去一套复杂的温控线路，而且其工作电压可高达 1000 V，可直接由电池的高压供电。

空调制热系统的控制原理如图 4-4-24 所示，通过操作空调控制面板上的温度调节旋钮，选择暖风挡位，

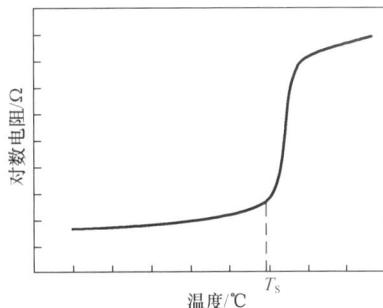

图4-4-23　PTC热敏电阻元件的温度-
电阻特性曲线

此时，暖风选择控制信号会传递给空调控制器，空调控制器通过 CAN 通信线将控制信息传递给 PTC 控制模块，由 PTC 控制模块驱动 PTC 元件，电加热丝通过 PTC 元件产生热量，使附近区域空气迅速升温，并结合不同的送风模式，送达指定的车厢区域。

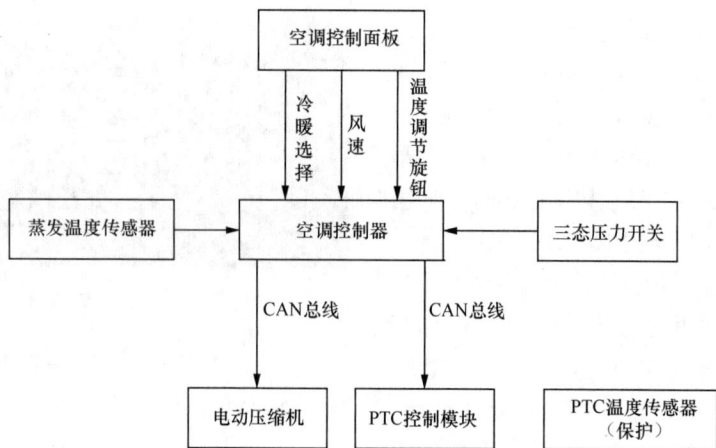

图4-4-24　空调制热系统的控制原理

PTC 控制模块的工作原理如图 4-4-25 所示。开关输入信号给单片机逻辑判断电路高压正极供电，单片机点亮状态指示灯并驱动 PTC1（1.5 kW）或 PTC2（2 kW）工作。此外，PTC 控制模块单片机接收 PTC 温度保护、过电流保护、控制器温度保护、欠电压/过电压保护信号，保护工作电路。

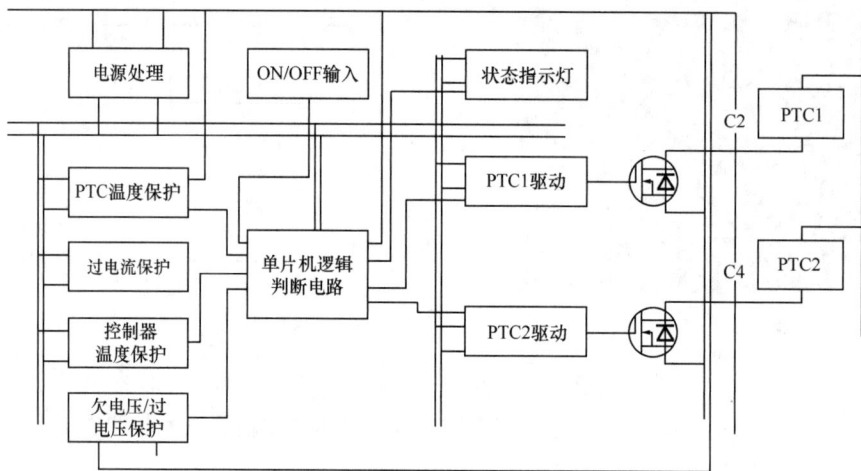

图4-4-25　PTC控制模块的工作原理

三、基本诊断思路

1. 故障原因分析

空调不制热的故障原因分析如图 4-4-26 所示。

（1）PTC 本体及控制元件故障

PTC 加热器作为制热系统的热源，如 PTC 本体损坏或 PTC 控制器相关电路故障，则会导致 PTC 无法加热，系统暖风产生，从而使空调无法在正常使用情况下产生暖风。需要测量 PTC 加热器电阻的阻值是否在正常的范围内。查看 PTC 控制电路，检测 EF03 熔丝是否损坏；检测 TMS 继电器是否损坏；检测互锁是否断开；检测 PTC 控制单元及相关线束有无损坏。

（2）空调滤清器脏堵及送风通道堵塞

当 PTC 本体及控制元件工作正常，存在热源时，如空调滤清器脏堵，以及送风通道堵塞，空调会因此不出风,从而使得车厢内空气无法有效流通,导致系统不制热,故需要拆卸空调滤清器,并检查是否因为过脏而导致严重堵塞,此外,需要对各送风管路进行检查,看是否存在树叶、纸张甚至纱布等遮挡物。

2. 故障诊断流程

当车辆发生空调不制热故障时,一般遵循图4-4-27所示的故障诊断流程进行排除。长安 EV460 纯电动汽车空调不制热故障出现后,应与客户沟通,进行故障确认,从加热器本身、加热器控制器进行故障分析与检测。

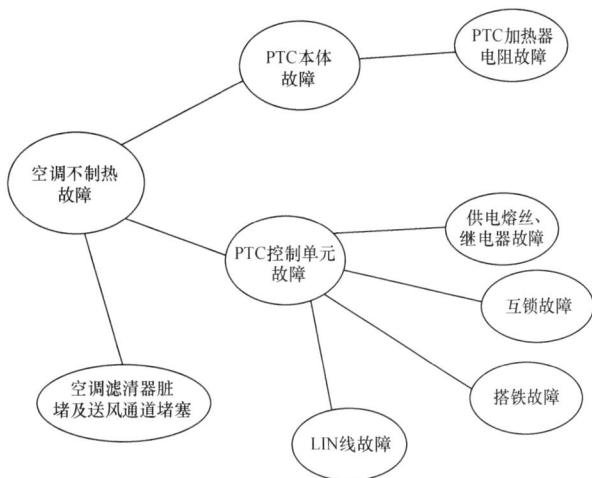

图4-4-26 故障原因分析

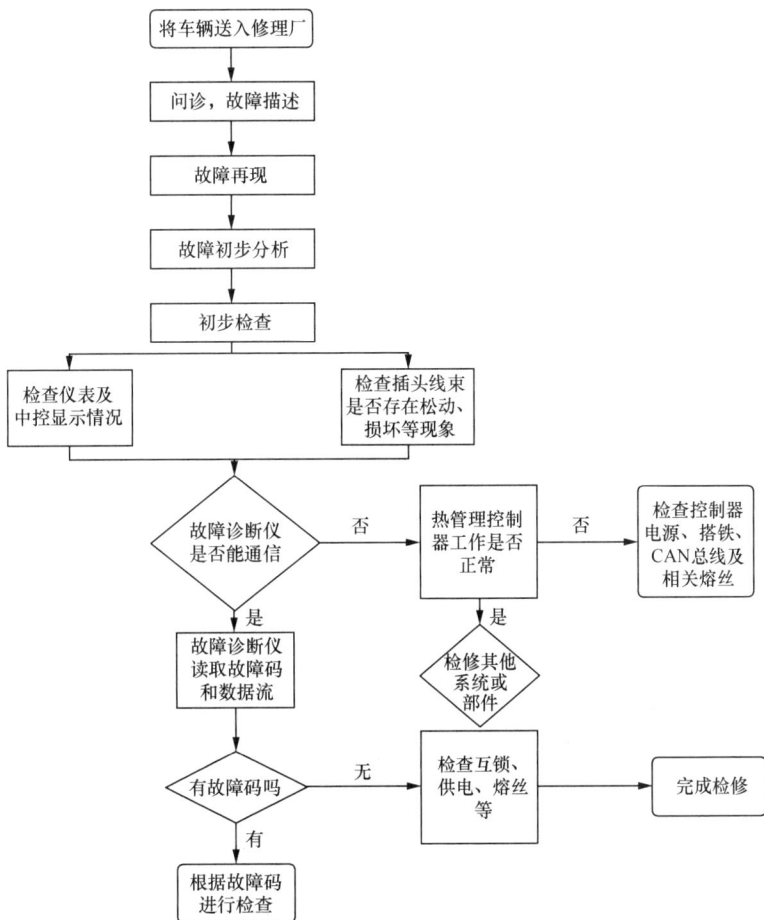

图4-4-27 故障诊断流程

根据客户的描述、现场故障的再现,初步分析故障,使用故障诊断仪检查故障码和数据流,分析判断故障,通过分析判断制定故障维修流程,进行故障检测。

四、任务实施

1. 实施要求

本操作任务为完成空调系统不制热的故障诊断与排除，包括以下内容：

（1）空调系统电路图的简化；

（2）空调系统的测量；

（3）故障诊断仪的使用。

2. 实施准备

（1）防护装备：绝缘防护装备。

（2）长安 EV460 整车一辆。

（3）专用工具、设备：故障诊断仪、万用表及其他适用设备。

（4）手动工具：新能源汽车维修组合工具。

（5）辅助材料：诊断与维修所必需的熔丝等耗材。

3. 实施步骤

下面利用前述诊断流程，完成任务导入中空调系统不制热的检测、诊断与修复。

（1）试车

经过试车，故障现象与客户描述一致。车辆能上高压电，无制热效果也无制冷效果。

（2）检查组合仪表和中控的故障提示

打开起动开关，仪表盘显示剩余电量，显示续驶里程，READY 指示灯点亮；将换挡旋钮旋至 D 挡，车辆不能正常行驶，仪表盘上挡位指示 N 挡灯点亮，如图 4-4-28 所示。中控无故障提示。

（3）车辆功能检查

① 打开起动开关，操作空调控制面板，鼓风机能吹风。

② 打开空调制热、制冷开关，均不能工作。

（4）车辆基本检查

关闭起动开关，拆下低压蓄电池负极，打开前机舱盖，穿戴好个人防护用具。检查控制单元及线束插头是否存在松动、破损、进水、受潮等现象。经检查，控制单元及线束插头无松动、破损、进水和受潮现象。

（5）连接故障诊断仪读取故障码

安装低压蓄电池负极，将故障诊断仪连接至车辆，读取故障码。故障诊断仪无法与车辆 ECU 通信，因此无法进入热管理系统控制器，如图 4-4-29 所示。

图4-4-28　组合仪表故障提示

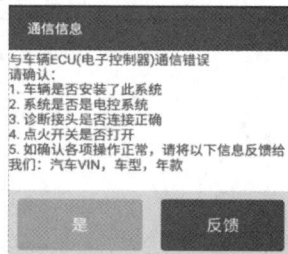

图4-4-29　故障诊断仪无法与车辆ECU通信

（6）查阅电路图，分析故障范围

空调既不制冷也不制热，说明连接制冷和制热系统的主干线路出现问题，通过故障诊断仪所读取的信息，初步判断为热管理控制器故障。如图 4-4-30、图 4-4-31 所示，EF03 熔丝与 AC/PTC 继电器直接参与加热器、电动压缩机、热管理系统供电，很可能由于这条供电线束有问题造成加热器、电动压缩机、热管理系统都不工作，空调最终既不制冷也不制热，所以要重点检查供电线束。

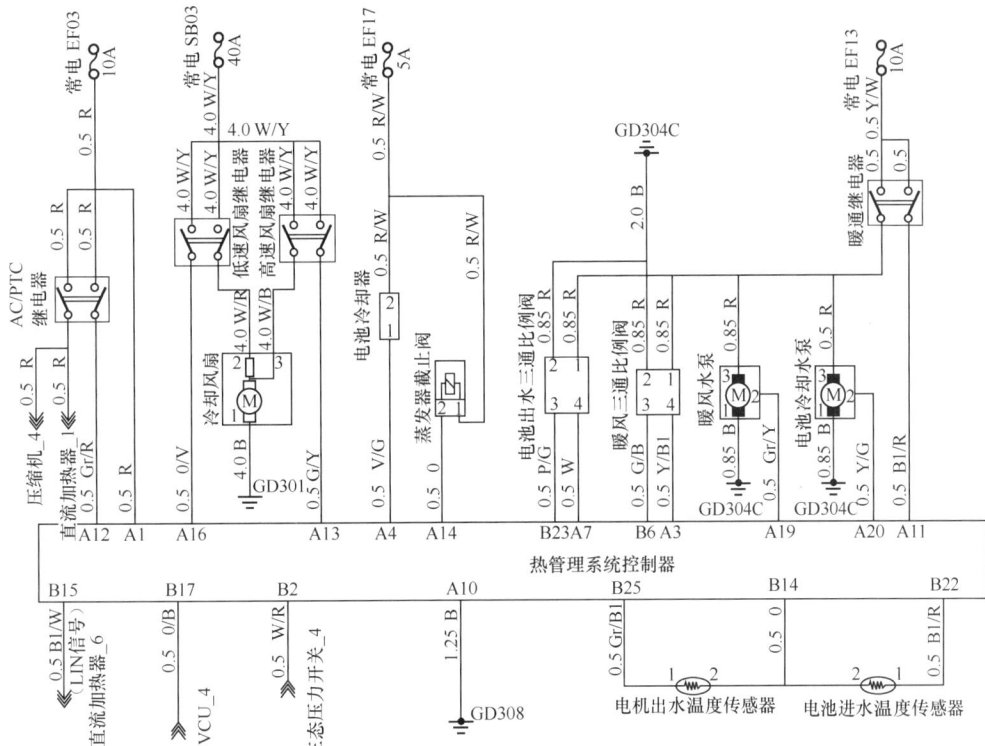

图4-4-30　电路图

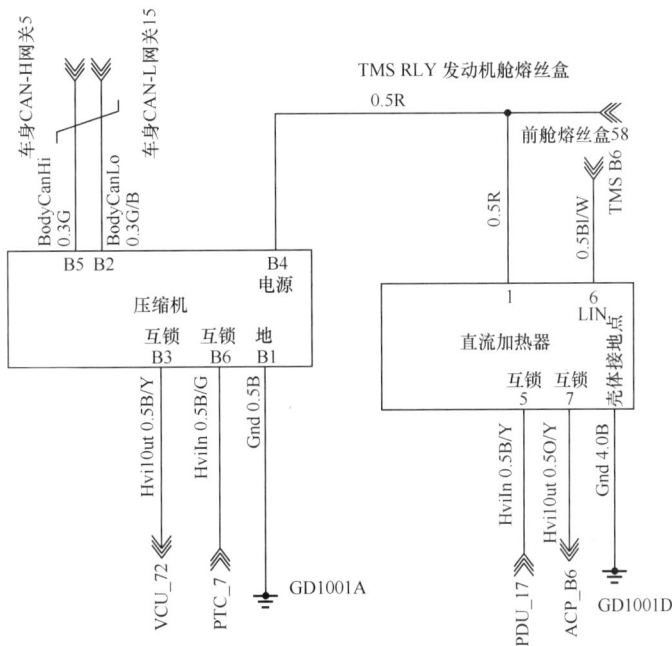

图4-4-31　加热器电路

（7）检查 PTC 加热器、电动压缩机、热管理系统低压供电线路

连接蓄电池负极，检查蓄电池电压，检查加热器/电动压缩机继电器供电电路，正常值应大于等于 12 V，实测值为 0.06 V，电压不正常，如图 4-4-32 所示。由此推测继电器上端供电线路损坏，检查 EF03 熔丝，目测熔丝熔断，再用万用表检查，发现熔丝两侧针脚电阻为 OL，确定 EF03 熔丝熔断，如图 4-4-32~图 4-4-34 所示。

图4-4-32 继电器供电端电压

图4-4-33 熔丝损坏

（8）处理该故障

更换 EF03 熔丝，再次试车，上电故障现象消失，车辆恢复正常。使用故障诊断仪对长安 EV460 纯电动汽车进行故障码和数据流的读取，显示已无故障码，如图 4-4-35 所示。

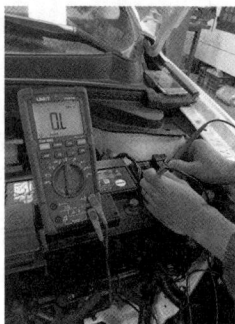

图4-4-34 熔丝电阻值无穷大

图4-4-35 故障诊断仪显示无故障码

五、任务考核

任务工单 4-4-2 空调不制热故障诊断与排除

任务名称	空调不制热故障诊断与排除		学时		班级	
学生姓名			学生学号		任务成绩	
实训设备	长安 EV460 纯电动汽车、车间防护用具、个人防护用具、绝缘工具、常用检测仪器设备（万用表、绝缘电阻表、专用故障诊断仪等）、测试线		实训场地	新能源汽车理实一体化教室	日期	
任务描述	一辆长安 EV460 纯电动汽车，当空调制热功能开启时，无论如何调节制热出风大小或切换各出风模式，均无制热效果，导致车内空气无法有效升温，影响正常的驾驶体验					
任务目的	以行动为导向，引导学生制订计划，按照正确诊断流程诊断和修复故障，在此过程中学习相关理论知识和实践操作技能					

续表

1. 资讯

（1）PTC 电阻是一种具有_____的典型半导体电阻，它可用作发热元件，也可用作热敏开关，还可用于检测温度，但是汽车上的温度传感器则用_____的 NTC 材料。

（2）纯电动汽车的空调制热系统主要由_____、_____、_____、_____及管路组成。

（3）当外界温度降低时，PTC 电阻值随之_____，发热量反而会相应增加。

（4）纯电动汽车空调制热系统的常见故障有_____和_____两大类。

（5）纯电动汽车空调制热与传统燃油汽车空调制热的区别是什么？

2. 计划与决策

请根据故障现象和任务要求，确定所需要的检测仪器、工具，并对小组成员进行合理分工，制订详细的诊断和修复计划。

（1）需要的检测仪器、工具及防护用具。

（2）小组成员分工。

（3）诊断和修复计划。

3. 实施

（1）试车。

进行试车，故障现象与客户描述是否一致_____。

（2）初步分析_____，导致车辆空调不制热。

（3）检查鼓风机是否吹风：_____。

（4）车辆基本检查。

关闭起动开关，拆下低压蓄电池负极，打开前机舱盖，穿戴好个人防护用具，检查控制单元及线束插头，有无松动、损坏等现象。

经检查：_____。

（5）连接故障诊断仪读取故障码。

控制单元可否访问：_____。

有无故障码：_____。故障码：_____。

（6）查阅电路图，分析故障范围。

（7）检查相关线路。

（8）给出诊断结论，检查线束，发现：_____。

4. 检查

故障排除后，用故障诊断仪清除故障码，并进行如下检查。

（1）检查仪表及中控是否还有故障提示：_____。

（2）检查高压上电情况：_____。

续表

（3）检查空调情况：＿＿＿＿＿＿＿＿＿＿＿＿＿＿＿＿＿＿＿＿＿。

5. 评估

（1）请根据自己任务完成的情况，对自己的工作进行自我评估，并提出改进意见。

① ＿＿＿＿＿＿＿＿＿＿＿＿＿＿＿＿＿＿＿＿＿＿＿＿＿＿＿＿＿。

② ＿＿＿＿＿＿＿＿＿＿＿＿＿＿＿＿＿＿＿＿＿＿＿＿＿＿＿＿＿。

③ ＿＿＿＿＿＿＿＿＿＿＿＿＿＿＿＿＿＿＿＿＿＿＿＿＿＿＿＿＿。

（2）工单成绩（总分为自我评价、组长评价和教师评价得分值的平均值）。

自我评价	组长评价	教师评价	总分

学习情境 4.5　制动系统故障诊断与排除

【知识目标】

（1）了解新能源汽车电动真空助力系统的组成及工作原理。

（2）掌握新能源汽车电动真空助力系统的控制原理。

（3）掌握电动真空泵的诊断步骤及排除方法。

【技能目标】

能通过与客户交流、查阅相关维修技术资料等方式获取车辆信息，能根据故障现象制定正确的诊断流程，能正确对真空泵助力系统、制动信号灯进行诊断，能根据故障选择正确的诊断和检测设备。

【职业素养要求】

（1）严格执行汽车检修规范，养成严谨科学的工作态度。

（2）养成团结协作精神和创新精神。

（3）严格执行 8S 现场管理。

任务4.5.1　电动真空泵故障诊断与排除

一、任务导入

一辆纯电动汽车在行驶的过程中，制动踏板突然"变硬"。主管要求进行故障诊断与排除，你能完成这个任务吗？

以下以长安 EV460 为例，介绍纯电动汽车电动真空泵故障诊断与排除的基本思路和注意事项，其他车型可以参考。

电动真空泵故障诊断与排除

二、知识储备

制动系统是汽车的安全系统之一。制动系统是汽车上用以使外界（主要是路面）在汽车某些部分（主要是车轮）施加一定的力，从而对其进行一定程度的强制制动的一系列专门装置。制动系统主要由液压电子控制单元、电动真空泵、真空助力器、制动总泵、制动管路等组成，如图 4-5-1 所示。纯电动汽车的制动系统工作原理与传统汽油或柴油发动机汽车的原理大致类似，但真空助力的动力来源有所不同，本章着重介绍其不同之处。

214

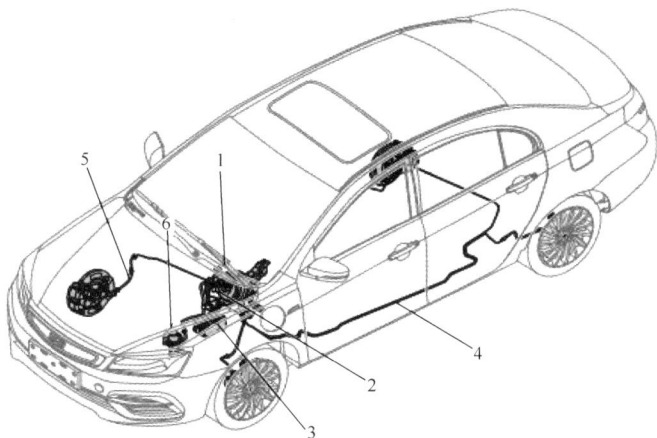

图4-5-1 制动系统示意图

1—真空助力器；2—制动总泵；3—液压电子控制单元；4、5—制动管路；6—电动真空泵

1. 电动真空助力系统组成及工作原理

（1）电动真空助力系统组成

纯电动汽车电动真空助力系统一般由电动真空泵、电动真空泵控制器、真空压力传感器、真空助力器、真空罐和制动系统故障灯等组成。

（2）电动真空助力系统工作原理

纯电动汽车因为采用电驱动，缺少传统的发动机进气歧管真空源，需要重新设计配置制动助力系统的真空输入，目前普遍采用的是电动真空泵控制。真空助力器通过真空软管与真空罐连通，电动真空泵控制器通过电压力开关监测真空罐内的压力，当真空罐内负压不足时，电动真空泵控制器控制电动真空泵工作，对真空罐抽气，直至真空罐内负压达到限值，电动真空助力系统工作原理如图 4-5-2 所示。电动真空助力的控制逻辑按照建立负压、工作过程、故障诊断 3 个部分讲述。

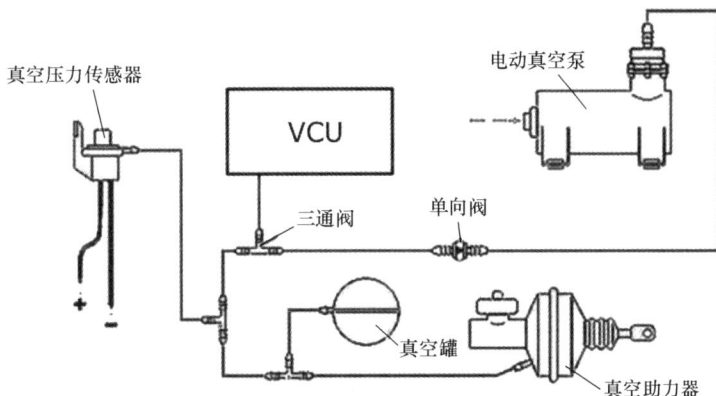

图4-5-2 电动真空助力系统工作原理

① 建立负压。真空罐内负压不足时，真空罐上的压力开关断开，并向电动真空泵控制器输出信号，电动真空泵控制器控制真空泵电路接通，电动真空泵开始抽气，增大真空罐内的负压；当负压达到限值时，电动真空泵控制器延时 12 s 后断开电动真空泵电源。

② 工作过程。当驾驶员发动汽车时，12 V 电源接通，电子控制系统模块开始自检，真空罐内真空度不足时，压力开关断开，负压较高时关闭。当踩下制动踏板后，空气进入真空罐，

215

踩过 3 次后罐内真空度不足，压力开关会断开，然后 ECU 给电动真空泵供电，电动真空泵开始工作，抽出空气，罐内负压逐渐增大，达到一定的值后压力开关关闭，此时 ECU 会继续给电动真空泵供电 12 s，然后停止供电。当真空罐内的真空度因制动消耗而小于设定值时，电动真空泵再次开始工作，如此循环。

③ 故障诊断。当由于意外工况，如真空罐漏气、电动真空泵损坏等，造成真空罐负压无法满足系统需求时，真空罐上的真空警告开关将输出警告信号给组合仪表，仪表上的制动系统故障警告灯（见图 4-5-3）点亮。

图4-5-3　制动系统故障警告灯

2．电动真空泵控制环节

电动真空泵如图 4-5-4 所示。

电动真空泵控制原理如图 4-5-5 所示。

电动真空泵控制系统主要由真空泵供电线路、真空泵系统两部分组成。其中真空泵系统又由电动真空泵及真空压力传感器组成。电动真空泵主要由 VCU 控制，VCU 通过采集真空压力传感器的电压值，并与参考电压进行比

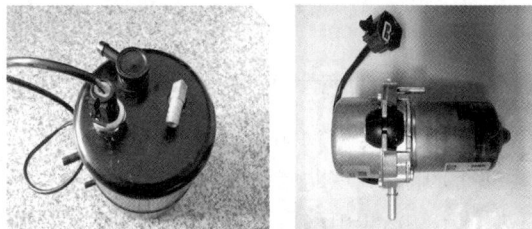

图4-5-4　电动真空泵

较，判断电动真空泵中压力的大小。若电动真空泵中压力小于设定值，则通过真空泵控制线起动真空泵，当电动真空泵内压力到设定值后，真空压力传感器输出信号给 VCU，VCU 切断控制电路，维持电动真空泵内压力。

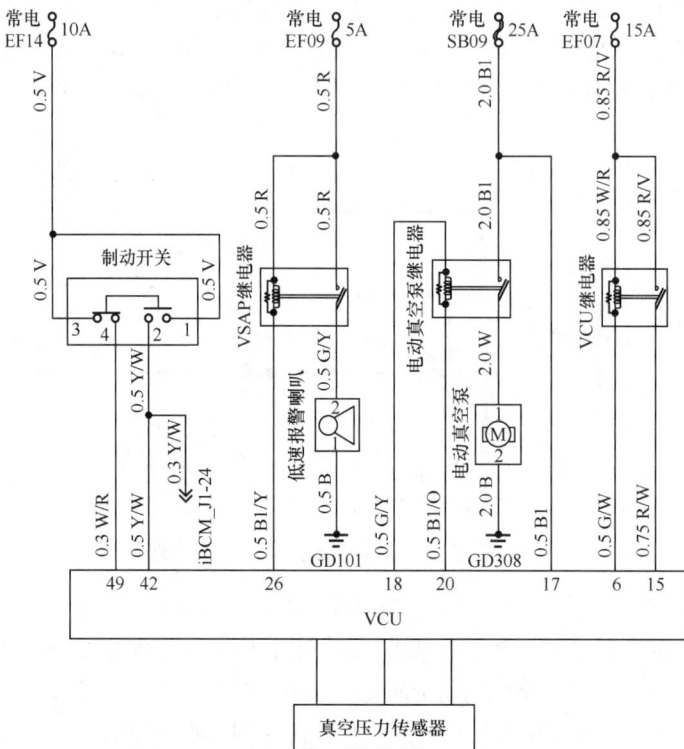

图4-5-5　长安EV460电动真空泵的主要电路控制原理

三、基本诊断思路

1. 故障原因分析

当汽车刚起动的时候，真空压力传感器收集到真空助力泵软管处真空度不足，此时真空压力传感器就会输出信号到 VCU 控制真空泵工作。

VCU 是真空助力泵的控制中心，导致电动真空泵不工作的可能原因有供电故障、线路故障、VCU 故障、真空压力传感器故障、电动真空泵故障等，如图 4-5-6 所示。

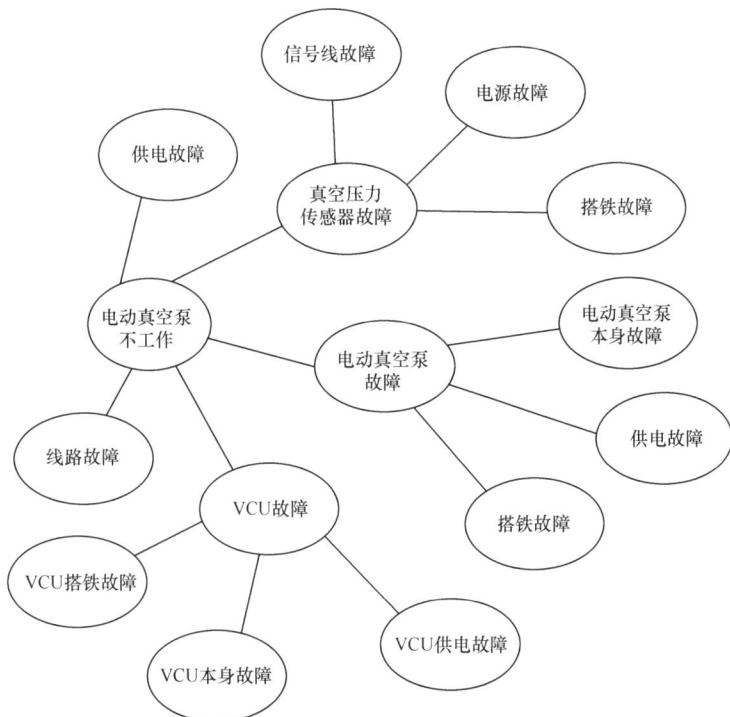

图4-5-6 真空泵故障可能原因

2. 故障诊断流程

电动真空泵故障诊断可参照图 4-5-7 的诊断流程。在初步检查过程中，通过对仪表和中控显示信息的检查，可以获得故障提示信息，包括碰撞、裂痕、进水、控制单元或部件明显损坏、接插件松动或损坏、油液泄漏等。通过对车辆进行快速的初步检查，结合故障现象可以对故障原因做出初步判断。

连接故障诊断仪，检查故障诊断仪能否与控制单元通信。如果通信正常，可进入控制单元读取故障码或数据流，便于进一步分析缩小故障范围。如果无法通信，则是 VCU 控制单元问题，应重点查找控制单元的供电和搭铁问题。在检查 VCU 工作状况时，可通过间接的方法快速判断 VCU 的供电及工作情况，比如打开 VCU 控制的电气设备，如果此电气设备工作正常，说明 VCU 没有问题。

可使用万用表、示波器、故障诊断仪等检测仪器设备或工具，完成电动真空泵故障的相关检查项目。在涉及高压系统时，原则上不能带电操作，如需检查高压系统，一定要穿戴好个人防护用具，按规范进行检查。

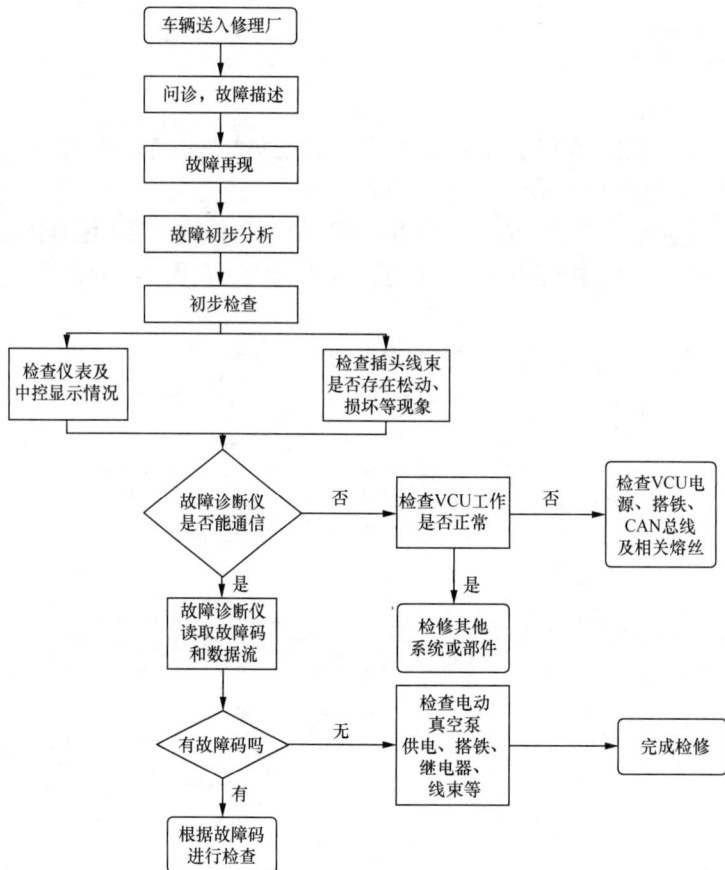

图4-5-7　电动真空泵故障诊断流程

四、任务实施

1. 实施要求

本操作任务为完成纯电动汽车电动真空泵的故障诊断与排除，包括以下内容。

（1）电动真空泵电路图的识读。

（2）电动真空泵线路的测量。

（3）故障诊断仪的使用。

2. 实施准备

（1）防护装备：绝缘防护装备。

（2）长安 EV460 整车一辆。

（3）专用工具、设备：故障诊断仪、万用表及其他适用设备。

（4）手动工具：新能源汽车维修组合工具。

（5）辅助材料：诊断与维修所必需的熔丝等耗材。

3. 实施步骤

下面利用前述诊断流程，完成任务导入电动真空泵故障的检测、诊断与修复。

（1）试车

经过试车，故障现象与客户描述一致。

（2）检查组合仪表和中控的故障提示

打开起动开关，仪表盘显示剩余电量，READY 指示灯点亮，说明 VCU 没有问题，如图 4-5-8 所示。中控无故障提示。

（3）车辆功能检查

反复踩下制动踏板，不能听到电动真空泵工作的声音，同时仪表显示真空助力不足请谨慎驾驶，如图 4-5-9 所示。

（4）车辆基本检查

关闭起动开关，拆下低压蓄电池负极，打开前机舱盖，穿戴好个人防护用具。检查控制单元及线束插头是否存在松动、破损、进水、受潮等现象。经检查，控制单元及线束插头无松动、破损、进水和受潮现象。

（5）连接故障诊断仪读取故障码

安装低压蓄电池负极，将故障诊断仪连接至车辆，读取故障码。故障诊断仪能进入 VCU 模块，故障码显示真空泵开路。

（6）查阅电路图，分析故障范围

由图 4-5-10 可知，由 VCU 控制电动真空泵继电器吸合，电动真空泵开始工作。由故障码可知真空压力传感器没有问题，所以重点检查 VCU 控制线束 18 号端和 20 号端。

图4-5-8 组合仪表故障提示

图4-5-9 反复踩踏制动踏板仪表状态

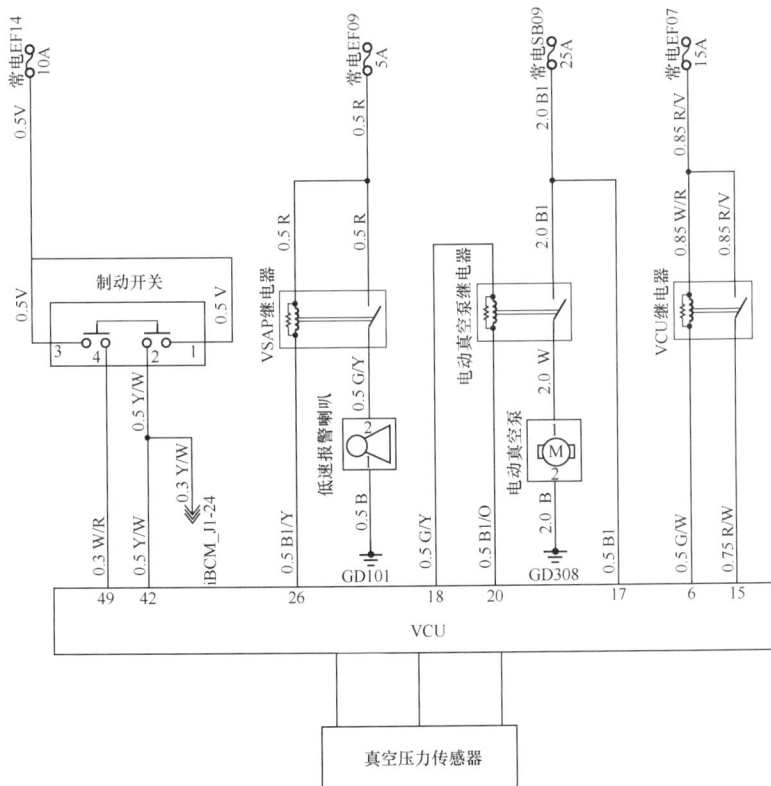
图4-5-10 电动真空泵电路图

（7）检查 VCU 的 20 号端子与电动真空泵继电器线圈之间的线路

关闭起动开关，将无损探针分别刺入 VCU 的 20 号端子、继电器的线圈端子，测量两端电阻，标准值应在 1 Ω 以内，实测阻值为无穷大，如图 4-5-11 所示。

根据以上分析，VCU 的 20 号端子到电动真空泵继电器线圈端断路。

（8）处理该故障

更换线束，再次试车，故障现象消失，车辆恢复正常。

图4-5-11　检测结果

五、任务考核

任务工单 4-5-1　电动真空泵的故障诊断与排除

任务名称	电动真空泵的故障诊断与排除	学时		班级	
学生姓名		学生学号		任务成绩	
实训设备	长安 EV460 纯电动汽车、车间防护用具、个人防护用具、绝缘工具、常用检测仪器设备（万用表、绝缘电阻表、专用故障诊断仪等）、测试线	实训场地	新能源汽车理实一体化教室	日期	
任务描述	一辆纯电动汽车在行驶的过程中，制动踏板突然"变硬"				
任务目的	以行动为导向，引导学生制订计划，按照正确诊断流程诊断和修复故障，在此过程中学习相关理论知识和实践操作技能				

1. 资讯

（1）纯电动汽车电动真空助力系统一般由＿＿＿＿＿＿、＿＿＿＿＿＿、＿＿＿＿＿＿、真空助力器、真空罐和制动系统故障灯等组成。

（2）画出长安 EV460 纯电动汽车的电动真空泵电路图。

（3）分析电动真空泵故障的可能原因。

2. 计划与决策

请根据故障现象和任务要求，确定所需要的检测仪器、工具，并对小组成员进行合理分工，制订详细的诊断和修复计划。

（1）需要的检测仪器、工具及防护用具。

（2）小组成员分工。

（3）诊断和修复计划。

3. 实施

（1）试车。

进行试车，故障现象与客户描述是否一致＿＿＿＿＿＿＿＿＿＿＿＿＿＿＿＿。

（2）初步分析＿＿＿＿＿＿＿＿＿＿＿＿＿＿＿＿＿，导致电动真空泵无法工作。

（3）检查组合仪表和中控的故障提示：＿＿＿＿＿＿＿＿＿＿＿＿＿＿。

（4）仪表盘显示情况：＿＿＿＿＿＿＿＿＿＿＿＿＿。

中控显示情况：＿＿＿＿＿＿＿＿＿＿＿＿＿。

声音警告情况：＿＿＿＿＿＿＿＿＿＿＿＿＿。

操作换挡旋钮，车辆运行状态：＿＿＿＿＿＿＿＿＿＿＿。

（5）车辆基本检查。

关闭起动开关，拆下低压蓄电池负极，打开前机舱盖，穿戴好个人防护用具，检查控制单元及线束插头，有无松动、损坏等现象。

经检查：＿＿＿＿＿＿＿＿＿＿＿＿＿＿＿。

（6）连接故障诊断仪读取故障码。

控制单元可否访问：＿＿＿＿＿＿＿＿＿＿＿。

有无故障码：＿＿＿＿＿。故障码：＿＿＿＿＿。

（7）查阅电路图，分析故障范围。

（8）检查 VCU 控制线路。

（9）诊断结论。

检查 VCU 线束，发现：＿＿＿＿＿＿＿＿＿＿＿＿＿。

4. 检查

故障排除后，用故障诊断仪清除故障码，并进行如下检查。

（1）检查仪表及中控是否还有故障提示：＿＿＿＿＿＿＿＿＿＿＿。

（2）检查真空泵工作情况：＿＿＿＿＿＿＿＿＿＿＿＿。

5. 评估

（1）请根据自己任务完成的情况，对自己的工作进行自我评估，并提出改进意见。

① ＿＿＿＿＿＿＿＿＿＿＿＿＿＿＿＿＿＿＿＿＿。

② ＿＿＿＿＿＿＿＿＿＿＿＿＿＿＿＿＿＿＿＿＿。

③ ＿＿＿＿＿＿＿＿＿＿＿＿＿＿＿＿＿＿＿＿＿。

（2）工单成绩（总分为自我评价、组长评价和教师评价得分值的平均值）。

自我评价	组长评价	教师评价	总分

任务4.5.2　制动开关信号丢失引发高压不上电故障诊断与排除

一、任务导入

一辆长安 EV460 汽车，客户反映踩下制动踏板，打开点火开关，仪表提示踩下制动踏板，仪表盘显示剩余电量，显示续驶里程，READY 指示灯不亮。主管要求进行故障诊断与排除，你能完成这个任务吗？

以下以长安 EV460 为例，介绍制动开关信号丢失引发高压不上电故障诊断与排除的基本思路和注意事项，其他车型可以参考。

制动开关信号丢失
引发高压不上电故
障诊断与排除

二、知识储备

制动系统的一般原理是，利用与车身（或车架）相连的非旋转元件和车轮（或传动轴）相连的旋转元件之间的相互摩擦来阻止车轮转动或转动的趋势。纯电动汽车制动系统与传统汽车的不同之处在真空助力器部分，传统汽车制动系统可以从发动机处获得真空源从而让真空助力器为驾驶员提供辅助作用，而纯电动汽车是靠电动机驱动的。

1. 制动助力系统的组成

以长安 EV460 纯电动汽车为例，制动助力系统主要由真空助力器、真空软管、真空压力传感器、真空助力电动机（电动真空泵）、主控制器等组成（见图 4-5-12）。

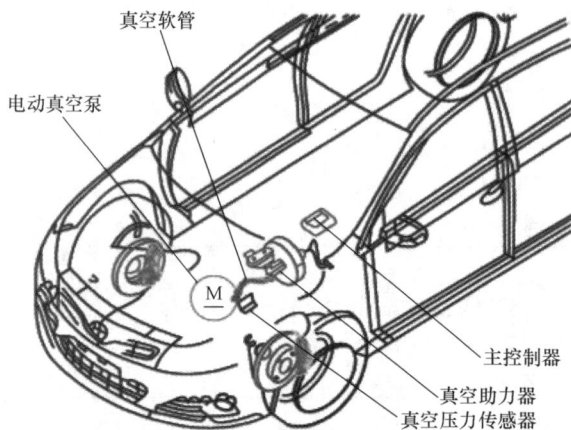

图4-5-12　长安EV460纯电动汽车制动助力系统组成

（1）主控器结构原理

主控制器位于前机舱内部，是铝合金外壳的高精度集成微计算机。当车辆刚起动的时候，真空压力传感器收集到真空助力器软管处真空度不足，此时真空压力传感器就会传输信号到主控制器，继而控制真空泵继电器通电，电动真空泵开始工作。主控制器电路如图 4-5-10 所示。

（2）真空助力器

真空助力器一般位于制动踏板与制动主缸之间，其结构与传统汽车类似，如图 4-5-13 所示。

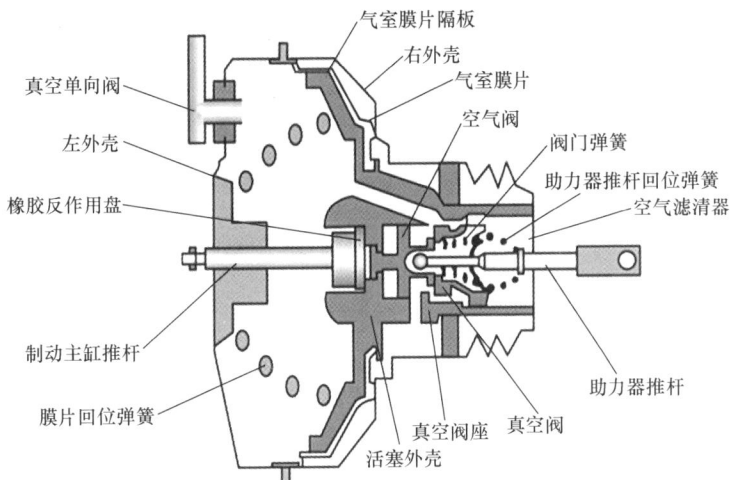

图4-5-13　真空助力器结构

　　电动真空泵（见图 4-5-14）一般安装在真空助力器旁边，采用车载电源提供动力，可有效地提高整车的制动性能。

　　电动真空泵由电动机和叶片泵组成。电动机用来驱动叶片泵，由于离心力的作用，叶片贴着滚圆的圆形内壁被压向外部方向，由于滚圆的偏心作用，叶片泵的进气侧与排气侧的容量不同，进气侧的容量增大，排气侧的容量减少，于是流入吸气室，并由叶片送往泵出口，真空助力器接口处就产生了真空度。

　　（3）真空压力传感器

　　真空压力传感器（见图 4-5-15）用于测量真空管路中的真空，给主控制器提供真空压力的模拟电压值，传感器类似发动机的进气压力传感器，由主控制器提供 5 V 电源，1 脚和 2 脚分别为传感器的+5 V 和搭铁，3 脚为传感器给主控制器的压力信号线，电压值随压力升高而降低。

图4-5-14　真空泵

图4-5-15　真空压力传感器

　　（4）电动真空泵继电器

　　电动真空泵继电器安装在前机舱电动真空泵附近，由主控制器给继电器提供负极线圈控制（见图 4-5-16），当主控制器内部接通继电器线圈负极回路，继电器吸合，继电器接通电动真空泵正极，此时电动真空泵工作。

图4-5-16　电动真空泵继电器

（5）制动灯开关

制动灯开关如图4-5-17所示，是控制制动灯的开关。制动灯开关安装在制动踏板支架上，踩下制动踏板时开关接通，通知 ECU 已经制动，纯电动汽车可以点亮 READY 灯。如图 4-5-18 所示，当踩下制动踏板时，VCU 的 42 号端将收到 12 V 信号，49 号端将从 12 V 信号变为没有信号，VCU 就确认制动踏板已踩下，车辆可以上高压电、挂挡。

图4-5-17　制动灯开关

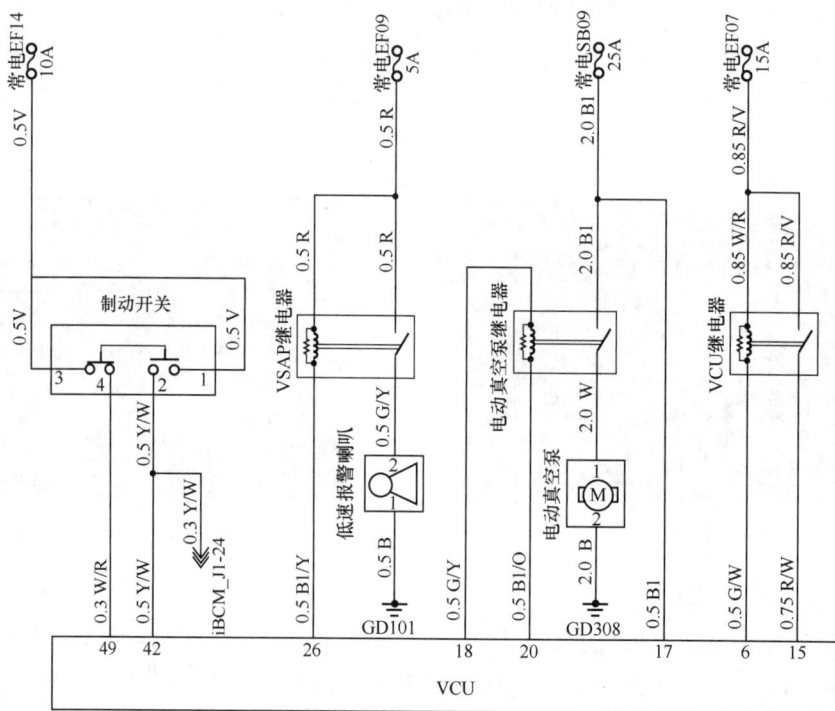

图4-5-18　制动信号

2. 长安 EV460 纯电动汽车制动助力系统工作原理

制动助力系统工作原理如图 4-5-19 所示。当打开点火开关的时候，如果真空压力传感器检测到内部真空助力不足，主控制器将控制真空泵开始工作，为车辆的正常运行做准备。

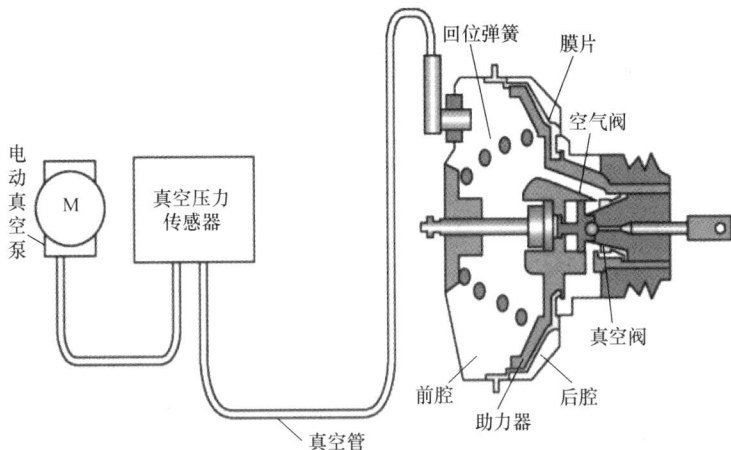

图4-5-19 制动助力系统工作原理

当踩下制动踏板时，首先真空阀封闭，前腔和后腔隔闭；之后空气阀打开，后腔与大气相通。驾驶员踩踏力增大，在压力差下，推动膜片移动，实现助力的作用。

当踩住制动踏板不动后，空气阀由打开变为封闭，真空助力泵膜片既不能前进也不能后退，处于维持制动力状态。

当未踩下制动踏板时，空气阀封闭，后腔与大气之间隔闭，而真空阀打开，前腔与后腔之间连通，此前腔和后腔的气压均等于进气管压力，膜片在回位弹簧力下回位，电动真空泵不起作用。

三、基本诊断思路

1. 故障原因分析

踩下制动踏板，打开点火开关，仪表提示踩下制动踏板，仪表盘显示剩余电量，显示续驶里程，READY 指示灯不亮。明显是 VCU 没有收到制动信号，造成制动信号丢失的原因有制动开关熔丝损坏、线束异常、制动开关本身损坏等，故障原因如图 4-5-20 所示。

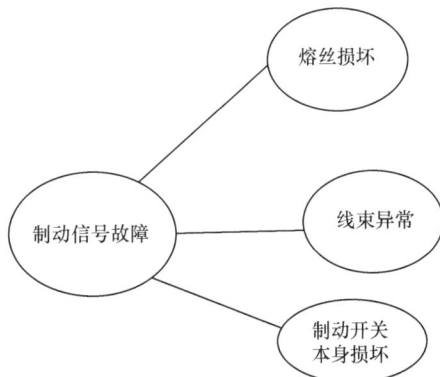

图4-5-20 制动信号异常的原因

2. 故障诊断流程

当车辆发生制动信号异常故障时，一般需遵循由简单到复杂的诊断流程，如图 4-5-21 所示。当故障发生时，特别要注意仪表盘显示的故障现象。

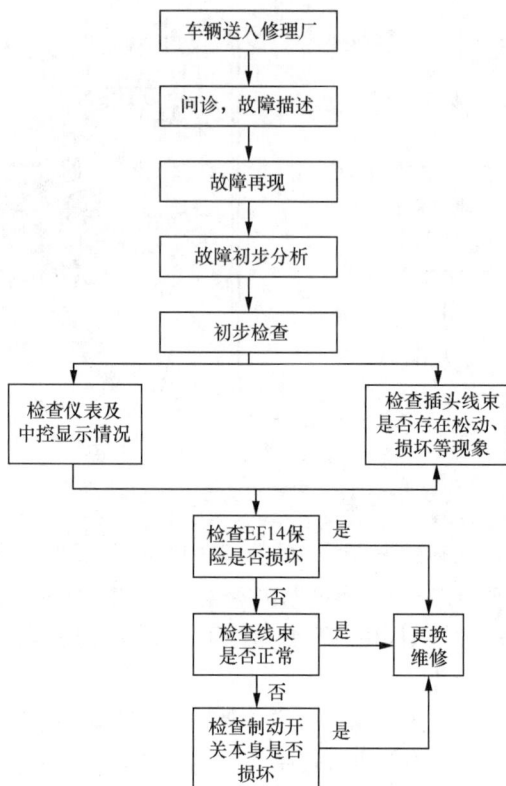

图4-5-21 故障诊断流程

四、任务实施

1. 实施要求

本操作任务为完成制动开关信号丢失引发高压不上电故障的诊断与排除，包括以下内容。

（1）制动开关电路图的简化。

（2）制动开关线路的测量。

（3）故障诊断仪的使用。

2. 实施准备

（1）防护装备：绝缘防护装备。

（2）长安 EV460 整车一辆。

（3）专用工具、设备：故障诊断仪、万用表及其他适用设备。

（4）手动工具：新能源汽车维修组合工具。

（5）辅助材料：诊断与维修所必需的熔丝等耗材。

3. 实施步骤

下面利用前述诊断流程，完成任务导入制动开关信号丢失引发高压不上电故障的检测、诊断与修复。

（1）试车

经过试车，故障现象与客户描述一致。车辆无法上高压电，无法行驶。

（2）检查组合仪表和中控的故障提示

踩下制动踏板，打开点火开关，仪表提示踩下制动踏板，仪表盘显示剩余电量，显示续驶里程，READY 指示灯不亮；将换挡旋钮旋至 D 挡，车辆不能正常行驶，仪表盘上挡位指示位置 N 挡灯点亮，如图 4-5-22～图 4-5-24 所示。中控无故障提示。

图4-5-22 踩下制动踏板

图4-5-23 仪表提示踩制动踏板

图4-5-24 组合仪表故障提示

（3）车辆功能检查

① 打开起动开关，操作空调控制面板，空调控制面板所有按钮都能工作。

② 反复踩下制动踏板，能听到电动真空泵工作的声音，电动真空泵工作正常，说明 VCU 能正常工作。

（4）车辆基本检查

关闭起动开关，拆下低压蓄电池负极，打开前机舱盖，穿戴好个人防护用具。检查控制单元及线束插头是否存在松动、破损、进水、受潮等现象。经检查，控制单元及线束插头无松动、破损、进水和受潮现象。

（5）连接故障诊断仪，读取故障码

安装低压蓄电池负极，将故障诊断仪连接至车辆，读取故障码。故障诊断仪显示制动开关信号故障，如图 4-5-25 所示。

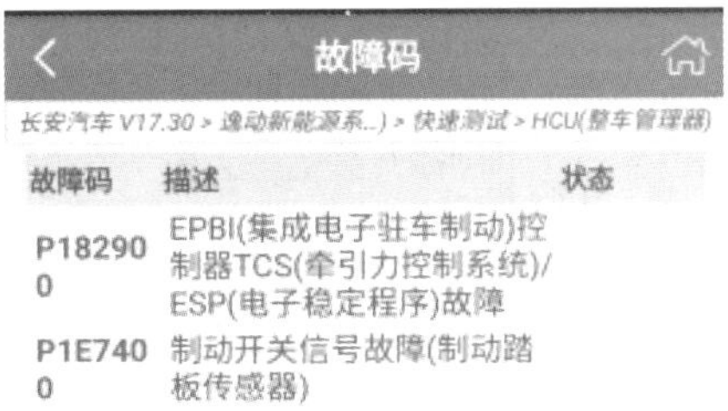

（6）查阅电路图，分析故障范围

由仪表提示和故障码初步分析是 VCU 没有收到制动信号。电路如图 4-5-26 所示，制动信号丢失可能是供电问题、信号线束问题、制动开关本身损坏等。

图4-5-25 故障码显示

（7）检查供电线路、其他线束、制动开关

按照先易后难的检查顺序，首先检查 EF14 供电熔丝，拔下 EF14 熔丝，测量两端电阻值，正常值应该小于 1 Ω，实测值为无穷大，判断熔丝损坏，如图 4-5-27 和图 4-5-28 所示。

（8）处理该故障

更换 EF14 熔丝，再次试车，故障现象消失，车辆恢复正常。

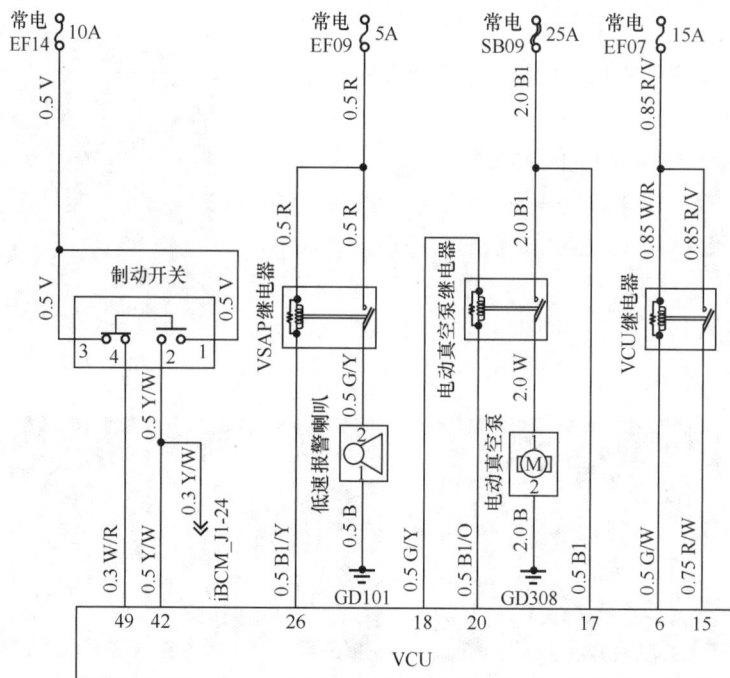

图4-5-26　电路

图4-5-27　熔丝位置

图4-5-28　熔丝电阻无穷大

五、任务考核

任务工单4-5-2　制动开关信号丢失引发高压不上电故障诊断与排除

任务名称	制动开关信号丢失引发高压不上电故障诊断与排除	学时		班级	
学生姓名		学生学号		任务成绩	
实训设备	长安EV460纯电动汽车、车间防护用具、个人防护用具、绝缘工具、常用检测仪器设备（万用表、绝缘电阻表、专用故障诊断仪等）、测试线、充电连接线	实训场地	新能源汽车理实一体化教室	日期	
任务描述	一辆长安EV460轿车，客户反映踩下制动踏板，打开点火开关，仪表提示踩下制动踏板，仪表盘显示剩余电量，显示续驶里程，READY指示灯不亮				
任务目的	以行动为导向，引导学生订订计划，按照正确诊断流程诊断和修复故障，在此过程中学习相关理论知识和实践操作技能				

1. 资讯

（1）画出制动开关信号的电路图。

（2）制动开关信号丢失会带来哪些问题？

2. 计划与决策

请根据故障现象和任务要求，确定所需要的检测仪器、工具，并对小组成员进行合理分工，制订详细的诊断和修复计划。

（1）需要的检测仪器、工具及防护用具。

（2）小组成员分工。

（3）诊断和修复计划。

3. 实施

（1）试车。

进行试车，故障现象与客户描述是否一致：_____。初步分析_____，导致车辆无法行驶。

（2）检查组合仪表和中控的故障提示。

仪表盘显示情况：_____。

中控显示情况：_____。

声音警告情况：_____。

操作换挡旋钮，车辆运行状态：_____。

（3）车辆功能检查。

① 打开起动开关，操作空调控制面板，空调控制面板所有按钮_____。

② 反复踩下制动踏板，能听到电动真空泵工作的声音，电动真空泵工作正常，说明_____能正常工作。

（4）连接故障诊断仪读取故障码。

故障码显示_____。

（5）查阅电路图，分析故障范围。

　　根据故障码分析故障范围有_____。

（6）检查相关线束，并记录数据。

（7）修复故障。

4. 检查

　　故障排除后，进行如下检查。

　　检查仪表及中控是否还有故障提示：_____。

5. 评估

（1）请根据自己任务完成的情况，对自己的工作进行自我评估，并提出改进意见。

　　① _____

_____。

　　② _____

_____。

　　③ _____

_____。

（2）工单成绩（总分为自我评价、组长评价和教师评价得分值的平均值）自我评价。

自我评价	组长评价	教师评价	总分

混合动力汽车故障诊断与排除

●●● 【项目描述】 ●●●

混合动力汽车的结构特征决定了典型的故障范围及维修方法。本项目主要以比亚迪秦PLUS DM-i（后文简称比亚迪秦）混合动力汽车这个真实的项目案例介绍混合动力汽车故障诊断与排除，具体包含以下两个学习情境。

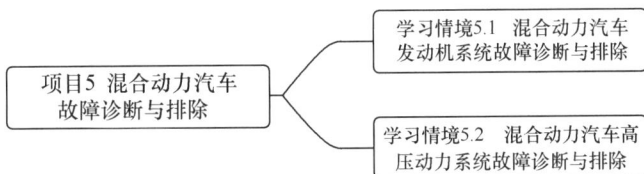

学习情境5.1：混合动力汽车发动机系统故障诊断与排除。

学习情境5.2：混合动力汽车高压动力系统故障诊断与排除。

通过对以上两个学习情境的学习，读者应该能够掌握混合动力汽车的结构、组成、控制原理、主要系统的基本诊断流程，以及常见混合动力汽车运行数据的分析与判断思路，学会混合动力汽车的故障排除方法。

●●● 【知识导图】 ●●●

项目5 混合动力汽车故障诊断与排除

- 学习情境5.1 混合动力汽车发动机系统故障诊断与排除
- 学习情境5.2 混合动力汽车高压动力系统故障诊断与排除

●●● 学习情境 5.1 混合动力汽车发动机系统故障诊断与排除 ●●●

【知识目标】

（1）能使用专业语言准确描述故障现象。

（2）能分析发动机不能起动故障的一般原因。

（3）能描述发动机不能起动故障的诊断思路。

（4）能描述发动机不能起动故障的诊断流程。

【技能目标】

能通过与客户交流、查阅相关维修技术资料等方式获取车辆信息，能根据故障现象制定正确的诊断流程，能正确对发动机无法起动故障进行诊断，能根据故障选择正确的诊断和检测设备。

【职业素养要求】

（1）严格执行汽车检修规范，养成严谨科学的工作态度。

（2）养成爱岗敬业的职业道德意识。

（3）严格执行 8S 现场管理。

一、任务导入

一辆比亚迪秦混合动力汽车，客户反映汽车只能通过 EV 模式行驶，发动机无法起动，仪表盘显示车辆原地发电功能不可用。主管要求进行故障诊断与排除，你能完成这个任务吗？

以下以比亚迪秦混合动力汽车为例，介绍发动机无法起动故障诊断与排除的基本思路和注意事项，其他车型可以参考。

二、知识储备

发动机由静止转入工作状态的全过程，称为发动机的起动。

1. 发动机起动系统的作用

发动机不能自行由静止转入工作状态，必须用外力转动曲轴，直到曲轴转速达到发动机混合气开始燃烧所必需的转速，保证混合气的形成、压缩和点火能够顺利进行，汽车发动机常用的起动方式有电动机起动和手摇起动两种。手摇起动结构简单，但会加重驾驶员的劳动强度，而且操作不便，故很少采用。目前绝大多数汽车发动机都采用电动机起动。完成发动机起动过程所需的一系列装置称为发动机起动装置。

2. 发动机起动系统的组成与起动过程

传统汽车起动系统的组成包括蓄电池、点火开关、车载电网控制单元、熔丝、起动机等，混合动力汽车往往以发电机或驱动电机代替起动机。当发动机需要起动时，发电机带动发动机运转，直至发动机自主运转。

发动机起动可以分为 3 个阶段：建立喷油压力阶段；发动机控制单元判缸点火阶段；点火成功转换为怠速阶段。

现在的发动机多数采用缸内直喷，发动机需要加速到一定转速才能带动输油泵建立足够的压力，这个压力能够很好地雾化燃油，喷入汽缸后才能很好地和空气均匀混合并燃烧。在发动机转速没有达到喷油转速前，发动机自身是没有动力产生和输出的，只能由发电机带动。发动机在起动点火前必须先建立喷油压力，直喷发动机的燃油都是以一定的压力喷入汽缸的，从而能够更好地雾化并和空气充分均匀地混合，这一压力值根据标定工况和条件的不同而改变。当油压达到喷油压力以后，处于起动状态的发动机将开始喷油，燃油被喷入汽缸，经由火花塞点火后开始燃烧，为起动提供动力。发动机转速一旦达到喷油转速，就能利用燃烧产生的能量为起动提供动力，所以最终转速会超过发电机的设定转速。这个阶段发动机的转速总体较低，燃烧不稳定，即便超过发电机转速也有熄火的可能，所以发动机控制单元设置了一个转速值，并认为发动机转速超过这个值以后就可以成功起动。

发动机点火时需要判别各汽缸的点火顺序并确定点火提前角，以比亚迪秦直列 4 缸发动机为例，点火顺序为 1—3—4—2，时间间隔为曲轴旋转 180° 的时间。判定发动机汽缸位置主要靠曲轴转速传感器和凸轮转速传感器。曲轴转速传感器和凸轮转速传感器通常为霍尔式，利用的是特定区域的磁场变化会在相应的回路产生感应电流的原理。4 个汽缸的上止点所在位置，根据曲轴缺齿信号和凸轮齿信号距离上止点的角度值就可以确定，在某一时刻，当发动机控制单元检测到两个传感器发送的信号时，就可任意根据标定的角度值判断某一缸是否即将到达上止点位置，并进行喷油和点火。判缸结束后，发动机还需要根据特定的环境温度、大气压等确定点火提前角。发动机点火提前角并非位于汽缸上止点位置，而是根据需要提前或延后一定的角度，这些数值都将根据不同的条件进行特定的角度值标定，因此，发动机起动时真正的点火角度位于汽缸上止点附近某一范围，随环境和工况不断变化。

发动机达到起动成功转速值以后，会由起动状态转换到怠速状态。在这两个状态的转换过程中，发动机转速会进一步增加，并由控制单元进行闭环控制使之能够快速、准确、稳定地达到怠速转速，通常发动机会在短时间的速度波动后，最终平稳地以怠速转速运行。

3. 比亚迪秦双模工作模式

（1）EV——纯电动工作模式

EV 模式下，动力电池提供电能，由驱动电机驱动车辆，如图 5-1-1 所示。这种模式可以满足多种工况行驶，如起步、倒车、蠕行、加速、匀速行驶等。

急加速、车速过高、爬坡、环境温度过高、环境温度过低、电量低等工况，都可能导致 EV 模式暂时退出。

（2）HEV——双模动力工作模式

① 在 HEV 模式下，当有高电量或低功率需求时发动机不起动，整车会优先使用 EV 模式，如图 5-1-1 所示。

② HEV 模式发动机同时给电池及驱动电机供电，如图 5-1-2 所示。

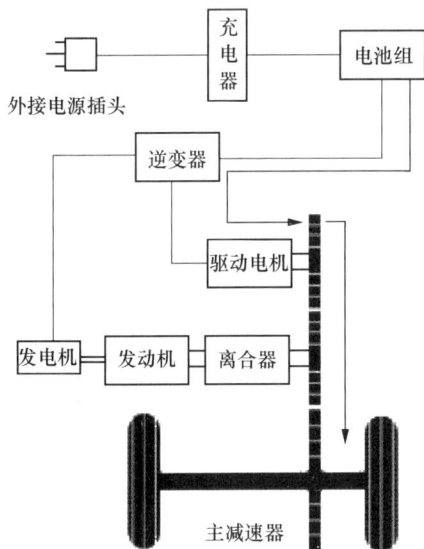

图5-1-1　比亚迪秦EV模式

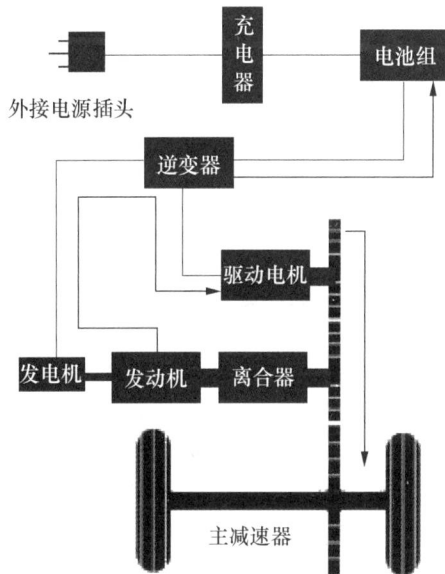

图5-1-2　比亚迪秦HEV模式发动机同时给电池及驱动电机供电

③ HEV 模式发动机及电池给驱动电机供电，如图 5-1-3 所示。

④ 在 HEV 模式下，中高车速，当需要较大功率时，发动机起动进入并联模式，提高燃油经济性，如图 5-1-4 所示；当发动机功率足够时，驱动电机进入发电状态，如图 5-1-5 所示；发动机驱动，驱动电机不工作，如图 5-1-6 所示。

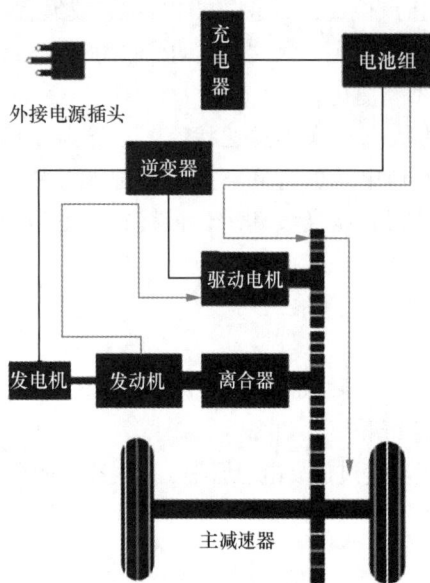

图5-1-3　比亚迪秦HEV模式发动机及电池给驱动电机供电

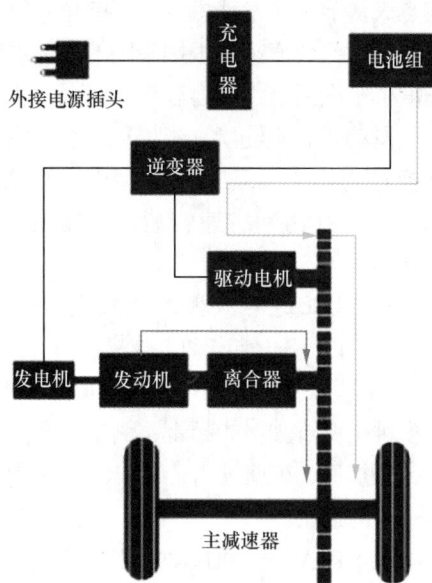

图5-1-4　比亚迪秦并联驱动

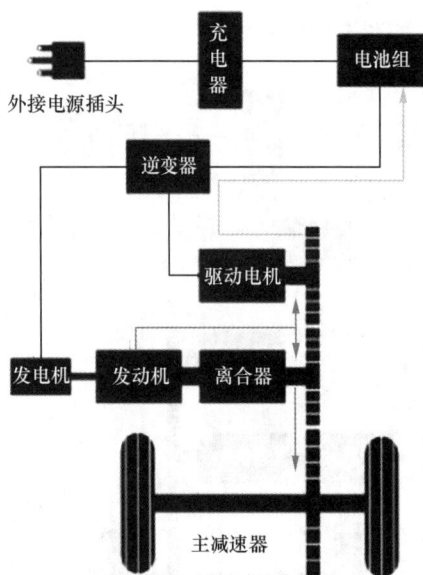

图5-1-5　比亚迪秦驱动电机发电

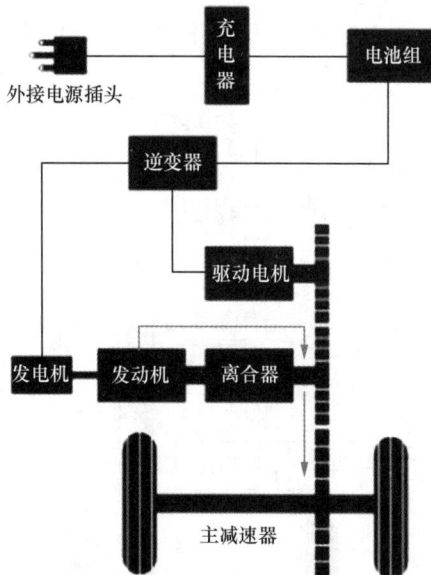

图5-1-6　比亚迪秦驱动电机不工作

⑤ 在 HEV 模式下，汽车挂 P 挡驻车，发动机运转进入静态发电状态，如图 5-1-7 所示。

综上所述，比亚迪秦发动机根据工况的变化或充电的需求，在驻车状态和行驶过程中均有起动过程。

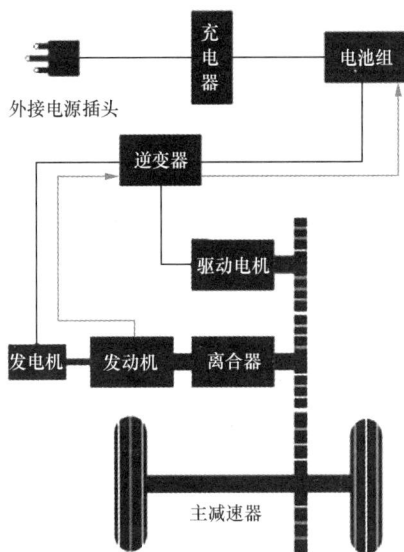

图5-1-7　比亚迪秦静态发电模式

三、基本诊断思路

1. 故障原因分析

发动机不能起动的故障常见原因主要有：①起动系统故障（如起动机故障、起动电路故障等）；②点火系统故障（如点火系统不点火、点火正时失准）；③喷油系统故障（如喷油器不工作、喷油压力过低、喷油器堵塞或漏油、喷油控制信号不良、燃油泵不工作）；④发动机 ECU 故障；⑤发动机机械系统故障（如进气系统漏气、汽缸压力过低、燃油不进缸、压缩力不足、正时齿带过松或断裂、发生跳齿故障等）。图 5-1-8 所示为比亚迪秦喷油系统电路，图 5-1-9 所示为比亚迪秦点火系统电路，图 5-1-10 所示为发动机无法起动故障点分析。

起动机为发动机提供初始转速和转矩，起动机线路存在故障或起动机本身转速、转矩过低均会导致发动机无法起动。

喷油系统主要为发动机提供混合比合适的可燃混合气，喷油系统故障会导致进入汽缸内部的混合气浓度过低，无法产生较大转矩，发动机无法起动。ECU 在传感器的信号下计算出发动机的点火时刻，控制点火系统工作，发动机传感器故障、ECU 故障或点火系统故障均会使点火系统点火不正常，发动机无法起动。

发动机机械故障导致发动机无法起动往往是配气正时不准确或汽缸压力不足，使进入汽缸内的可燃混合气无法正常燃烧造成的。

2. 故障诊断流程

当在诊断与排除发动机不能起动的故障时，首先应该进一步明确故障现象和特征，从点火控制、空燃比（进气和供油）控制、配气正时控制及燃烧条件几个方面着手，进一步将故障深入剖析和细化，以方便进一步找出故障点。一般遵循图 5-1-11 所示的故障诊断流程进行排除。比亚迪秦混合动力汽车发生发动机不能起动故障时，EV 模式下能够正常上电行驶，汽车静态发电时无法起动发动机，与客户沟通后，进行故障确认。对于发动机无法起动故障，应该从喷油系统、点火系统、起动机、传感器、发动机本身等方面进行故障分析，诊断过程遵循先易后难、先简后繁的原则。

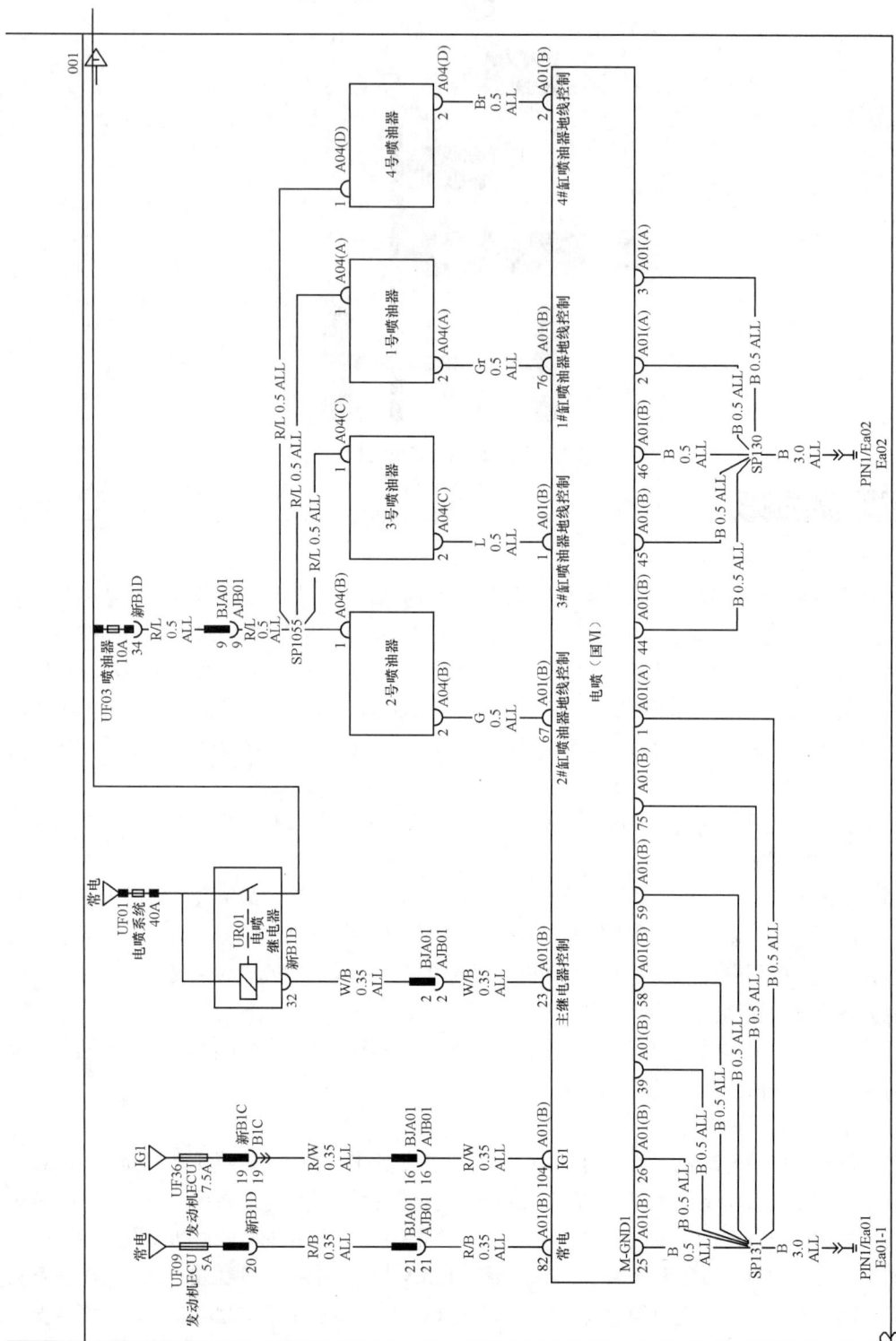

图5-1-8 比亚迪柴油喷油系统电路

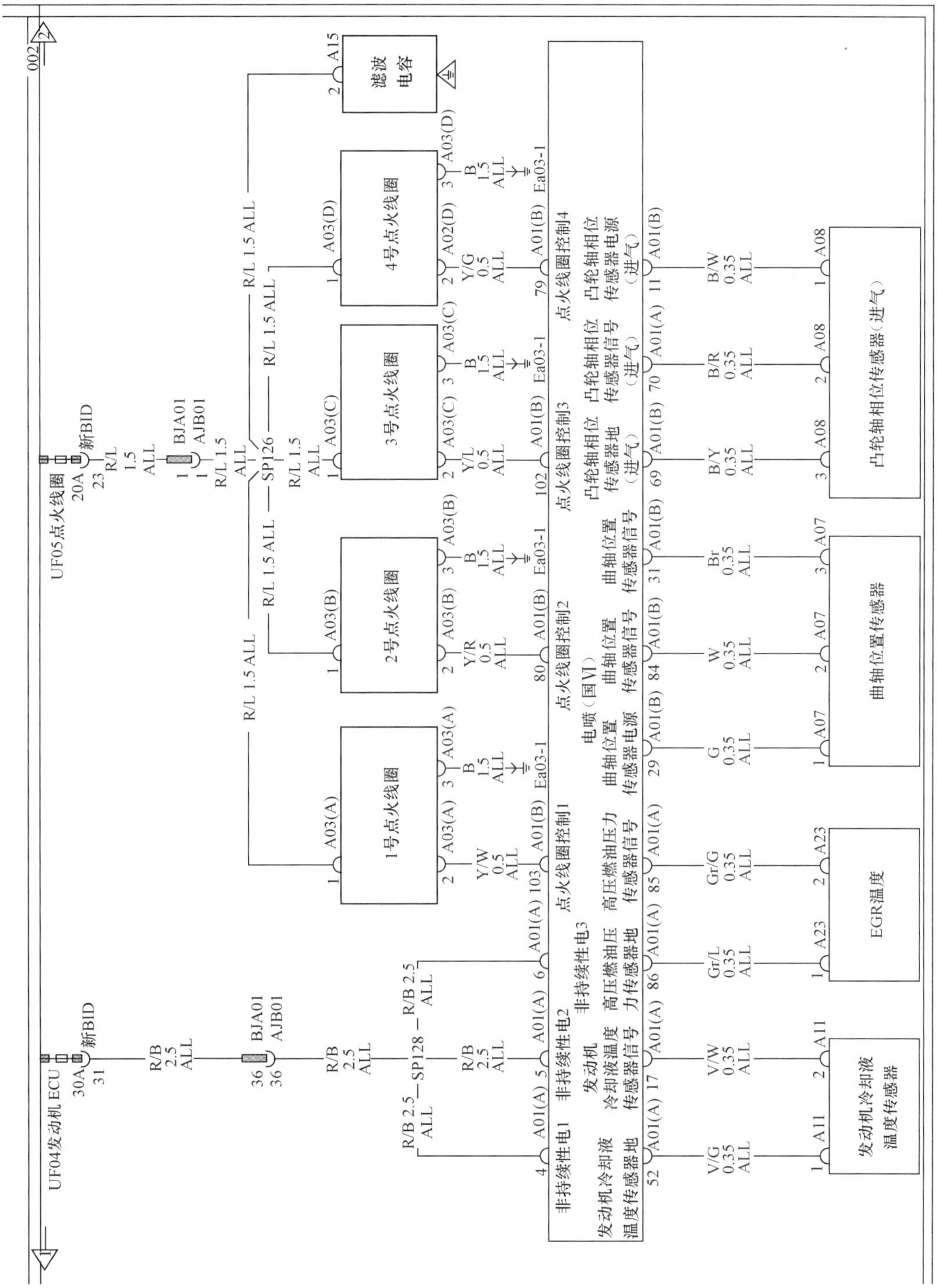

图5-1-9 比亚迪秦点火系统电路

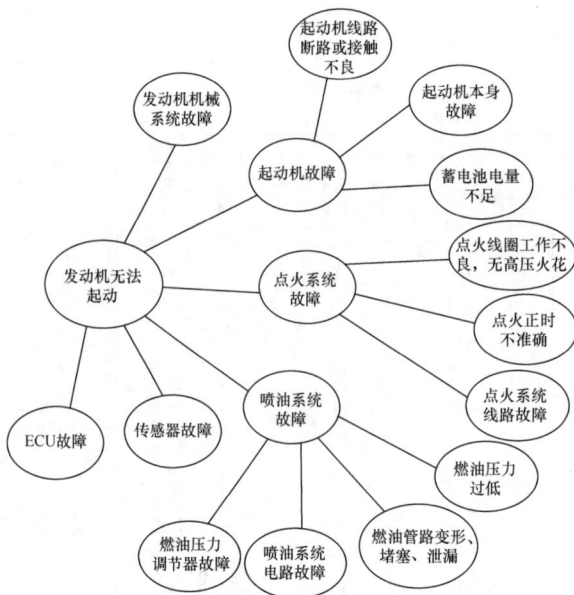

图5-1-10　发动机无法起动故障点分析

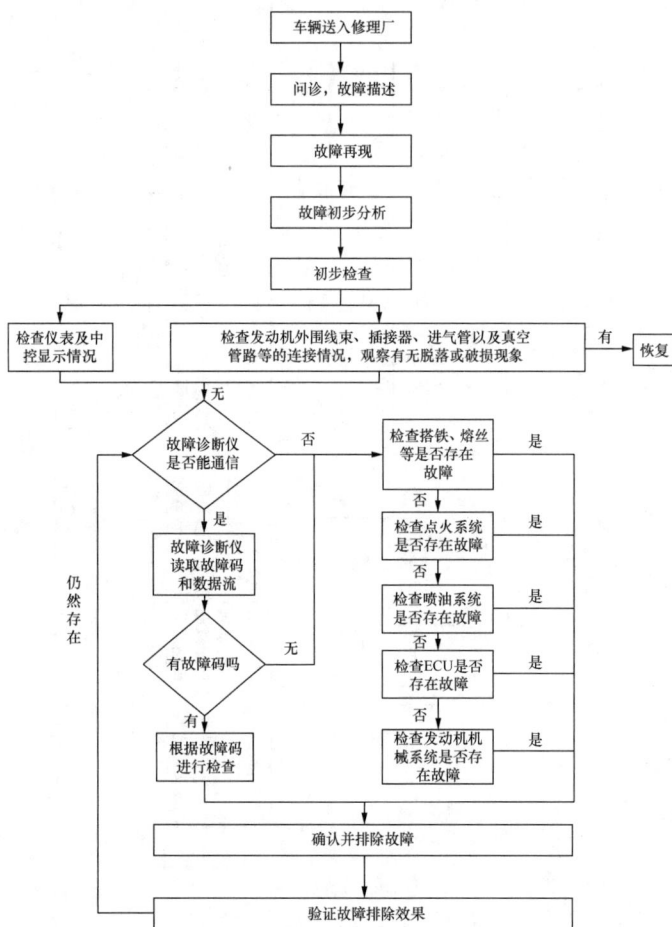

图5-1-11　发动机无法起动故障诊断流程

根据客户的描述、现场的故障再现，初步分析故障位置，使用故障诊断仪检查故障码和数据流，分析、判断故障位置，进而制定故障处理流程，进行故障检测。

四、任务实施

1. 实施要求

本操作任务为完成发动机无法起动故障诊断与排除，包括以下内容。

（1）点火系统电路图的简化。

（2）喷油系统电路图的简化。

（3）电路线路的测量。

（4）故障诊断仪的使用。

2. 实施准备

（1）防护装备：绝缘防护装备。

（2）比亚迪秦整车一辆。

（3）专用工具、设备：故障诊断仪、万用表及其他适用设备。

（4）手动工具：新能源汽车维修组合工具。

（5）辅助材料：诊断与维修必需的熔丝等耗材。

3. 实施步骤

下面利用前述诊断流程，完成任务导入发动机无法起动故障的检测、诊断与修复。

（1）试车

经过试车，故障现象与客户描述一致。车辆以纯电动模式正常行驶，发动机无法起动。

（2）检查组合仪表和中控的故障提示

打开起动开关，仪表盘显示剩余电量，显示续驶里程，OK 灯点亮（部分车型为 READY 指示灯），如图 5-1-12 所示；将挡位调至 P 挡，踩下加速踏板，电机旋转，发动机无点火现象，仪表盘提示车辆原地发电功能不可用，如图 5-1-13 所示。

图5-1-12 仪表盘上电正常

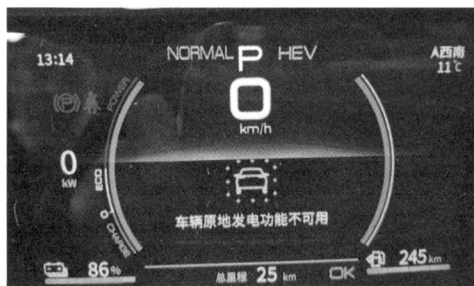

图5-1-13 仪表盘显示车辆原地发电功能不可用

（3）车辆基本检查

① 打开前机舱盖，检查发动机外围线束、插接器、进气管、高压线以及真空管路等的连接情况，无脱落或破损现象。

② 关闭起动开关，拆下低压蓄电池负极，打开前机舱盖，穿戴好个人防护用具。检查控制单元及线束插头是否存在松动、破损、进水、受潮等现象。经检查，控制单元及线束插头无松动、破损、进水和受潮现象。

239

（4）连接故障诊断仪，读取故障码

连接汽车故障诊断仪，关闭起动开关，使用汽车故障诊断仪进入相应控制模块。读取故障码，显示所有喷油器开路故障。

（5）查阅电路图，找出故障范围

根据比亚迪秦喷油系统电路图分析可知，发动机所有喷油器均处于开路状态，大概率是主干线路问题，主干电源供电线路主要有 UF01-40A 电喷系统熔丝、UR01 电喷继电器、UF03-10A 电喷系统熔丝。根据故障检测与排除原则，结合故障诊断仪和电路图分析，主要检测 UF01-40A 电喷系统熔丝、UR01 电喷继电器、UF03-10A 电喷系统熔丝。

（6）检查喷油器常电线路

如图 5-1-14 所示，检测 UF03-10A 电喷系统熔丝，检查该端子之间的电阻。关闭点火开关，断开蓄电池负极，测量熔丝端子之间的电阻，正常值应该小于 1 Ω，实测值为无穷大，如图 5-1-15 所示，说明 UF03-10A 电喷系统熔丝损坏，导致喷油器无常电。

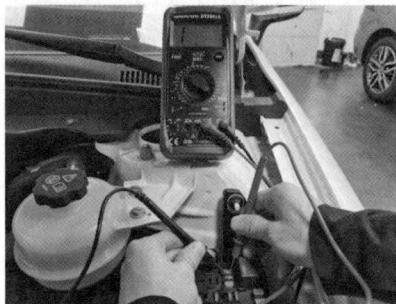

图5-1-14　检测UF03-10A电喷系统熔丝

（7）处理该故障

更换熔丝，再次试车，故障现象消失，车辆恢复正常，图 5-1-16 所示为车辆静态发电状态。

图5-1-15　检测UF03-10A电喷系统熔丝阻值

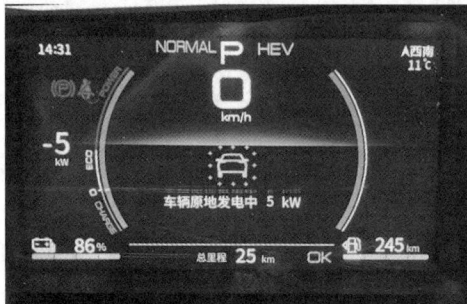

图5-1-16　车辆静态发电状态

五、任务考核

任务工单 5-1-1　混合动力汽车发动机系统故障诊断与排除

任务名称	混合动力汽车发动机系统故障诊断与排除	学时		班级	
学生姓名		学生学号		任务成绩	
实训设备、工具及仪器	比亚迪秦汽车、诊断仪、万用表、个人及车间防护用具	实训场地	新能源汽车理实一体化教室	日期	
任务描述	一辆比亚迪秦混合动力汽车，客户反映汽车只能通过 EV 模式行驶，发动机无法起动，仪表盘显示车辆原地发电功能不可用				
任务目的	以行动为导向，引导学生制订计划，按照正确诊断流程诊断和修复故障，在此过程中学习相关理论和实践操作技能				

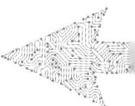

1. 资讯

（1）比亚迪秦发动机采用_____排量发动机，具备先进的_____，喷油系统采用_____、_____，具有_____、_____、_____、_____、_____等特点。

（2）比亚迪秦发动机的结构形式有_____、_____、_____、_____、_____。

（3）根据维修保养手册比亚迪秦发动机在进行火花塞和汽缸压力检测时，机油温度必须_____。

（4）比亚迪秦发动机没有_____，而是在_____的带动下使发动机由静止到工作状态。

（5）比亚迪秦发动机在_____下不会起动，在_____模式下才会起动运行。

（6）比亚迪秦发动机在驻车静止状态下发动机运行，车辆处于_____模式，在行驶状态下，发动机运行，可能的驱动模式有_____、_____、_____、_____。

（7）比亚迪秦发动机无法起动可能的原因有_____、_____、_____、_____、_____。

2. 计划与决策

请根据任务要求，确定所需要的检测仪器、工具，并对小组成员进行合理分工，制订详细的工作计划。

（1）需要的检测仪器、工具。

（2）小组成员分工。

（3）计划。

3. 实施

（1）作业前准备，应当_____。

（2）试车。比亚迪秦的挡位位于_____，车辆模式位于_____，踩下_____，观察发动机的状态为_____，仪表盘显示_____。

（3）进行车辆信息基本检查。

① 仪表盘显示剩余电量为_____，车辆燃油量_____，车辆续驶里程_____。

② 前机舱盖检查情况为_____。

（4）故障码读取。故障诊断仪通信是否正常：_____。是否读取到故障码：_____。故障码为：_____。

（5）根据故障码，结合比亚迪秦电路图画出相应系统电路简图（有则画）。

（6）根据电路图写出可能导致发动机无法起动的故障原因及故障检测与排除流程。

（7）故障检测与排除。

① 检测＿＿＿＿＿＿＿＿，检测结果为＿＿＿＿＿＿＿＿＿＿，□正常，□不正常；

② 检测＿＿＿＿＿＿＿＿，检测结果为＿＿＿＿＿＿＿＿＿＿，□正常，□不正常；

③ 检测＿＿＿＿＿＿＿＿，检测结果为＿＿＿＿＿＿＿＿＿＿，□正常，□不正常；

④ 检测＿＿＿＿＿＿＿＿，检测结果为＿＿＿＿＿＿＿＿＿＿，□正常，□不正常。

⑤ 故障排除方法：＿＿＿＿＿＿＿＿＿＿＿＿＿＿＿＿＿＿＿＿＿
＿＿＿＿＿＿＿＿＿＿＿＿＿＿＿＿＿＿＿＿＿＿＿＿＿＿＿＿＿＿。

4. 检查

（1）检查发动机能否正常起动：＿＿＿＿＿＿＿＿＿＿＿＿＿＿＿＿＿。

（2）检查驻车状态是否能静态发电：＿＿＿＿＿＿＿＿＿＿＿＿＿＿＿。

（3）检查系统是否存在故障码：＿＿＿＿＿＿＿＿＿＿＿＿＿＿＿＿＿。

5. 评估

（1）请根据任务完成情况，进行自我评估，并提出改进意见。

① ＿＿＿＿＿＿＿＿＿＿＿＿＿＿＿＿＿＿＿＿＿＿＿＿＿＿＿＿＿＿
＿＿＿＿＿＿＿＿＿＿＿＿＿＿＿＿＿＿＿＿＿＿＿＿＿＿＿＿＿＿。

② ＿＿＿＿＿＿＿＿＿＿＿＿＿＿＿＿＿＿＿＿＿＿＿＿＿＿＿＿＿＿
＿＿＿＿＿＿＿＿＿＿＿＿＿＿＿＿＿＿＿＿＿＿＿＿＿＿＿＿＿＿。

③ ＿＿＿＿＿＿＿＿＿＿＿＿＿＿＿＿＿＿＿＿＿＿＿＿＿＿＿＿＿＿
＿＿＿＿＿＿＿＿＿＿＿＿＿＿＿＿＿＿＿＿＿＿＿＿＿＿＿＿＿＿。

（2）填写工单成绩（总分为自我评价、组长评价和教师评价得分值的平均值）。

自我评价	组长评价	教师评价	总分

学习情境 5.2 混合动力汽车高压动力系统故障诊断与排除

【知识目标】

（1）熟悉比亚迪秦混合动力系统的结构组成特点。

（2）学会比亚迪秦混合动力汽车高压动力系统故障的检测与诊断方法。

【技能目标】

能通过与客户交流、查阅相关维修技术资料等方式获取车辆信息，能根据故障现象制定正确的诊断流程，能正确对电机、电池、电控系统进行诊断，能正确对车辆高压不上电等故障进行诊断，能根据故障选择正确的诊断和检测设备。

【职业素养要求】

（1）严格执行汽车检修规范，养成严谨科学的工作态度。

（2）养成团结协作精神。

（3）严格执行 8S 现场管理。

一、任务导入

一辆混合动力汽车在行驶的过程中，仪表 OK 灯不亮，系统故障警告灯点亮，仪表显示请检查动力系统，高压不上电，车辆无法行驶。主管要求进行故障诊断与排除，你能完成这个任务吗？

以下以比亚迪秦为例，介绍混合动力汽车高压动力系统故障诊断与排除的基本思路与注意事项，其他车型可以参考。

二、知识储备

1. 比亚迪秦动力系统的基本组成与工作原理

（1）基本组成

比亚迪秦动力系统主要由发动机与纯电动系统两大部分组成，后者主要由动力电池及其管理控制器、双电机控制器（简称双电控）、充电系统（包括直流充电口、交流充电口、直流充电配电盒、车载电源总成）和高压配电盒等组成，如图 5-2-1 所示，其高压系统在车上的布置如图 5-2-2 所示。

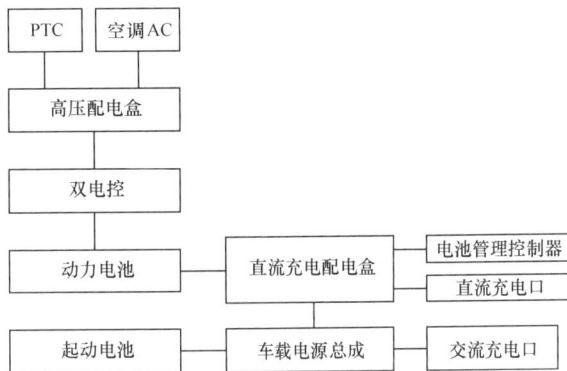

图5-2-1 比亚迪秦纯电动系统

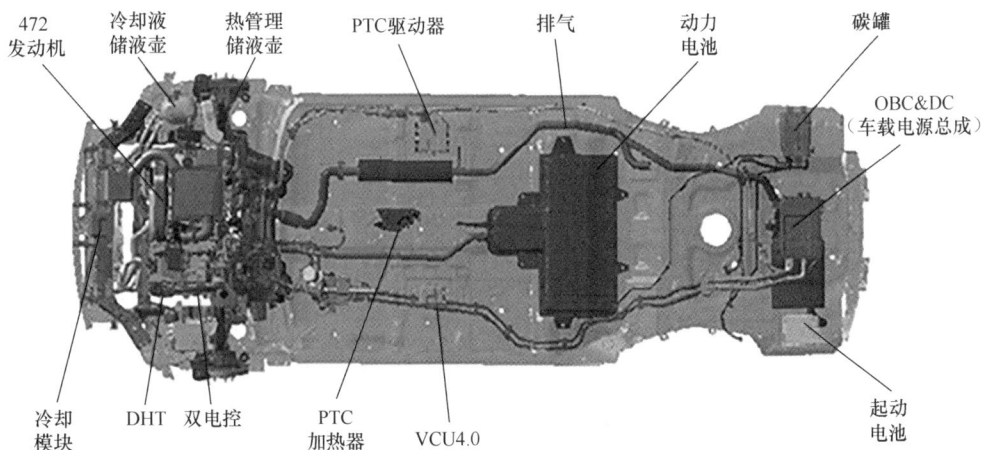

图5-2-2 比亚迪秦高压系统在车上的布置

（2）工作原理

比亚迪秦通过双电机（M2 是主电机，M1 在需要时变成发电机）与单速减速器的结构（见

图5-2-3）搭配1台自然吸气汽油发动机，实现了纯电、增程、混动（包括直驱）3种驱动方式。如图5-2-4所示，在混动系统中，发动机与M1直连，通过离合器与主减速器相连，M1通过离合器与主减速器相连，同时驱动电机M2也从另一边与主减速器相连。同时，与主减速器相连的M2也同时具有发电机的功能。整个混动系统的驱动模式有纯电模式（发动机不起动，离合器分离，M2单独驱动车辆行驶）、增程模式（发动机起动，M1发电，离合器分离，M2驱动车辆）和混动模式，其中混动模式还可以细分为巡航模式（发动机起动，M1不发电，离合器接合驱动车辆，M2不做功）、巡航发电模式（发动机起动，M1发电给电池充电，离合器接合驱动车辆，M2不做功）、加速模式（发动机起动，离合器接合，M1和M2都做功，共同驱动车辆行驶）和能量回收模式（离合器断开，M2回收动能）。

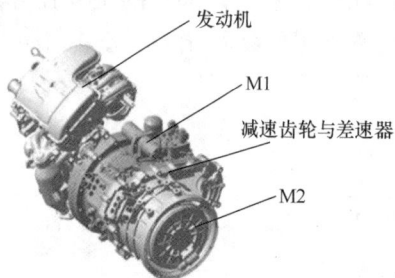

图5-2-3　混动系统双电机与减速器结构

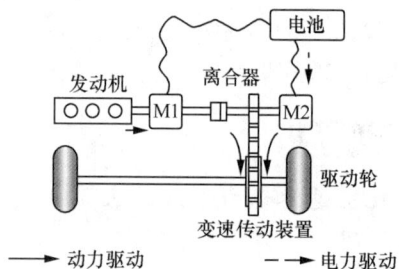

图5-2-4　混动系统串并联架构

在纯电模式下，由动力电池负责给驱动电机供电；在大部分混动模式下，由发动机带动一台高功率发电机给驱动电机供电，中高速行驶工况中，发动机适时直驱或和驱动电机一起并联输出动力。在混动系统中，起步或低速工况（或亏电状态）下，发动机高转速、高效率、低油耗运转，驱动发电机发电，在中高速行驶工况时，发动机依然在高转速、高效率、低油耗的工况下工作，辅助电机驱动车辆。两种工况下发动机的转速均可固定在一个高转速范围内。

2. 比亚迪秦动力系统主要控制部件结构特点

比亚迪秦的动力电池及管理控制器、充电系统和高压配电盒的基本结构原理与纯电动汽车的基本类似，下面重点介绍双电控，其位置如图5-2-5所示。

图5-2-5　双电控位置

如图5-2-6所示，双电控系统包括发电机控制器、驱动电机控制器、双向DC、配电接口。

发电机控制器由输入输出接口电路、控制电路和驱动电路组成，主要功能是驱动发电机发电，同时包括 CAN 通信、故障处理、在线 CAN 烧写与其他模块配合完成整车的工作要求以及自检等功能；驱动电机控制器是控制动力电池与电机之间能量传输的装置，它由输入输出接口电路、控制电路和驱动电路组成，主要功能是控制驱动电机，使其驱动车辆行驶，同时包括 CAN 通信、故障处理、在线 CAN 烧写与其他模块配合完成整车的工作要求以及自检等功能；双向 DC 是在动力电池和电机控制器之间的部件，起到升压、降压的作用；双电控系统中的高压配电盒设计有一路高压供电接口。

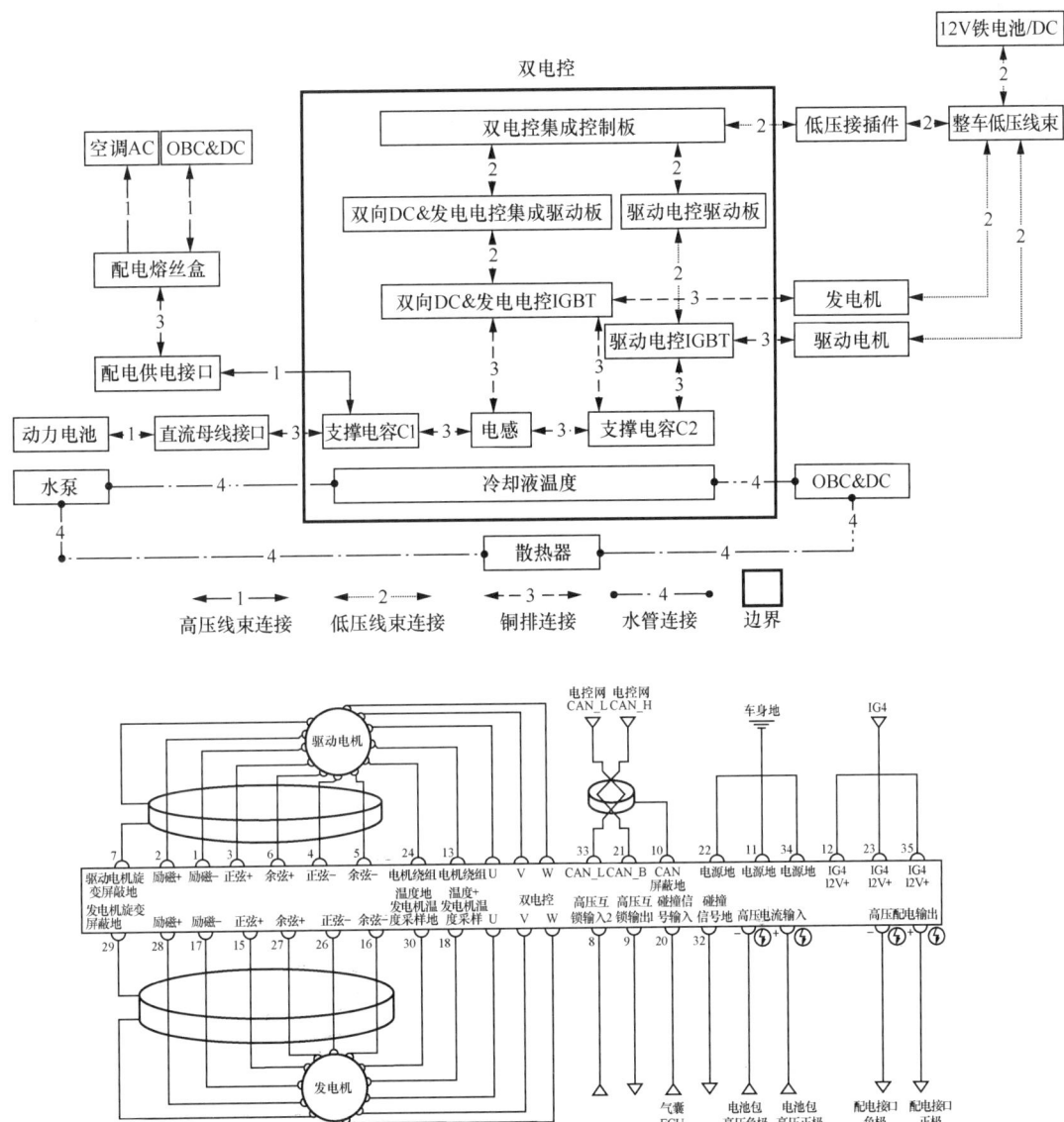

图5-2-6 双电控框图和电气原理图

3. 整车控制系统的工作原理

整车控制系统通过 CAN 总线协调 BMS、空调系统、充电机等模块相互通信，如图 5-2-7 所示。

图5-2-7　整车控制系统工作原理

三、基本诊断思路

1. 故障原因分析

混合动力汽车无法上高压电可能的原因有 BMS 故障、双电控模块故障、电池自身故障、通信故障等，如图 5-2-8 所示。

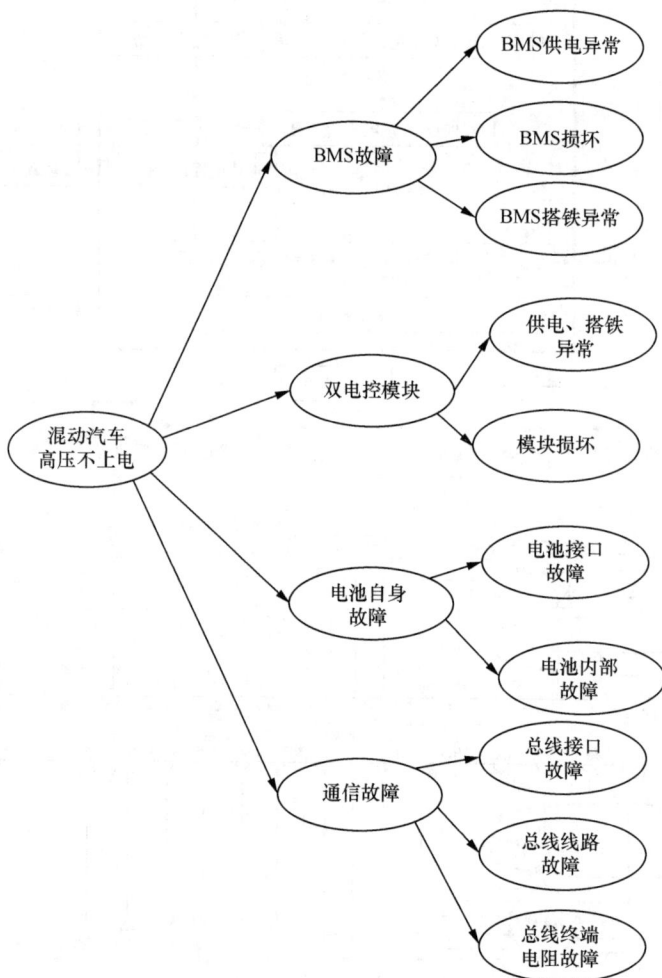

图5-2-8　混合动力汽车高压无法上电可能原因

2. 故障诊断流程

本次故障诊断可参照图 5-2-9 所示的诊断流程：在初步检查过程中，通过对仪表和中控显示信息的检查，可以获得故障提示信息；通过对车辆进行快速的初步检查，结合故障现象可以对故障原因做出初步判断。

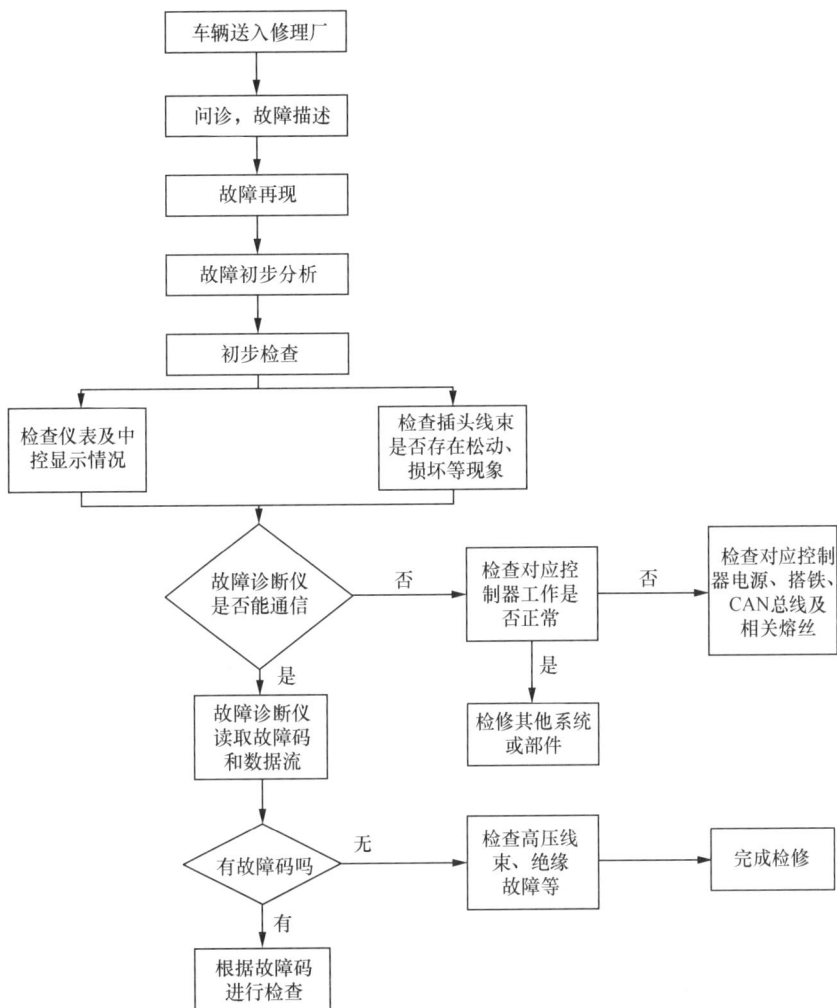

图5-2-9 混合动力汽车高压无法上电诊断流程

连接故障诊断仪，检查故障诊断仪能否与控制单元通信。如果通信正常，可进入控制单元读取故障码或数据流，便于进一步分析缩小故障范围。如果某个控制器无法通信，则检查对应控制单元问题，重点查找控制单元的供电和搭铁问题。

可使用万用表、示波器、故障诊断仪等检测仪器设备或工具，完成混合动力汽车高压无法上电故障的相关检查项目。在涉及高压系统时，原则上不能带电操作，如需检查高压系统，一定要穿戴好个人防护用具，按规范进行检查。

四、任务实施

1. 实施要求

本操作任务为完成比亚迪秦混合动力汽车高压不上电故障诊断与排除，包括以下内容。

（1）高压不上电相关电路图的简化。

（2）电池管理系统、电机控制器等线路的测量。

（3）故障诊断仪的使用。

2. 实施准备

（1）防护装备：绝缘防护装备。

（2）比亚迪秦整车一辆。

（3）专用工具、设备：故障诊断仪、万用表及其他适用设备。

（4）手动工具：新能源汽车维修组合工具。

（5）辅助材料：诊断与维修所必需的熔丝等耗材。

3. 实施步骤

下面利用前述诊断流程，完成任务导入本次故障的检测、诊断与修复。

（1）试车

经过试车，故障现象与客户描述一致。车辆仪表 OK 灯不亮，仪表显示应检查动力系统，无法上高压电，车辆无法行驶。

（2）检查组合仪表和中控的故障提示

踩下制动踏板，打开点火开关，仪表盘 OK 灯不亮，系统故障灯点亮，仪表显示应检查动力系统，车辆无法挂挡，电池剩余电量不显示，车辆不能正常行驶，如图 5-2-10 所示。

（3）车辆基本检查

关闭起动开关，拆下低压蓄电池负极，打开前机舱盖，穿戴好个人防护用具。检查控制单元及线束插头是否存在松动、破损、进水、受潮等现象。经检查，控制单元及线束插头无松动、破损、进水和受潮现象。

（4）连接故障诊断仪，读取故障码

安装低压蓄电池负极，将故障诊断仪连接至车辆，读取故障码。故障诊断仪无法与车辆 ECU 通信，无法进入电池管理系统，如图 5-2-11 所示。

图5-2-10　组合仪表故障提示

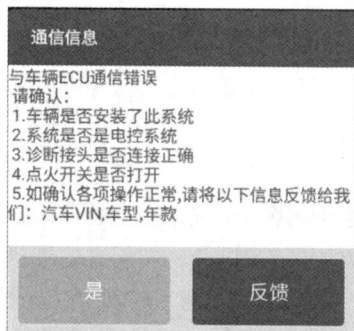

图5-2-11　故障码显示

（5）查阅电路图，分析故障范围

由仪表提示和故障码初步分析是电池管理系统故障引发主接触器与负极接触器没有吸合、高压不上电、OK 灯不亮。由比亚迪秦电路图（见图 5-2-12）可知，可能是电池管理系统的供电与搭铁故障、电池管理系统能量 CAN 网络故障等。

（6）检查供电线路、其他线束、制动开关

按照先易后难的检查顺序，断开蓄电池负极，首先检查 F33 供电熔丝，测量两端电阻值，正常值应该小于 1 Ω，实测值为无穷大，判断熔丝损坏，如图 5-2-13～图 5-2-15 所示。

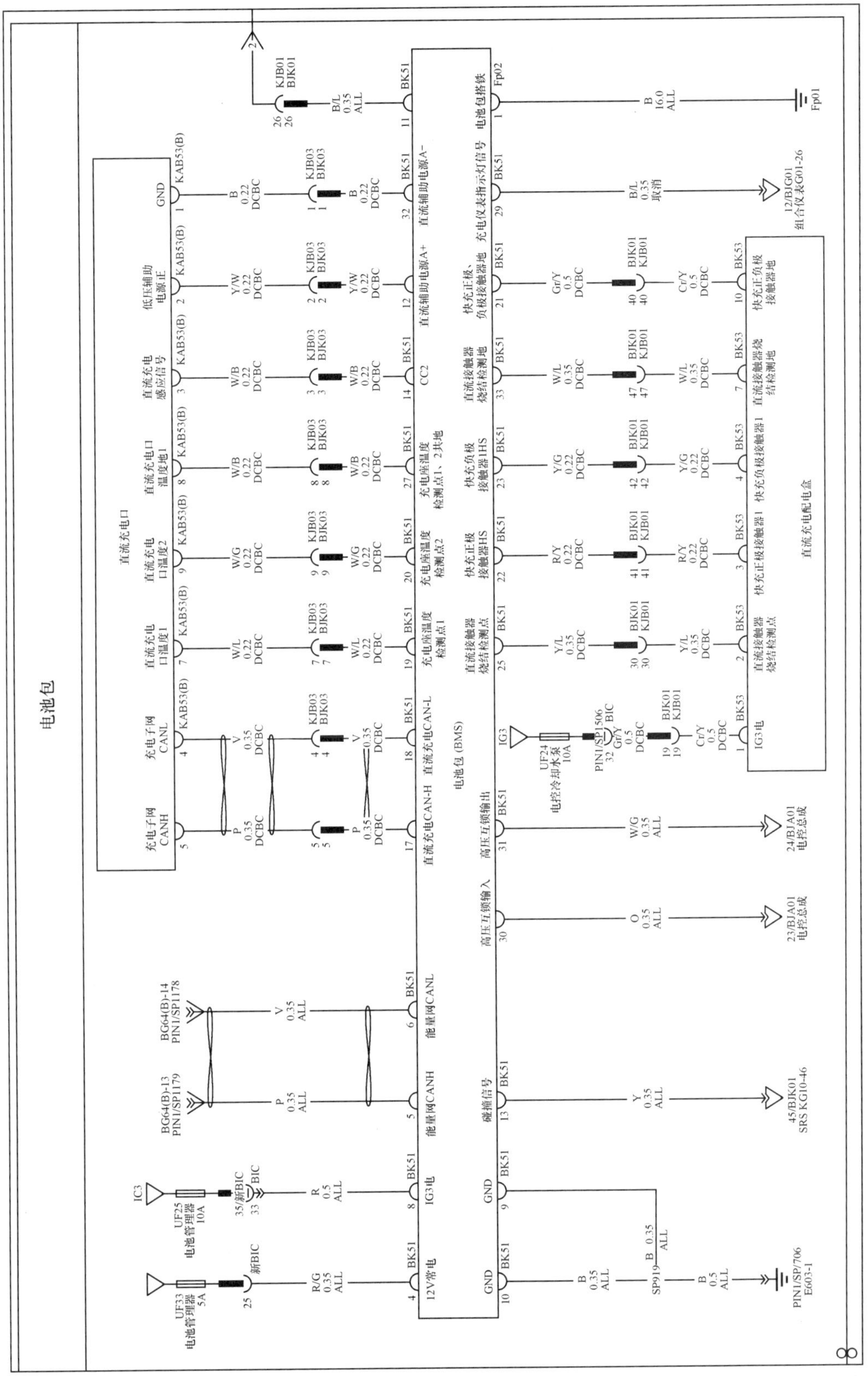

电池包

图5-2-12 电路图

图5-2-13　熔丝位置　　　　　图5-2-14　检查熔丝电阻　　　　图5-2-15　熔丝电阻值无穷大

（7）处理该故障

更换熔丝，再次试车，故障现象消失，车辆恢复正常。

五、任务考核

任务工单5-2-1　混合动力汽车高压动力系统故障诊断与排除

任务名称	混合动力汽车高压动力系统（高压不上电）故障诊断与排除		学时		班级	
学生姓名			学生学号		任务成绩	
实训设备	比亚迪秦汽车、车间防护用具、个人防护用具、绝缘工具、常用检测仪器设备（万用表、绝缘电阻表、专用故障诊断仪等）、测试线、充电连接线		实训场地	新能源汽车理实一体化教室	日期	
任务描述	一辆比亚迪秦汽车，客户反映仪表OK灯不亮，系统故障灯点亮，仪表显示请检查动力系统，高压不上电，车辆无法行驶					
任务目的	以行动为导向，引导学生制订计划，按照正确诊断流程诊断和修复故障。在此过程中学习相关理论知识和实践操作技能					

1. 资讯

（1）依据电路图分析混合动力汽车高压不上电原因有哪些。

（2）画出电池管理系统故障引发高压不上电的电路图。

2. 计划与决策

请根据故障现象和任务要求，确定所需要的检测仪器、工具，并对小组成员进行合理分工，制订详细的诊断和修复计划。

（1）需要的检测仪器、工具及防护用具。

（2）小组成员分工。

（3）诊断和修复计划。

3. 实施

（1）试车。

进行试车，故障现象与客户描述是否一致：_____。初步分析_____，导致车辆无法行驶。

（2）检查组合仪表和中控的故障提示。

仪表盘显示情况：_____。

操作换挡旋钮，车辆运行状态：_____。

（3）连接故障诊断仪读取故障码。

故障码显示_____。

（4）查阅电路图，分析故障范围。

根据故障码分析故障范围有_____。

（5）检查相关线束，并记录数据。

（6）修复故障。

4. 检查

故障排除后，进行如下检查：

检查仪表及中控是否还有故障提示：_____。

5. 评估

1. 请根据自己任务完成的情况，对自己的工作进行自我评估，并提出改进意见。

（1）_____

_____

（2）_____

_____

（3）_____

2. 工单成绩（总分为自我评价、组长评价和教师评价得分值的平均值）自我评价

自我评价	组长评价	教师评价	总分